Mouhanad Khorchide

Gott glaubt an den Menschen

Mit dem Islam zu einem neuen Humanismus

HERDER

FREIBURG · BASEL · WIEN

HERDER spektrum Band 6958

MIX
Papier aus verantwor-
tungsvollen Quellen
FSC® C083411

Titel der Originalausgabe:
Gott glaubt an den Menschen
© Verlag Herder GmbH, Freiburg im Breisgau 2015
ISBN 978-3-451-34768-9

© Verlag Herder GmbH, Freiburg im Breisgau 2017
Alle Rechte vorbehalten
www.herder.de

Umschlaggestaltung: wunderlichundweigand, Stefan Weigand
Umschlagmotiv: © dpa Picture-Alliance / Caroline Seidel

Satz: Barbara Herrmann, Freiburg
Herstellung: CPI books GmbH, Leck

Printed in Germany

ISBN 978-3-451-06958-1

Inhalt

1. Einleitung – Der ignorierte Kapitän

Religionen werden von vielen ihrer Anhänger für das Allheilmittel aller Krisen der Menschheit gehalten, übersehen dabei jedoch, dass gerade im Namen von Religionen sehr viel Unheil gestiftet wurde und wird. Der apologetische Verweis mancher darauf, dass es sich bei Gewalt im Namen von Religionen nur um Randerscheinungen kleinerer Gruppen handle und dass diese Form der Gewalt ein Phänomen sei, das lediglich von Extremisten ausgeübt werde, die den Glauben instrumentalisieren, verdrängt die Frage nach den Zusammenhängen zwischen Religionen und Gewalt. Allerdings übertreiben Religionskritiker wie beispielsweise Richard Dawkins oder Michael Schmidt-Salomon, wenn sie so gut wie alle Übel dieser Welt den Religionen zuschreiben. Man darf nicht vergessen, dass auch im Namen von nichtreligiösen Ideologien sehr viel Unheil geschehen ist und geschieht. Die großen Kriege des 20. Jahrhunderts sind schreckliche Beispiele hierfür. Inzwischen weisen wissenschaftliche Erkenntnisse darauf hin, dass die Ursachen von Gewalt kaum in den Religionen an sich zu finden sind. Religionen wirken vielmehr als Katalysator für Gewalt bzw. als pazifizierende Kraft.[1] Mit anderen Worten: Religionen können zwar Konflikte verschärfen oder auch entschärfen, sind aber selbst nicht ihre eigentliche Ursache. Das soll jedoch nicht heißen, dass daher eine Auseinandersetzung mit der Rolle von Religionen für die Gestaltung einer gerechten und friedlichen Gesellschaftsordnung obsolet wäre. Im Gegenteil, gerade Theologinnen und Theologen sind heute mehr denn je herausgefordert, den Beitrag ihrer Religionen für eine größere Humanisierung der Welt auszuarbeiten.[2]

Bei diesem Unterfangen wird kein Weg daran vorbeiführen, sich gerade den unangenehmen Fragen zu stellen. Dazu gehört auch die Suche nach den theologischen Argumenten, welche Gewalt im Namen von Religionen begründen, ja sogar vorantreiben. Dabei ist unbestritten, dass gerade in einem universalen Wahrheitsanspruch vieler Weltanschauungen, der meist so verstanden wird, dass andere Religionen und deren Anhänger als minderwertig zu betrachten sind, sehr viel Potenzial für zwischenmenschliche Anspannung, ja für Gewalt steckt. Diese Kritik gilt nicht nur den drei monotheistischen Religionen, sondern jeder extremen Ideologie, deren Anhänger sich dazu berufen fühlen, im Namen ihrer Ideologie auf andere herabzuschauen, sie abzulehnen bzw. die Entfaltung ihres würdevollen Daseins in irgendeiner Form zu verhindern suchen. Folgende Erzählung über den ignorierten Kapitän soll diesen Gedanken veranschaulichen:

Im Anschluss an eine hitzige Debatte zwischen Theologen und Humanisten über die Frage nach der Existenz Gottes beschlossen einige der Diskussionsteilnehmer, bei einem gemeinsamen Schiffsausflug in entspannter Atmosphäre noch einmal das heftig diskutierte Thema aufzugreifen, indem man sich über die Ursache des Guten und des Bösen in der Welt unterhielt. Gemeinsam wollten sie klären, inwieweit die Existenz Gottes vorausgesetzt werden müsse, um zu wissen, was gut und was schlecht sei. Und, falls die Existenz Gottes keine zwingende Notwendigkeit besitze, was wäre die alternative Referenzgröße? Unter den Diskussionsteilnehmern an Bord befanden sich ein christlicher, ein jüdischer und ein muslimischer Theologe, ein Vertreter des Humanismus sowie eine weitere Person, die sich selbst als Individualist bezeichnete. Jede Person wurde während des Ausflugs von vier jungen Anhängern der eigenen Position begleitet. Neben diesen 25 Personen waren fünf Angehörige des Schiffpersonals an Bord: der Kapitän, sein Assistent, der Koch und zwei Matrosen. Der Ausflug sollte drei Tage dauern.

Die Positionen der Diskutanten waren klar: Für die Theologen war Gott die einzige Referenz, die in Frage kommt, um das Gute bzw. das Schlechte zu begründen. Für den Humanisten war die Idee von einem Gott obsolet, allein der Eigennutz, der allerdings in den Dienst der Humanität gestellt werden solle, zähle als Referenzgröße. Der Individualist sah die gesamte Diskussion als überflüssig an, denn es sei lediglich das jeweilige Individuum, das für sich selbst die Referenzgröße ausmache, weder Gott noch ein Menschheitsideal oder die Interessen eines Kollektivs seien dafür verantwortlich.

Wie es das Schicksal wollte, begann es stark zu regnen, und ein Sturm brach aus. Hohe Wellen schlugen um sich, das Schiff drohte zu sinken. Alle hofften, dass sich der Sturm beruhigen würde, aber der dachte gar nicht daran und toste noch heftiger. So kam es, dass die starken Wellen, die immer wieder gegen die Schiffswände brandeten, das Schiff vom Kurs abbrachten und gegen ein Riff schleuderten, wodurch ein Leck in den Rumpf geschlagen wurde, durch das langsam Wasser ins Innere drang. Gleichzeitig, wie aus dem Nichts, beruhigte sich der Sturm, und die Wellen gaben ihr Zerren am Schiff auf. Dennoch reichte dem Kapitän ein Blick aufs Leck, um zu erkennen, dass das Schiff zu sinken drohte. Daher entschloss er sich, allen an Bord umgehend mitzuteilen, dass sie das Schiff verlassen und versuchen müssten, die nächstgelegene Insel, die etwa zwei Seemeilen entfernt war, zu erreichen. Hierin lag allerdings das nächste Problem: Es gab nur ein einziges Rettungsboot an Bord, das gerade einmal Platz für sechs Personen bot. Einen Platz nahm ein Matrose der Schiffsbesatzung als Steuermann ein, der das Boot sicher zwischen Schiff und Insel hin und her manövrieren sollte. Die restlichen fünf Plätze standen den Passagieren zur Verfügung. Hieraus entfachte sich erneut ein Streitgespräch zwischen den Diskutanten: Welche fünf Personen sollten zuerst mit dem Rettungsboot auf die Insel gebracht werden?

Der christliche Theologe ergriff als Erster das Wort: »Nur durch Jesus Christus werden wir erlöst. Daher ist der Glaube an die Inkarnation Jesu Christi eine notwendige Voraussetzung, um erlöst zu werden. Deshalb heißt es im Johannes-Evangelium: ›Denn Gott hat die Welt so sehr geliebt, dass er seinen einzigen Sohn hingab, damit jeder, der an ihn glaubt, nicht zugrunde geht, sondern das ewige Leben hat. Denn Gott hat seinen Sohn nicht in die Welt gesandt, damit er die Welt richtet, sondern damit die Welt durch ihn gerettet wird. Wer an ihn glaubt, wird nicht gerichtet; wer nicht glaubt, ist schon gerichtet, weil er an den Namen des einzigen Sohnes Gottes nicht geglaubt hat.‹ Wir Christen glauben an Jesus Christus und vertreten daher die Wahrheit, und da die Wahrheit überleben muss, sind wir es, die als Erste gerettet werden müssen. Warum sonst hätte Gott uns auserwählt? Es ist also ganz klar, dass ich und meine vier Anhänger als Erste das Schiff verlassen und mit dem Rettungsboot zur Insel gelangen. Danach folgen die fünf Juden, anschließend die fünf Humanisten, dann die fünf Individualisten und schließlich die fünf Muslime.«

Der jüdische Theologe erwiderte schnell: »Das Judentum lehnt den Exklusivismus des Christentums im Sinne von: ›Kein Heil außerhalb der Kirche‹ ab, obgleich es in unserer Feiertagsliturgie heißt: ›Du hast uns auserwählt aus allen Völkern. Du hast uns geliebt und an uns Gefallen gefunden. Du hast uns erhöht über alle Zungen, indem du uns geheiligt hast durch deine Gebote und uns, o unser König, hinführst zu deinem Dienst.‹ Gott hat uns auserwählt, da wir die Wahrheit besitzen, nur durch uns kann sie am Leben bleiben, daher sollten wir fünf Juden die Ersten sein, die auf die Insel übersetzen, danach die Christen, die Humanisten, die Individualisten und am Schluss die Muslime.«

Der muslimische Theologe sah das selbstverständlich ganz anders, denn schließlich würden die Nichtmuslime auf dem Schiff ohnehin in die ewige Verdammnis gehen. In diesem Sinne zitierte er folgenden Koranvers: »Wenn aber jemand einer anderen Religion als dem Islam folgt, wird es nicht von ihm angenommen werden. Und im Jenseits gehört er zu den Verlierern.«[3] Dann schaute er seine beiden Vorredner an und fügte hinzu: »Ihr beide irrt euch. Wir Muslime vertreten die Wahrheit, diese kann nur durch uns überleben.« Daraus schlussfolgerte er, dass es die Muslime seien, denen die Rettung als erste Gruppe zustände. Erst danach sollten die Christen, dann die Juden, die Humanisten und anschließend die Individualisten gerettet werden.

Nun ergriff der Humanist das Wort, der die Humanisten klar als die größeren Weltverbesserer ansah und daher aus dem ersten »Angebot« des evolutionären Humanismus Michael Schmidt-Salomons zitierte: »*Diene weder fremden noch heimischen ›Göttern‹* (die bei genauerer Betrachtung nichts weiter als naive Primatenhirn-Konstruktionen sind), *sondern dem großen Ideal der Ethik, das Leid in der Welt zu mindern!* Diejenigen, die behaupten, besonders nah ihrem ›Gott‹ zu sein, waren meist jene, die dem Wohl und Wehe der realen Menschen besonders fern standen. Beteilige dich nicht an diesem Trauerspiel! *Wer Wissenschaft, Philosophie und Kunst besitzt, braucht keine Religion!*«[4] – »Es ist also keine Frage«, sprach er weiter: »Wir Humanisten müssen die Ersten sein, die gerettet werden, denn die Wahrheit liegt keinesfalls bei den Religionen, sondern nur bei uns, danach sollten die Individualisten, dann die Christen, die Juden und abschließend die Muslime gerettet werden.«

Der Individualist hingegen berief sich auf einen Auszug aus Max Stirners Buch »Der Einzige und sein Eigentum«: »Meine Sache ist weder das Göttliche noch das Menschliche, ist nicht das Wahre, Gute, Rechte, Freie usw., sondern allein das *Meinige*, und sie ist keine allgemeine, sondern ist – *einzig*, wie Ich einzig bin. Mir geht nichts über Mich!«[5] Und weiter: »Wo mir die Welt in den Weg kommt [...], da verzehre Ich sie, um den Hunger Meines Egoismus zu stillen. Du bist für *Mich* nichts als – meine Speise, gleichwie auch Ich von Dir verspeiset und verbraucht werde. Wir haben zueinander nur eine Beziehung, die der *Brauchbarkeit*, der Nutzbarkeit, des Nutzens.«[6] Er meinte ganz stolz: »Ich bin die Wahrheit und die Wahrheit bin ich!« Der Appell des Individualisten war deutlich: Die erste Rettung stand ihm und nur ihm zu. Damit seine Rettung gelänge, wollte er eine starke Person mit in das Rettungsboot nehmen, die ihm beim Ein- und Aussteigen behilflich sein könnte. Außerdem sollte der Koch ihn begleiten, denn falls er auf der Insel allein überleben müsste, bräuchte er ja jemanden, der ihm das Essen zubereiten würde. Die beiden verbleibenden Plätze sollten an zwei möglichst leichte Personen vergeben werden, damit das Rettungsboot schnellstmöglich die Insel erreichen konnte. »Erst danach«, sprach er, »sollten die Humanisten, dann die Christen, die Juden und am Schluss die Muslime gerettet werden.«

Während die fünf Männer ganz in ihre rege Diskussion vertieft waren, hatte sich der Schiffskapitän eine Lösung ausgedacht, wie alle auf dem Schiff gerettet werden können. Er wählte aus jeder der fünf Gruppen (Juden, Christen, Muslime, Humanisten und Individualisten) eine Person für das Rettungsboot aus. Die restlichen Passagiere ordnete er so an, dass sie fünf Menschenketten auf dem Wasser bildeten, und zwar so, dass sich die erste Person der jeweiligen Kette mit den Händen an einer der fünf Personen im Boot klammerte, während ihre Füße im Wasser blieben und der nächsten Person als Halt dienten, die sich auf den Rücken liegend an den Füßen der ersten Person festklammerte. Dabei war es dem Kapitän wichtig, dass jede Person auf dem Boot drei Personen aus den anderen Religionen bzw. Weltanschauungen in seiner Kette hatte. Die Personen im Boot mussten ihre Arme so stark ineinander verschränken und sich gegenseitig so stützen, dass der ersten Person in der jeweiligen Menschenkette ein fester Rückhalt gewährt war. Sollte das Bootsmitglied, an das sich die erste Person klammerte, diese loslassen, würde die jeweilige menschliche Brücke versinken. Und so galt es auch für die folgenden Glieder der Kette: Egal, wessen Hände loslassen würden, er würde damit sich selbst und alle anderen, die nach ihm auf dem Wasser schwammen, sinken lassen.

Als die fünf Diskutanten, die noch immer völlig in ihr Streitgespräch verwickelt waren, dies sahen, waren sie sprachlos. Nur mehr sie, der Kapitän, sein Assistent, der Koch und der eine Matrose waren noch an Bord des sinkenden Schiffes. »Springen Sie schnell nacheinander ins Wasser und halten Sie sich als viertes Glied an den Füßen der letzten Person in der Kette fest, die von ihrem eigenen Anhänger im Rettungsboot festgehalten wird!«, forderte der Kapitän sie auf. Dieser Anordnung folgend nahm der Christ seinen Platz als letztes Glied der Kette ein, die von einem Christen im Boot festgehalten wurde. Der Jude schwamm zu der Kette, die von einem Juden im Rettungsboot festgehalten wurde. Und so taten es auch die anderen. Danach bildeten die restlichen Besatzungsmitglieder und zu allerletzt der Kapitän eine sechste Kette, die vom Steuermann an Bord festgehalten wurde. Und so gelangten alle heil auf die Insel.

Auf der Insel ein wenig zur Ruhe gekommen, war der Kapitän neugierig zu erfahren, nach welchen Gesichtspunkten die drei Theologen, der Humanist und der Individualist die

Reihenfolge der zu rettenden Person ausgesucht hatten. Der christliche und der jüdische Theologe hatten ähnlich argumentiert, dass sie sich unter den verschiedenen Parteien als die sich am nächsten stehenden ansahen. Humanisten und Individualisten seien ihnen nicht so vertraut, jedoch näher als die Muslime, die ihnen eher fremd erschienen und daher an letzter Stelle eingereiht wurden. Der muslimische Theologe meinte, die Christen seien den Muslimen näher als die Juden, so stehe es im Koran. Angehörige dieser beiden Religionen, die im Koran als Leute der Schrift gewürdigt seien, ständen den Muslimen näher als die anderen Gruppen, wobei die Humanisten zumindest bestimmten Idealen folgten und daher dem Individualisten vorzuziehen seien. Der Humanist begründete seine Wahl damit, dass er ein grundsätzliches Problem mit den Religionen und deren Anhängern habe, denn diese bevormundeten andere Menschen und wollten sie ausschließen, daher sei eine Zurückreihung nur selbstverständlich. Dennoch seien ihm das Christentum und das Judentum näher als der Islam, der ihm fremd erscheine. Zuletzt meldete sich der Individualist zu Wort, dessen persönlichen Interessen das einzige Kriterium für seine Wahl, wer mit ins Boot dürfe, waren. Die Humanisten ständen ihm dennoch näher als die Religionen, daher wählte er deren Rettung an zweiter Stelle aus, erst dann folgten die Religionen, wobei auch er den Islam als am fremdesten empfand und entsprechend an letzter Stelle einreihte.

Der Kapitän hörte den fünf Männern aufmerksam zu, von denen übrigens keiner in der regen Diskussion bemerkt hatte, dass sie bei ihrem Rettungsplan weder an den Kapitän noch an seine Schiffsbesatzung (mit Ausnahme des Individualisten, der den Koch zu seinem eigenen Wohle mitnehmen wollte) gedacht hatten. Nach einiger Zeit fragten die Männer den Kapitän, woran er eigentlich glaube. Der Kapitän antwortete mit einer Gegenfrage: »Wieso fragt ihr mich, woran ich glaube? Wieso fragt ihr mich nicht, wer ich bin?«

Diese Erzählung beschreibt selbstverständlich keineswegs repräsentativ die verschiedenen Religionen und Weltanschauungen und die in ihr vorkommenden Positionen; innerhalb dieser Strömungen selbst ist eine große Vielfalt zu beobachten. Die Erzählung soll an erster Stelle verdeutlichen, was passiert, wenn Religionen oder Weltanschauungen den Menschen als solchen aus dem Blick verlieren und sich exklusivistisch nur für ihre eigenen Anhänger interessieren. Sowohl im Namen von Religionen als auch im Namen des Humanismus und des Individualismus kann der Mensch ignoriert werden. Und wenn ich hier vom Menschen rede, dann meine ich den freien Menschen, den verantwortlichen Menschen, den handelnden Menschen: den Kapitän, der durch Religionen und andere Weltanschauungen ignoriert werden kann.

Dabei ist der Kapitän kein Ideal an sich, dem es nachzueifern gilt, sondern er stellt die Eigenheit, das Selbst, eines jeden Individuums dar. Diese Eigenheit zu erkennen und sie zu entfalten, setzt Selbsterkenntnis voraus. Jeder ist Kapitän seines Selbst und somit er selbst. Das Ignorieren des eigenen Kapitäns ist die Selbstentfremdung. Der Kapitän ist auch kein selbstsüchtiger Egoist, denn um sich selbst als Kapitän gerecht zu werden, muss man Verantwortung für sich und seine Mitmenschen übernehmen. Diese vom Kapitän getragene Verantwortung ist keine Selbstaufopferung, im Gegenteil, im verantwortlichen Handeln verwirklicht sich das Selbst des Kapitäns. Die getragene Verantwortung ist Ausdruck der Selbstentfaltung. In der Rolle des Kapitäns verschwinden die Grenzen, in ihr verschwinden die konstruierten Gegensätze. Der Kapitän ist Individualist, aber in seinem Individualismus ist er ein Kollektivist. Sein Individualismus verwirklicht sich in seinem Handeln als Teil eines

Kollektivs. Er ist eben Kapitän. Und genau diese Haltung des Kapitäns ist die Haltung eines Humanisten, wie ich den Humanismus in diesem Buch darlege. Danach ist der Humanismus eine Haltung des »Sich-Öffnens« des Menschen sowohl nach innen, um sich ständig kritisch zu reflektieren, als auch nach außen, um sich auf das »Andere« einzulassen, dafür Verantwortung zu tragen, dieses in sein eigenes Lebenskonzept einzubeziehen und die Gesellschaftsstrukturen, in denen er lebt, der ständigen Überprüfung zu unterziehen.

Religionen und Weltanschauungen können sich nur dann als humanistisch bezeichnen, wenn sie sich für den Kapitän in uns, für den verantwortungsvoll handelnden freien Menschen interessieren und sich für ihn einsetzen, ja, ihn zum Vorschein bringen.

In diesem Buch zeige ich, warum ausgerechnet der Islam Potenzial zur Entfaltung eines neuen Humanismus in sich trägt. Gerade die Abwesenheit einer kirchlichen Instanz im Islam, die eine gewisse Autoritätsstruktur darstellt, macht ihn zu einer stark individualistischen Religion, die nach dem Kapitän im Menschen sucht. Der Koran spricht vom Menschen als Kalifen, im Sinne eines freien Individuums, das den Auftrag hat, sich selbst als den verantwortlich Handelnden zu finden. Das Hauptproblem des Islams heute liegt darin, dass Muslime gerade diese Stärke des Islams, das Individuum in seiner Eigenheit ernst zu nehmen, zugunsten falscher Loyalitäten gegenüber Autoritätsstrukturen, die der Islam im Grunde ablehnt, verdrängen. Diese religiösen wie nichtreligiösen Autoritätsstrukturen werden dann gerade im Namen eines falsch verstandenen Islams legitimiert und etabliert. Wenn heute ein ins Stocken geratener islamischer Diskurs darauf beharrt, jegliche Bestrebungen nach Aktualisierung des Islamverständnisses zu unterbinden, dann nicht deshalb, weil es ihm um einen authentischen theologischen oder gar religiösen Diskurs geht, sondern lediglich um einen Machtdiskurs, in dem autoritäre Strukturen geschützt werden sollen. Es geht keineswegs um eine inhaltliche Debatte, sondern um die Unterwerfung des Menschen, um seine Bevormundung im Namen des Islams. Es geht hierbei auch nicht um einen Kampf zwischen Labels wie »liberal« gegen »konservativ« und »konservativ« gegen »liberal«, sondern um einen Kampf um die Befreiung des Menschen von solchen bevormundenden Herrschaftsstrukturen, seien sie religiös oder nichtreligiös. Es ist ein strukturelles Problem, das ein religiöses, ein konservatives, ein liberales oder gar ein profanes Label tragen kann. Bevormundung geschieht heute längst nicht mehr nur im Namen von Religionen und extremen Ideologien, sondern auch im Namen des Humanismus selbst, im Namen des Individualismus selbst, ja im Namen der Moderne selbst. Die Lösung dieses strukturellen Problems liegt in der Selbstbefreiung des einzelnen Individuums, um zu sich selbst zurückzukehren, um sein eigenes Selbst zu sein. Sein eigenes Selbst zu sein, bedeutet wiederum, ein freies, verantwortlich handelndes Individuum zu sein.

Wenn Religionen meinen, nach Gott zu suchen, dabei aber den Menschen ignorieren, dann sind sie kaum in der Lage, einen Beitrag zur Entfaltung des Individuums zu leisten. Auch Konzepte des Humanismus, die nach einem individuellen oder kollektiven Ideal streben, verdrängen die Einzigartigkeit eines jeden Individuums. Religion und Humanismus werden heute als rivalisierende Gegensätze gesehen. Denn sie begegnen sich als an Gott Glaubende und nicht an Gott Glaubende. Entlang dieser Dichotomie führen sie ihre Debatten. Aber was ist mit dem Menschen an sich? Wer glaubt an ihn und an seine Einzigartigkeit? Wer setzt sich für die Entfaltung seiner Individualität und gleichzeitig seiner Verantwortung dem Kollektiv gegenüber ein, ohne Individualismus und Kollektivismus gegeneinander aus-

zuspielen? Allein die Frage nach der Begründung von
Werten – ist es Gott oder ist es der Mensch, der als Quelle
von Werten gilt –, konstruiert eine Spannung, die es so
aber nicht geben muss. Wenn zeitgenössische Humanisten
meinen, Religion sei ein Medium der Bevormundung und
Unterdrückung, dann gehen sie von einem bestimmten Verständnis von Religion aus, das sicher auch vorhanden ist.
Religionen entfalten sich allerdings unter sozialen, kulturellen, politischen, ja auch psychologischen Bedingungen, die
wiederum beeinflussen, wie Menschen Religionen auffas-
sen. Es ist diese Dynamik der Entfaltung von Religionen,
die Religionen zum Entfalten bringen.

In diesem Buch entwerfe ich zwar einen spezifisch islamischen Weg des Humanismus, mir geht es aber nicht um
einen Humanismus, der nur für Muslime gilt, sondern um
eine humanistische Haltung als Angebot für alle, sich sowohl nach innen als auch nach außen zu öffnen und sich
auf die Reise zu begeben, das »Andere«, das außerhalb des
Gewohnten ist, zu entdecken. Unser Universum ist in seinen
unendlichen Weiten längst noch nicht völlig entdeckt, das
gilt genauso für unser geistiges und spirituelles Universum.
Eine humanistische Haltung ist ein Einsteigen in ein Raum-
schiff, das auf eine unendliche geistige Reise geht. Der Humanismus, wie ich ihn verstehe, ist eine Einladung, in dieses
geistige Schiff einzusteigen.

Nach dem Verständnis des Islams hat sich Gott auf den
Menschen eingelassen und sich ihm geöffnet, indem er sich
ihm offenbart hat. Gott spiegelt daher die absolute Haltung
des »Sich-Öffnens« wider.

2. Gott ist der absolute Humanist

In seinem Buch »Der Mensch im Widerspruch« schrieb der reformierte Schweizer Theologe Emil Brunner (1889–1966): »[F]ür jede Kultur, für jede Geschichtsepoche gilt der Satz: ›Sage mir, was für einen Gott du hast, und ich will dir sagen, wie es um deine Menschlichkeit steht.‹«[1] Ich glaube, diese Aussage muss präzisiert werden, denn wenn wir uns mit Gott beschäftigen, kann es nicht allein um die Frage gehen, mit welchen Merkmalen Gott aus der jeweiligen kulturellen oder geschichtlichen Perspektive beschrieben wird, sondern wir müssen unseren Blick vor allem auch darauf richten, an wen oder an was dieser Gott glaubt. Daher müsste es doch viel treffender heißen: »Sage mir, woran dein Gott glaubt, und ich sage dir, wie es um deine Menschlichkeit steht.« So kann der Mensch etwa an einem Gott festhalten, der nur an sich selbst glaubt, dem es also lediglich um sich selbst geht. Religiösen und politischen Institutionen, die allein am Erhalt und Ausbau ihrer Macht interessiert sind, ist ein derartiges Gottesbild willkommen, weil sich damit eine Mentalität des Sich-bevormunden-Lassens durch Autoritäten und somit der Unterwerfung unter ihre Macht etablieren lässt. Solche Institutionen, die meinen, das Volk zähmen zu müssen, werden jeden Versuch unterbinden, den Menschen in den Mittelpunkt des Interesses von Religionen zu stellen. Man kann aber auch an einen Gott glauben, dem es nicht um sich selbst geht, sondern um den Menschen. Ein solches Gottesverständnis gibt dem Menschen seine Mündigkeit zurück; der Mensch muss seine Autonomie nicht von Gott erkämpfen, er kann sich vielmehr gemeinsam mit diesem Gott, der an ihn glaubt, von jeglicher Form der religiösen oder nichtreligiösen Bevormundung befreien. In meinem Buch »Islam ist Barmherzig-keit« habe ich mich aus einer islamischen theologischen Per-spektive für das Konzept eines barmherzigen Gottes stark ge-macht, der an den Menschen glaubt, der ihn und seine Kooperation will, der ihm vertraut und ihn daher mit Freiheit ausstattet. Denn nur mit dem Glauben an solch einen huma-nistischen Gott kann den Anhängern dieses Gottes aus ihrem Glauben heraus eine Grundlage erwachsen, den Menschen als solchen zu würdigen. Das Hauptproblem einiger religiö-ser Menschen besteht jedoch darin, dass sie – wenn auch unbewusst – von einem Gottesbild ausgehen, das Gott als Antihumanisten darstellt. Sie stellen sich einen Gott vor, dem es um die eigene Verherrlichung durch die Menschen geht und der sie zu seinen Marionetten machen will, deren Rolle lediglich darin besteht, Instruktionen zu empfangen, die sie unhinterfragt ausführen müssen; ansonsten droht ih-nen der Zorn Gottes, schlimmstenfalls das Höllenfeuer. Da-durch konstruieren gerade gläubige Menschen eine künst-liche Spannung zwischen sich selbst und der Entfaltung ihrer Persönlichkeit, ihrer Freiheit und ihrer Mündigkeit auf der ei-nen Seite und Gott auf der anderen. Eine Spannung, die von Religionskritikern als Argument gegen Religionen verwendet wird.

Der Islam, wie ich ihn verstehe und für den ich mich stark mache, beschreibt die Gott-Mensch-Beziehung völlig anders, nämlich als eine partnerschaftliche Beziehung. We-der will Gott den Menschen bevormunden, noch soll sich der Mensch für göttlich halten. Gott will den Menschen, er glaubt an ihn, er will seine Glückseligkeit, er hat sich auf ihn eingelassen und sich für ihn entschieden, deshalb ist Gott ein Humanist. Im Folgenden gehe ich auf die wesentlichen Aspekte im Islam ein, die diesen göttlichen Humanismus be-schreiben.

Der Islam kennt keinen Sündenfall

Wenn wir den Stellenwert des Menschen im Islam verstehen wollen, ist gerade die Erzählung von der Erschaffung des Menschen, wie sie an verschiedenen Orten im Koran zu finden ist, äußerst aufschlussreich. Diese Erzählung richtig einzuordnen, scheint mir entscheidend, um überhaupt das islamische Gott-Mensch-Verhältnis zu begreifen. Bevor ich aber etwas detaillierter auf diese Erzählung eingehe, sei Folgendes angemerkt: Der Koran schildert die Erschaffung des Menschen keineswegs deshalb, weil es ihm um die Geschichtlichkeit dieser und ähnlicher Erzählungen geht. Der Koran will keine historischen Fakten liefern, man stößt auf keine Daten und kaum auf Namen von Orten oder Personen; die Absicht des Korans ist es vielmehr, etwas über Gottes Intention, über Gottes Handeln in der Welt und über die Gott-Mensch-Beziehung zu vermitteln. Der Versuch, eine Debatte über eine wie auch immer verstandene historische Wirklichkeit koranischer Erzählungen zu konstruieren, ist daher überflüssig und alles andere als zielführend.

Die koranische Erzählung von der Erschaffung des Menschen beginnt mit einem Dialog zwischen Gott und den Engeln. Zu Beginn dieses Dialogs verkündet Gott ihnen, er habe vor, einen Menschen zu erschaffen und auf der Erde einzusetzen: »Und als dein Herr zu den Engeln sprach: ›Ich will einen Statthalter (arab. *chalīfa*) auf Erden einsetzen [...]‹«[2]. Die hier verwendete Bezeichnung »Chalīfa« (im deutschen Sprachgebrauch auch »Kalif«) charakterisiert den Menschen als Statthalter oder Stellvertreter, der Gottes Intention durch sein eigenes Handeln Wirklichkeit werden lässt. Später werde ich noch ausführlicher auf diesen zentralen Gedanken eingehen, wonach Gott nicht direkt in die Welt eingreift, sondern hauptsächlich durch die Kooperation mit dem Menschen, der sich in Freiheit für diese Zusammenarbeit entschließt.

Aber zurück zur Erzählung: Die Engel reagieren auf die Ankündigung Gottes alles andere als begeistert. Zwei Argumente setzen sie seinem Vorhaben entgegen. Das erste bezieht sich auf den Menschen: Die Engel behaupten, der Mensch sei lediglich ein Unheilstifter und werde nur Blut vergießen. Das zweite Argument gilt der Intention, welche die Engel hinter Gottes Vorhaben vermuteten; sie gehen nämlich davon aus, dass es Gott mit der Erschaffung des Menschen um seine eigene Verherrlichung und Anbetung gehe, und meinen: »Wir verherrlichen und beten dich an [also wozu noch der Mensch?].«[3] Ein Missverständnis, wie es auch heute bei einigen Gläubigen anzutreffen ist, deren religiöse Praxis darauf gründet, Gott drehe sich nur um sich selbst. Mit der Konsequenz, dass ihr Verhältnis zu Gott und dadurch ihr Glaube primär als Verherrlichung Gottes gelebt und erfahren wird und seinen Bezug zum Lebensentwurf des Menschen verliert. Die Schöpfungserzählung macht aber gerade auf dieses Missverständnis aufmerksam, denn ginge es Gott nur um seine eigene Verherrlichung, hätten die Engel recht und das Gespräch wäre zu Ende: Die Engel erfüllen diese Aufgabe bereits – wozu also noch ein weiteres Geschöpf? Doch offensichtlich ist die Absicht Gottes, wie er sich in der koranischen Schöpfungserzählung präsentiert, eine ganz andere. Auf ihren skeptischen Einwand antwortet er den Engeln: »›Ich weiß, was ihr nicht wisst.‹«[4] Es geht ihm offensichtlich um den Menschen, und zwar um den freien Menschen, denn die Schöpfungserzählung geht weiter.

Anders als die Engel, die ihre Skepsis gegenüber dem Vorhaben Gottes äußerten, zeigte Gott ihnen in diesem Dialog seinen Glauben an den Menschen und sein Vertrauen in ihn auf. Gott erschafft Adam, haucht ihm von seinem Geist ein (als Symbol des »Anderen«, des »Göttlichen« im Menschen und somit seiner Fähigkeit, sich jeder transzendenten Erfahrung zu öffnen) und bringt ihm alle Namen bei (als Symbol der Erkenntnisfähigkeit des Menschen und somit seiner Vernunft).[5] Daraufhin befiehlt Gott den Engeln, sich vor Adam niederzuwerfen. Die Engel folgen dem Befehl, alle bis auf einen, Iblis, der dadurch zum Erzteufel wird. Worin besteht die eigentliche Sünde, die Iblis nach koranischer Darstellung begangen hat? Es ist die aus seinem Hochmut resultierende Ablehnung, den Menschen zu würdigen. Iblis hat kein Problem damit, sich vor Gott niederzuwerfen, allerdings weigert er sich, sich vor dem Menschen niederzuwerfen. Dadurch erteilt Iblis nicht nur Adam, sondern dem Menschen als solchem eine Absage. Der Koran spricht deshalb an einer anderen Stelle von den Menschen im Plural: »Und wir haben euch Menschen erschaffen. Hierauf gaben wir euch eine Gestalt. Hierauf sagten wir zu den Engeln: ›Werft euch vor Adam nieder!‹ Da warfen sie sich alle nieder, außer Iblis […]«[6] Iblis steht im Koran also exemplarisch für jeden, der nicht an den Menschen als freies, mit einer unveräußerlichen Würde versehenes und vernünftiges Wesen glaubt, auch wenn er an Gott glaubt und, wie Iblis, bereit wäre, sich vor Gott niederzuwerfen. Das ist auch eine klare Botschaft an alle Fundamentalisten in allen Religionen, die meinen, Gott näher zu kommen, indem sie andere Menschen diskreditieren.

Doch die Erzählung geht noch weiter: Neben Adam hat Gott auch Eva im Paradies erschaffen und beiden verboten, von den Früchten des Baums zu essen. Anders als in der biblischen Darstellung wird im Koran nicht erwähnt, um welchen Baum es sich hierbei handelt. Und ein weiterer Unterschied existiert: Beide, Adam *und* Eva, werden vom Teufel verführt und haben von den Früchten des verbotenen Baums gegessen, ohne dass weiter darauf eingegangen wird, wer von beiden als Erster die Initiative ergriffen hat. Als sie davon gegessen haben, wird ihnen bewusst, dass sie sich Gottes Befehl widersetzt haben. Sie bitten Gott um Vergebung,

Gott vergibt ihnen sofort und schickt sie daraufhin auf die
Erde, damit sie ihren Auftrag als »Kalif« erfüllen können
(Koran 2:34–38). Nun lässt sich fragen: Wenn der Mensch
von Anfang an auf der Erde leben sollte (so die Ankündigung Gottes an die Engel), wieso muss er zunächst im Paradies verweilen, wo er sündigt, und wird erst dann auf die
Erde hinabgesandt? Meine Antwort lautet: Wenn von vornherein der Mensch für das Leben und Wirken auf der Erde
bestimmt war, bedeutet seine Sendung nach dem Sündenfall
keinesfalls eine Strafe, sie ist vielmehr seine Bestimmung
und der Sündenfall eine Notwendigkeit, denn anders als in
der biblischen Erzählung wird Adam und Eva unmittelbar
nach dem Verzehr der verbotenen Früchte vergeben, weshalb es im Islam auch keine Lehre von der Erbsünde gibt.
Ich spreche deshalb von einer Notwendigkeit, weil erst
durch den Sündenfall, durch sein »Nein« zu Gott, der
Mensch sich seiner eigenen Freiheit bewusst wird. Erst
wenn der Mensch mit dem Bewusstsein der eigenen Freiheit
ausgestattet ist, ist er in der Lage, seinen Auftrag als Kalif,
als Medium der Verwirklichung von Gottes Intention, verantwortungsvoll in Freiheit zu erfüllen. Anders gesagt:
Ohne ein Bewusstsein seiner eigenen Autonomie ist der
Mensch noch weit davon entfernt, Verantwortung tragen
zu können. Gerade Erziehung und Bildung, vor allem religiöse Erziehung und religiöse Bildung, müssen daher die
Schaffung eines Bewusstseins der eigenen Freiheit zu einem
ihrer obersten Ziele setzen. Wer mit Freiheit ausgestattet ist
und Verantwortung trägt, muss auch die Konsequenzen seiner Entscheidungen selbst tragen. Der Koran spricht vom
Bewusstwerden der eigenen Nacktheit: »[...] Als sie nun
von dem Baum gegessen hatten, wurde ihnen ihre Scham
kund, und sie begannen, Blätter von Bäumen des Paradieses
über sich zusammenzuheften [...].«[7] Erst mit dem Bewusstsein der eigenen Freiheit ist der Mensch in der Lage, Verant-

wortung zu tragen. Erst dann kann er seine Subjektivität entfalten, erst dann ist er keine Marionette mehr, sondern Lenker und Verfasser seiner eigenen Geschichte.

Der Koran lehnt die Idee strikt ab, dass jemand für die Handlungen eines anderen zur Verantwortung gezogen wird: »[...] Und keiner wird die Last eines anderen tragen [...].«[8] »Und keine Seele soll die Last einer anderen tragen. Und wenn eine schwerbelastete Seele jemanden ruft, um ihre Last zu tragen, soll nichts davon getragen werden, auch wenn es sich um einen Verwandten handelte [...].«[9] Der Islam lehnt sogar die Idee strikt ab, Gott für seine Handlungen verantwortlich zu machen (Koran 16:35). Jedes Individuum ist für sich selbst, für seine Handlungen und Verfehlungen verantwortlich. Daher existiert auch die Lehre der stellvertretenden Buße im Islam nicht. Niemand soll für die Verfehlungen anderer sterben. Auch soll niemand wegen der Verfehlungen anderer sanktioniert werden. Aus diesem Grund lehnt der Islam ebenfalls die Idee strikt ab, dass der Mensch mit einer Sünde beladen zur Welt kommt. Was kann der Mensch dafür, dass andere vor ihm gesündigt haben? Warum soll er wegen ihrer Sünden von vornherein belastet sein? Der Islam geht davon aus, dass der Mensch keineswegs vorbelastet zur Welt kommt. Jedoch besitzt der Mensch neben seiner Neigung zum Guten auch eine Neigung zum Bösen, was ihn eigentlich erst in die Lage versetzt, sich in Freiheit für seinen Weg zu entscheiden. Der Koran beschreibt daher den Menschen in seiner Ambivalenz, er ist weder vollkommen gut noch vollkommen schlecht. Er wurde zwar »in edelster Form erschaffen« (Koran 95:4), aber er ist »schwach« (Koran 4:28), jedoch keineswegs eine gefallene Kreatur. Er ist dem Bösen zugeneigt (Koran 75:5), kleinmütig (Koran 70:19), er kann sich aber selbst läutern (Koran 91:9).

Gottes Freiheit bejaht die Freiheit des Menschen

Gott hat, so wie es sich in der koranischen Schöpfungsgeschichte darstellt, den Menschen auserwählt, um ihm das
Angebot zu machen, sein Partner zu sein, um Gottes Intention nach Liebe und Barmherzigkeit Wirklichkeit werden zu
lassen. Damit hat Gott sich dem Menschen geöffnet. Diese
grenzenlose und prinzipielle Offenheit ist die Bedingung
und Grundlage von Freiheit. Freiheit wiederum bedeutet
Selbstbestimmung, denn nur wer sich selbst bestimmt, ist
wirklich frei.[10] Was zunächst eine formale Offenheit ist,
wird erst dann konkret, wenn es sich einem bestimmten Inhalt öffnet. Wenn ich z. B. ein Buch lese und mich mit dem
Inhalt auseinandersetze, mich diesem also öffne, dann verwirklicht sich meine Freiheit. Die prinzipielle Offenheit, die
jeder Mensch in sich trägt, bekommt einen konkreten Inhalt: das Sich-Öffnen für den Inhalt des Buches. Die Kon-
kretisierung vollzieht sich also darin, dass die Selbstbestimmung oder Freiheit dem Willen einen bestimmten, einen
konkreten Inhalt gibt.[11] Der Wille hat allgemein »die transzendentale Bedeutung, sich einer inhaltlichen Möglichkeit
zu erschließen, oder sich vor ihr zu verschließen«[12], doch
nur, wenn er sich öffnet, kann er die Bedingung von Selbstbestimmung sein. Verschließt er sich hingegen, ist diese Bedingung nicht mehr vorhanden, und somit ist auch keine
Selbstbestimmung bzw. Freiheit mehr gegeben. Mit anderen
Worten heißt das, dass Freiheit nur dort gegeben ist, wo sich
der Wille öffnet, also etwas bejaht.

Wenn nun die formale Offenheit sich erst durch »eine Bestimmung für etwas« konkretisiert, stellt sich in diesem Zusammenhang die Frage nach diesem konkreten Inhalt.[13]
Konkret wird die Offenheit in der Bejahung von etwas.
Wenn nun die grenzenlose und prinzipielle Offenheit die Bedingung für Selbstbestimmung darstellt, »so liegt die ent-

sprechende Bestimmung dieser Selbstbestimmung in der Bejahung der Freiheit selbst«[14], d. h. der erfüllende Inhalt der
Freiheit kann kein anderer sein als Freiheit selbst.[15] Nur in
der Bejahung von Freiheit erfüllt sich Freiheit. Gott ist demnach Freiheit. Sein ursprünglicher Wille ist Wille zur Offenheit und damit zur Freiheit.

Transzendentale Freiheit vollzieht sich also erst durch die
Bejahung anderer Freiheit. »Nur im Ent-schluß zu anderer
Freiheit setzt sich Freiheit selbst ihrer vollen Form nach«[16],
denn nur so kann der Wert der Freiheit ihr in »der Form und
Dignität nicht nachstehen«[17]. Das heißt, Gottes vollkommene, unbedingte Freiheit vollzieht sich durch die Bejahung
menschlicher Freiheit. Menschliche Freiheit bezieht sich auf
Gottes vollkommene Freiheit, denn der Mensch trägt ebenfalls eine prinzipielle, grenzenlose Offenheit in sich, die aber
erst durch die Bejahung der Freiheit selbst konkret wird.
»Der Mensch bejaht in seiner Freiheit die Freiheit. Damit ist
er die Freiheit.«[18] Anders als Gott bleibt der Mensch dennoch
relativ und vergänglich. Da nun die Ausübung der Freiheit
des Menschen einer Endlichkeit unterworfen ist, muss die
Unbedingtheit seiner Freiheit, die ihre Bedingung in der prinzipiellen, unbegrenzten Offenheit findet und damit uner-
schöpflich ist, auf etwas Unbedingtes, eine unbedingte Freiheit zurückgehen. Diese unbedingte Freiheit bejaht der
Mensch schon immer durch die Bejahung der endlichen Freiheit mit, und es handelt sich bei dieser unbedingten Freiheit
um Gott selbst. Damit also die menschliche Freiheit als Bejahung der endlichen Freiheit überhaupt existieren kann, muss
Gott unbedingte Freiheit und somit der Rückbezug der Unbedingtheit menschlicher Freiheit zu ihr sein. Gott, als unbedingte Freiheit gedacht, ist das unbedingte »Sich-Öffnen«.

Anders gesagt: Gott hat sich in Freiheit dem Menschen
geöffnet und damit die Freiheit des Menschen bejaht. Würde Gott den Menschen in seiner Freiheit einschränken, wür-

de dies die Freiheit Gottes selbst einschränken, denn Freiheit
vollzieht sich, indem sie sich einer anderen Freiheit öffnet,
sie zulässt. Verträgt sich dieses Konzept der Freiheit mit
dem koranischen Verständnis des Prophetentums? Schränkt
nicht gerade ein Prophet die menschliche Freiheit ein, indem
er sie in eine gewisse Richtung zu zwingen versucht? Anders
als es zum Teil im islamischen Volksglauben und bei manchen theologischen Strömungen verbreitet ist, beschränkt
der Koran die Rollen von Propheten lediglich auf die Verkündung, sie dürfen aber niemanden zum Glauben zwingen,
sie machen den Menschen lediglich Angebote, mehr dürfen
sie nicht, um nicht die Freiheit der Menschen einzuschrän-
ken, auch wenn diese ihnen nicht folgen wollen: »Wenn sie
sich nun aber abwenden, so hast du [Muhammad] nur die
Botschaft mit klaren Worten auszurichten.«[19] »Der Gesandte hat nur die Botschaft auszurichten [...].«[20]

Um die Freiheit und die Souveränität des Menschen zu
schützen, lehnt der Islam jegliche Form der Vermittlung zwischen Mensch und Gott in Form von Institutionen, Geistlichen, Meistern usw. strikt ab. Die Kritik des Korans an die
Mekkaner, die damit argumentiert haben, Götzen neben Gott
anzubeten, um dadurch Gott näher zu kommen (Koran 39:3),
kann heute auf jegliche Form der Selbstaufgabe übertragen
werden. Denn jede Form des Zulassens von Bevormundung
ist eine Beteiligung am Raub der eigenen Freiheit, die dem
Menschen von Gott gewollt und geschenkt ist, und steht daher
im klaren Widerspruch zum islamischen Glauben selbst.

Gott »braucht« den Menschen

Gläubige Menschen mag die Überschrift »Gott ›braucht‹
den Menschen« etwas irritieren, womöglich sogar provozie-
ren. Damit kein Missverstehen entsteht: Gott ist allmächtig,

und er ist im Grunde weder auf jemanden angewiesen, noch
braucht er jemanden, auch wenn im Koran die Rede davon
ist, dass Gott die Hilfe der Menschen erwartet (z. B.: Koran
57:25). Dass Gott den Menschen »braucht«, lässt sich so
verstehen: Gott hat die Welt so konzipiert, dass er nicht unmittelbar in sie eingreift und Dinge in ihr direkt verändert.
Primär fällt diese Rolle dem Menschen zu, der dazu eingeladen ist, sich in Freiheit zur Kooperation mit Gott zur Verfügung zu stellen. Dadurch sollen die Freiheit des Menschen
und somit die Verantwortung für sein Handeln souverän
bleiben. Schon im 7. Jahrhundert haben muslimische Gelehrte wie der bekannte Gelehrte Hasan al-Basrī (gest. 728)
auf diese Form der Konzipierung der Welt verwiesen. Al-
Basrī sprach davon, dass Gott in seiner Allmacht durchaus
die Fähigkeit besitzt, den Menschen zum Glauben oder
Nicht-Glauben zu bestimmen, es aber nicht tut, sondern
die Entscheidung dem freien Willen des Menschen über-
lässt.[21] Gott tritt in die Welt nicht als Instanz der Bevormundung des Menschen, sondern als dessen Partner. Seinen
Glauben zu leben und zu praktizieren, bedeutet aus der
Sicht des Menschen daher, für Gott da zu sein, »ja« zu sagen
zu seiner Partnerschaft. Somit reduziert sich religiöses Leben keineswegs auf die Ausübung religiöser Rituale, die
nicht einmal Selbstzweck sind, sondern Medien einer spirituellen und ethischen Bereicherung des Menschen. Religiöses Leben, verstanden als konstruktive Entfaltung seiner
Spiritualität sowie seiner Persönlichkeit, als Hervorhebung
seiner Talente und Fähigkeiten, als Arbeit an seinem Charakter, an seiner Bildung und Weiterbildung, als Übernahme
von Verantwortung für sich, seine Mitmenschen und seine
Umwelt, als Einsatz für die Kultivierung der Erde sowohl
in materieller als auch in geistiger Hinsicht, harmoniert mit
dem Lebensentwurf eines jeden verantwortlichen Menschen. Und genau das ist es, was der Koran mit »Kalif« be-

zeichnet: ein Stellvertreter, der Gottes Intention durch sein eigenes Handeln Wirklichkeit werden lässt.

Die Spannung zwischen Religiös-Sein, ja Fromm-Sein auf der einen Seite und der Existenz als verantwortungsvoller Bürger einer Gesellschaft auf der anderen erlischt somit. Der Mensch hat nach islamischer Vorstellung den Auftrag, seinen Lebensentwurf so verantwortungsvoll zu gestalten, dass durch ihn möglichst viel Konstruktives verwirklicht wird.

Gott greift nach islamischer Vorstellung also nicht unmittelbar in die Welt ein, um sein Ziel – Liebe und Barmherzigkeit – zu erreichen, sondern er nimmt den Willen und das Handeln des Menschen in Anspruch, indem er ihn mit seinem Willen inspiriert und ihm immer wieder Angebote macht. Es liegt aber letztendlich in der alleinigen Entscheidung des Menschen, ob er mit Gott kooperiert oder nicht. Die göttliche Liebe und Barmherzigkeit als Ziel der Schöpfung auf der einen Seite und deren Verwirklichung hier auf Erden auf der anderen sind zwei Seiten derselben Medaille.

Der Mensch ist also nach der islamischen Vorstellung ein Kommunikationswesen; er steht im Dialog mit Gott, mit sich selbst, mit seinen Mitmenschen und mit der Schöpfung. Immer wieder erinnere ich mich an die schöne Erzählung des Propheten Muhammad, die den Gedanken, wonach Gott den Menschen »braucht« und wie sich Gottesdienst in seiner lebensweltlichen Dimension verwirklichen kann, auf den Punkt bringt: Der Prophet Muhammad erzählte: »Im Jenseits wird Gott einen Mann fragen: ›Ich war krank und du hast mich nicht besucht, ich war hungrig und du hast mir nichts zu essen gegeben, und ich war durstig und du hast mir nichts zu trinken gegeben.‹ Der Mann wird daraufhin erstaunt fragen: ›Aber du bist Gott, wie kannst du krank, durstig oder hungrig sein?!‹ Da wird ihm Gott antworten: ›Am Tag soundso war ein Bekannter von dir krank, und du hast ihn nicht besucht; hättest du ihn besucht, hättest du mich dort, bei ihm, gefunden. An einem Tag war ein Bekannter von dir hungrig, und du hast ihm nichts zum Essen gegeben, und an einem Tag war ein Bekannter von dir durstig, und du hast ihm nichts zum Trinken gegeben.‹«[22]

Gott würdigt den Menschen

Nach dem Koran hat Gott »den Menschen in edelster Form erschaffen«[23] und »dienstbar hat er den Menschen gemacht, was in den Himmeln und auf der Erde allesamt ist. Wahrlich, darin sind Zeichen für Leute, die nachdenken.«[24] Die ganze Schöpfung ist nach dieser koranischen Vorstellung für den Menschen gedacht, sie wurde ihm dienstbar gemacht, damit er sie lenkt und einsetzt, um dadurch Gottes Intention nach Liebe und Barmherzigkeit Wirklichkeit werden zu lassen. In diesem Zusammenhang stellt sich die Frage, warum Gott den Menschen überhaupt hervorgebracht hat. Der Koran eröffnet darauf zwei Perspektiven. Die eine richtet ihren Blick auf Gott, wenn es heißt, dass Gott seine Liebe (»[…] er liebt sie und sie lieben ihn […]«[25]) und seine Barmherzigkeit (»Der Allbarmherzige […] der den Menschen erschaffen hat«[26]) mit dem Menschen teilen möchte. Die andere bezieht sich auf den Menschen, der als ein Medium der Verwirklichung dieser göttlichen Intention nach Liebe und Barmherzigkeit verstanden wird. Dazu heißt es im Koran: »Ich habe den Menschen und den Dschinn [ein Geistwesen] nur deshalb erschaffen, damit sie mir dienen.«[27] Fälschlicherweise wird manchmal dieses »Dienen« Gottes so interpretiert, als ginge es dabei um die Verherrlichung Gottes. Wenn Gott allerdings, wie es im Islam heißt, größer ist als gedacht werden kann (arab.: *allāhu akbar*), kann er den Menschen nicht erschaffen haben, um von ihm verherrlicht zu werden. Denn ein vollkommener Gott ist größer als ein Gott, der die Schöpfung benötigt, um verherrlicht zu werden und dadurch eine Bestätigung seiner Majestät zu bekommen. Gott sucht keineswegs nach einer Selbstbestätigung seiner Allmacht, auch strebt er nicht nach Demonstration seiner Herrlichkeit, er ist in sich genügsam, er ist auf niemanden angewiesen. Der Gedanke, Gott habe die Menschen erschaffen, weil er verherrlicht oder angebetet werden will, macht aus Gott einen minderwertigen, egoistischen »Diktator« auf der Suche nach sich selbst. Das ist dann aber nicht mehr Gott, vielmehr würde es ihn seiner Göttlichkeit berauben, denn Gott wird ausschließlich durch sich selbst bestimmt, dafür braucht er nichts anderes. Daher geht der oben erwähnte Vers aus der 51. Sure weiter: »Ich will von ihnen keinen Unterhalt haben, und ich will nicht, dass sie mir zu essen geben«[28], damit ja kein Missverständnis entsteht, dass mit »Dienen« etwas gemeint sein könne, was Gott für sich brauche.

Die Entschiedenheit Gottes für die Erschaffung des Menschen geht auf seinen ewigen Willen zurück, sie ist Bestandteil seiner Eigenschaft als Allbarmherziger. Gott war also immer für die Schöpfung entschieden und dies aus seiner absoluten Barmherzigkeit heraus, weil er Mitliebende sucht.

Als Zeichen der Würdigung des Menschen verlangte Gott in der Erzählung von der Schöpfung des Menschen von den Engeln nicht, sich vor ihm niederzuwerfen, sondern vor Adam, dem Menschen. Damit wollte er den Engeln – eigentlich aber uns, den Adressaten des Korans – zeigen, dass es ihm unmissverständlich nicht um sich selbst geht, sondern um uns, die Menschen. Der Mensch ist würdig genug, dass sich die Engel vor ihm niederwerfen. In der Schöpfungserzählung ist die Rede davon, dass Gott dem Menschen von seinem Geiste eingehaucht hat. Dieses »Heilige« im Menschen begründet seine Sehnsucht nach dem Absoluten, nach dem Vollkommenen, nach Gott. Wenn jeder

Mensch ein Stellvertreter (Kalif) Gottes auf Erden ist, dem
Gott von seinem Geist eingehaucht hat, dann ist die Begegnung mit jedem Menschen in gewisser Weise auch eine Begegnung mit Gott. Dies verlangt eine angemessene, demüti-
ge und respektvolle Haltung jedem Menschen gegenüber,
unabhängig davon, welcher Nation, Ethnie, Religion oder
Weltanschauung er angehört.

Dass Gott dem Menschen von seinem Geist eingehaucht
hat, begründet die Offenheit des Menschen für das absolute
Geheimnis und somit, sein Leben auf Gott hin auszurichten,
und ermöglicht es ihm, eine direkte Beziehung zu Gott auf-
zubauen. Der Mensch ist demnach ein auf Transzendenz hin
geöffnetes Wesen und damit schon immer ein über sich hinaus verweisendes und verwiesenes Subjekt. Der Koran
spricht in diesem Zusammenhang von »*fitra*« als der onto-
logischen Veranlagung im Menschen, sein Leben auf Gott
hin auszurichten, indem er seine Vervollkommnung anstrebt. Man kann also auch aus islamischer Perspektive mit
Karl Rahner sagen, dass dem Menschen zugleich »ein
gleichsam anonymes und unthematisches Wissen von Gott
gegeben«[29] wurde.

Gott glaubt an die Vernunft des Menschen

In der koranischen Schöpfungserzählung heißt es: »Und er
[Gott] lehrte Adam alle Namen. Hierauf legte er die Dinge
den Engeln vor und sagte: ›Tut mir ihre Namen kund, wenn
ihr die Wahrheit sagt‹«[30]. Damit ist gemeint, dass Adam –
und somit der Mensch – zur Erkenntnis befähigt ist. Anders
als die Engel ist er in der Lage, Erkenntnisse zu gewinnen.
Denn auf die Forderung Gottes, sie mögen die Namen der
Dinge kundtun, erwidern die Engel: »Gepriesen seist du! Wir
haben kein Wissen außer dem, was du uns vermittelt hast.

[…] Er sagte: ›Adam! Nenne ihnen ihre Namen!‹ Als er sie ihnen kundgetan hatte, sagte Gott: ›Habe ich euch nicht gesagt, dass ich die Geheimnisse von Himmel und Erde kenne? Ich weiß, was ihr kundgebt und was ihr verborgen haltet.‹«[31]

Diese Demonstration der Erkenntnisfähigkeit des Menschen vor den Engeln ist zugleich eine Demonstration des Glaubens Gottes an die Vernunft des Menschen. Dabei fällt auf, dass der Koran die Vernunft hauptsächlich im Zusammenhang mit Naturphänomenen erwähnt: »In der Erschaffung von Himmel und Erde; im Aufeinanderfolgen von Tag und Nacht; in den Schiffen, die zum Nutzen der Menschen auf dem Meer fahren; darin, dass Gott Wasser vom Himmel hat herabkommen lassen, um dadurch die Erde, nachdem sie abgestorben war, zu beleben; darin, dass er auf ihr allerlei Getier sich hat ausbreiten lassen; darin, dass die Winde wechseln; in den Wolken, die zwischen Himmel und Erde in Dienst gestellt sind, in alledem liegen Zeichen für Leute, die Verstand haben.«[32] »Und in der Aufeinanderfolge von Tag und Nacht, in dem, was Gott (durch den Regen) an Unterhalt vom Himmel hat herabkommen lassen, um dadurch die Erde, nachdem sie abgestorben war, zu beleben, und darin, dass die Winde wechseln, liegen Zeichen für Leute, die Verstand haben.«[33]

Um Naturphänomene zu verstehen, benötigt der Mensch seine Vernunft. Und es ist keineswegs so, dass der Koran hier Religion gegen Naturwissenschaft ausspielt. Der Beitrag der Religion zur Naturwissenschaft besteht zuallererst in der grundsätzlichen Forderung, die Natur mittels menschlicher Vernunft und den dazugehörigen wissenschaftlichen Methoden zu erforschen. Dabei liefert die Religion keine naturwissenschaftlichen Erkenntnisse, sie appelliert vielmehr an eine wissenschaftliche Haltung, auch mit der Konsequenz, dass sich die Wissenschaft irren kann. Denn bei der wissenschaftlichen Methode handelt es sich um einen Prozess, in dem Erkenntnisse gewonnen, revidiert, generiert usw. werden. Wäre es Aufgabe der Religion, uns naturwissenschaftliche Erkenntnisse zu liefern, würde der Koran nicht an zahlreichen Stellen und gerade im Zusammenhang mit Naturphänomenen an die menschliche Vernunft appellieren, sich mit diesen Phänomenen sachlich und vertieft auseinanderzusetzen.

Nun mag es sein, dass der eine oder andere argumentiert, dass sich doch gerade im Koran Phänomene angesprochen finden wie die Phasen der embryonalen Entwicklung, die als naturwissenschaftliche Aussagen gewertet werden. Gerne werden hierbei Verse wie diese zitiert: »Wir haben doch den Menschen aus Lehm geschaffen. Hierauf machten wir ihn zu einem Tropfen in einem festen Behälter. Hierauf schufen wir den Tropfen zu einem Embryo, diesen zu einem Fötus und diesen zu Knochen. Und wir bekleideten die Knochen mit Fleisch. Hierauf ließen wir ihn als neues Geschöpf entstehen. So ist Gott voller Segen. Er kann am schönsten erschaffen.«[34] Auf solche Argumente trifft man weniger bei den klassischen muslimischen Gelehrten, dafür aber bei einigen zeitgenössischen. Problematisch dabei ist jedoch, dass diese zeitgenössischen Gelehrten aus diesen und ähnlichen koranischen Versen keine naturwissenschaftlichen Erkenntnisse gewonnen und der Welt präsentiert haben, sondern ausgehend von den Erkenntnissen der Naturwissenschaft diese nachträglich im Koran zu begründen suchten. Diese Vorgehensweise stellt jedoch gerade für die Authentizität des Islams selbst eine große Gefahr dar, denn würde die Wissenschaft ihre Erkenntnisse aus wissenschaftlichen Gründen revidieren, wären die muslimischen Gelehrten gezwungen, die koranischen Aussagen nachträglich entsprechend anders zu interpretieren. Damit zeigt man weniger, dass man aus dem Koran wissenschaftliche Erkenntnisse gewinnen, sondern dass man in ihn vieles, ja so-

gar Widersprüchliches hineininterpretieren kann. Das Para-
debeispiel dafür sind bekannte Aussagen einiger wahhabiti-
scher Gelehrter aus dem 20. Jahrhundert, die noch die Position vertreten, die Erde sei eine Scheibe und die Sonne
würde sich um die Erde drehen. Auch vor Kurzem prokla-
mierte ein saudi-arabischer Rechtgelehrter, dass die Erde
sich nicht drehen würde. Seine Argumentation lautete:
»Wenn wir mit einem internationalen Flug von Sharjah
nach China fliegen: Wenn das Flugzeug stehen bleibt, dann
müsste ihm China doch entgegen kommen, stimmt's oder
nicht? Und wenn die Erde in die andere Richtung rotiert,
dann wird das Flugzeug niemals China erreichen können,
weil China sich mit dem Flugzeug mitdreht.«[35] Der Islam
muss vor solchen Positionen, die ihn bloßstellen, geschützt
werden. Wenn der Koran Naturphänomene anspricht,
dann, um eine Haltung der Wissenschaftlichkeit und ein Bewusstsein der Prozesshaftigkeit und Gesetzmäßigkeit in der
Natur zu fördern, was sie ja für den Menschen erforschbar
und nachvollziehbar macht.

Der Islam erlebte im Mittelalter seine Blütezeit, als muslimische Gelehrte den Koran als Auftrag verstanden, menschlicher Vernunft zu vertrauen und sie für die Erforschung der
geistigen und materiellen Welt zu entfalten. Heute wundert
man sich über jene Muslime, die fragen, ob es islamisch
konform sei, sich in naturwissenschaftlichen Disziplinen zu
spezialisieren(!). Wenn der Koran davon spricht, die Welt sei
in sechs Tagen erschaffen worden, dann sicher nicht deshalb, weil es ihm um die Zahl Sechs geht. Der Koran relativiert dies vielmehr, indem er selbst an einer Stelle sagt: »[...]
Ein Tag ist bei deinem Herrn wie nach eurer Berechnung
tausend Jahre.«[36] Und an einer anderen Stelle ist die Rede
von fünfzigtausend Jahren (Koran 70:4). Es geht also darum, ein Bewusstsein dafür zu schaffen, dass Gott auf eine
Art und Weise handelt, die für den Menschen nachvollzieh-

bar ist. Ob nun tausend oder fünfzigtausend Jahre – der Koran will sagen, dass die Entstehung der Welt ein langer Prozess war. Dieser Prozess kann und soll vom Menschen erforscht werden. Auch die Rede von der Entstehung des Menschen in mehreren Phasen dient demselben Zweck. Dazu fordert der Koran: »Und auf der Erde gibt es für diejenigen, die überzeugt sind, Zeichen ebenso in euch selber. Wollt ihr denn nicht sehen?«[37] Auch wenn Gläubige von der Schöpfung der Welt und des Menschen sprechen, dann steht dieser Prozess der Schöpfung keineswegs im Widerspruch zu den Naturphänomenen, wie sie die Wissenschaft erforscht. Denn Gott zaubert nicht, sondern handelt nach von ihm erschaffenen Gesetzmäßigkeiten. Und nur deshalb spricht der Koran an mehreren Stellen auch im Zusammenhang mit Sozialphänomenen von Gesetzmäßigkeiten, die der Mensch ebenfalls erforschen soll (z. B. Koran 35:43, 48:23).

Gott lehnt jegliche Autorität in seinem Namen ab

Dass Gott transzendent ist, bedeutet zuallererst, dass es dem Menschen verwehrt ist, eine göttliche, absolute Position einzunehmen. Gott ist Gott, er ist absolut, und der Mensch ist Mensch, er ist relativ. Daher erklärt der Islam die Verabsolutierung der eigenen, menschlichen Position zu einer Form der Selbstvergöttlichung, was er als die höchste Form der Blasphemie ansieht und strikt ablehnt. Die eigene Position, auch die religiöse, bleibt, im Sinne einer offenen, kritischen Überprüfung, immer relativ. Als der Prophet Muhammad einen Emir in eine Stadt entsandte, warnte er ihn davor, zu sagen, dieses oder jenes Urteil sei Gottes Urteil, er solle vielmehr klar betonen, dass es sich bei dem jeweiligen Urteil nur um sein eigenes handle. Und als ein Beamter dem zweiten Kalifen Omar (reg. 634–644) sagte, dieser habe geurteilt, wie Gott ihm eingegeben habe, sagte Omar: »Sag das nicht! Sag, Omar hat geurteilt wie er es für richtig gehalten hat.« Im Laufe der Jahre hat sich daher unter vielen muslimischen Gelehrten die Tradition etabliert, am Ende ihrer theologischen Traktate den Satz »Allāhu a'lam« (Gott weiß es am besten) als Relativierung ihrer Meinung einzufügen, die zwar richtig, aber auch falsch sein kann und daher der ständigen Überprüfung bedarf. Auch der Prophet Muhammad war in der Auseinandersetzung mit den Mekkanern dazu angehalten, sie zur kritischen Überprüfung seiner Botschaft aufzufordern und in einen offenen sachlichen Diskurs einzusteigen: »Sag [Muhammad zu den Mekkanern]: [...] Entweder sind wir rechtgeleitet, und ihr befindet euch offensichtlich im Irrtum, oder umgekehrt.«[38]

Der Islam lehnt jegliche Form der Bevormundung des Menschen strikt ab. Daher kennt er keine Mittlerinstanz zwischen Gott und Mensch, denn der Mensch soll gerade und vor allem in religiöser Hinsicht seine Souveränität und Mündigkeit bewahren. Souveränität und Mündigkeit sind die Grundpfeiler seines Menschseins. Eine bevormundende Mittlerinstanz zwischen Gott und Mensch kann unterschiedliche Formen annehmen: Es kann sich um eine Kirche handeln, eine Gemeinde, ein Lehramt, um einen Imam oder Gelehrten, um Vorgesetzte oder irgendeine Autorität, und sei es eine, die im Kopf des Menschen selbst sitzt und ihn an einer kritischen Reflexion seiner oder der Positionen anderer hindert. All diese und weitere Formen der bevormundenden Autoritäten fördern das »Sich-Verschließen« des Menschen und schränken seine Freiheit ein. Gerade das islamische Glaubensbekenntnis ist im Grunde ein Bekenntnis zur Freiheit. Der erste Satz dieses Bekenntnisses lautet: »Ich bezeuge, dass es keine andere Gottheit gibt, außer dem einen Gott«. Das islamische Glaubensbekenntnis beginnt also mit einer Negation. Es geht an erster Stelle darum, sich von allem zu befreien, was uns geistig, sozial oder politisch bevormundet. Alles, was den freien Blick des Menschen bewusst oder unbewusst einschränkt und ihn bevormundet, schränkt seine Freiheit ein. Der Ruf des Korans zum Glauben an den einen Gott ist ein Ruf, sich zur Freiheit zu bekennen. Der Monotheismus ist im Grunde ein Bekenntnis zur Befreiung von jeglicher geistigen, sozialen oder politischen Bevormundung. Der Polytheismus, der im Koran als Gegensatz des Monotheismus kritisiert wird, äußert sich heute weniger als Anbetung mehrerer Götter, sondern bezeichnet oftmals die Einschränkung der menschlichen Freiheit durch geistige Bevormundung. Der Koran wird nicht müde, gerade vor dieser Form der Bevormundung zu warnen: »Genommen haben sie sich ihre Gelehrten und Mönche zu Göttern außer Gott. [...] Und doch war ihnen befohlen zu dienen dem Gott, dem Einzigen. Kein Gott außer Ihm. Preis Ihm, über das, was sie neben Ihn stellen! Sie wollen Gottes Licht mit ihrem Mund auslöschen, aber Gott will nichts anderes, als sein Licht zu vollenden, auch wenn dies den Leugnern nicht gefällt.«[39] Der Mensch kann sich aber auch selbst bevormunden, indem er blind seinem Ego folgt oder davor zurückschreckt, sich anderen Gehalten, Ideen und Positionen zu öffnen. Das Beharren auf der eigenen Position, ohne sich selbst die Chance zu geben, sich mit anderen Überlegungen auseinanderzusetzen, raubt dem Menschen seine Freiheit, ohne dass ihm dies bewusst ist.

Wie oft liest und hört man heute gerade von Muslimen Sätze wie: »Der Islam braucht keine Reform«, »Unser Verständnis vom Islam braucht keine Aktualisierung«, »Die islamische Theologie ist spätestens im 9. Jahrhundert abgeschlossen worden, daher benötigen wir heute keine weiteren Überlegungen mehr. Auf alle, auch auf die aktuellen Fragen gibt es schon längst die besten Antworten« usw. Hinter solchen Sätzen steckt eine starre Haltung, die sich verschlossen hat und sich daher ihrer eigenen Freiheit beraubt. Muslime, die diese verschlossene Haltung vertreten, frage ich, auf welche Seite sie sich zur Zeit des Propheten Muhammads geschlagen hätten. Hauptgegner des Propheten waren eben jene, die eine solch verschlossene Haltung eingenommen haben; Menschen, die meinten, keine Reformen zu benötigen; die meinten, die Traditionen ihrer Väter und Großväter seien abgeschlossen und würden daher keine kritische Reflexion benötigen. Die Antwort des Propheten war ganz klar: Er sagte: »Gott schickt dieser Gemeinschaft [der Muslime] alle hundert Jahre jemanden, um ihre Religion zu erneuern.«[40] Es geht hier nicht um die Zahl Hundert oder darum, ob es sich um eine oder mehrere Personen bzw. Institutionen handelt, sondern um die Haltung, zu der aufgerufen wird – eine Haltung, welche die Religion in einem offenen, nicht abgeschlossenen Prozess sieht. Eine ständige Reform ist nicht deshalb notwendig, weil dem Islam womöglich etwas fehlt, es geht vielmehr darum, ihn und seine Auslegung im Leben des Muslims immer neu zu aktualisieren, wie es der Koran nahelegt, denn nur so hält man ihn lebendig. Reform in diesem Sinne bedeutet also nicht, die Grundsätze der Religion zu verändern; verändert und aktualisiert werden soll unser Verständnis von ihr, überprüft werden sollen die jeweiligen Positionen und Argumente. Denn nur in der ständigen Auseinandersetzung und in der ständigen Konfrontation zwischen der Lebenswirklichkeit und der Religion können Muslime immer neu aus dem Islam schöpfen, ansonsten verharren wir starr auf der Ebene der Rekonstruktion vorhandener Positionen und Traditionen; und so stirbt auch der Islam.

Diese Notwendigkeit einer ständigen Erneuerung war den muslimischen Gelehrten von Anfang an bewusst. So schrieb al-Ghazālī (gest. 1111) bereits im 11. Jahrhundert ein Buch mit dem Titel »Die Wiederbelebung der religiösen

Wissenschaften«. Der Islam ist nichts Abstraktes. Den Islam ohne Menschen gibt es nicht. Und es gibt auch keinen Koran und keine Sunna ohne Menschen. Der Imām Ali (gest. 660) sagte daher: »Der Koran spricht nicht, sondern die Menschen sprechen für ihn.«[41] Die Menschen bringen die Inhalte des Korans zum Ausdruck, indem sie ihn auslegen und leben. Erst dann wird der Koran lebendig, erst dann wird der Islam selbst lebendig. Die Menschen agieren, aber in ihrer je bestimmten Lebenswirklichkeit, und diese befindet sich in einem ständigen Wandel. Erstarrung würde bedeuten, dass sich die Lebenswirklichkeit der Menschen zwar weiterbewegt, der Islam jedoch stehenbleibt und sich damit von den realen Verhältnissen Stück für Stück entfernt. Je stärker jedoch der Bezug des Islams zur Lebenswirklichkeit ist, desto mehr können Muslime aus ihm für ihren jeweiligen Kontext schöpfen und ihn lebendiger machen. Auch Gott begleitet und reagiert auf diesen ständigen Wandel: »Ihn bittet, wer in den Himmeln und auf der Erde. Jeden Tag ist er in einer anderen Angelegenheit.«[42]

Wenn unser Verständnis vom Islam eine Wechselbeziehung zwischen Text, Auslegung und menschlicher Erfahrung ist, dann müssen die notwendigen Voraussetzungen für dieses Wechselspiel stets gewährleistet sein und geschützt werden. Dazu zählt an erster Stelle der freie menschliche Geist. Den Islam immer neu zu interpretieren, um ihn laufend im Leben des Muslims zu aktualisieren, bedeutet keineswegs eine bloße Anpassung des Islams an gesellschaftliche Vorgaben. Es ist nicht die Aufgabe der Religion, herrschende gesellschaftliche Verhältnisse zu legitimieren. Dies würde die Religionen zum Machtinstrument degradieren. Mit der Aktualisierung der Religion ist vielmehr die ständige Suche nach Antworten auf die Frage gemeint, wie sich Religionen samt ihrem spirituellen Gehalt und ihren ethischen Prinzipien immer wieder neu entfalten können.

Der Islam ist also keineswegs abgeschlossen, er ist so lange lebendig und so lange im Wandel begriffen, wie er Anhänger hat, die ihn in ihr Leben integrieren und in ihrem Herzen tragen. Wenn der Koran – und mit ihm der Islam – eine nie endende Interpretation benötigt, um den Islam im Leben der Gläubigen zu aktualisieren, dann unterliegt der Islam einem ständigen Entwicklungsprozess.

Mir ist bewusst, dass einige Muslime ein Problem damit haben, den Islam als offenen Prozess zu sehen, und sich auf den koranischen Vers berufen: »[...] Heute habe ich euch eure Religion vervollständigt [...]«[43]. Abgesehen davon, dass mit diesem Vers Speisevorschriften und religiöse Rituale (wie das tägliche rituelle Gebet, das Fasten im Monat Ramadan, die Pilgerfahrt nach Mekka usw.) sowie solche Gebote gemeint sind, die dem gesellschaftlichen Wandel nicht unterliegen und daher eher statischen Charakter haben, zeugt schon die islamische Ideengeschichte von der praktischen Notwendigkeit der ständigen Aktualisierung des Verständnisses vom Islam. Allein die Tatsache, dass sich in kürzester Zeit nach dem Tod des Propheten Muhammad unterschiedliche Glaubens- und Rechtsschulen gebildet und etabliert haben, zeigt, dass die dynamische Prozesshaftigkeit des islamischen Glaubens nicht nur eine Selbstverständlichkeit ist, sondern seiner Bestimmung entspricht. Diese Schulen waren sich in sehr vielen essentiellen Fragen nicht einig. Wenn es zum Beispiel um die Gotteslehre ging, dann vertrat die Mu'tazila, die als die rationalistische islamische Glaubensschule im 8. und 9. Jahrhundert galt, die Ansicht, dass Gott drei Wesensattribute besitze (Gott ist allmächtig, ewig lebendig und allwissend). Die asch'aritische Schule (genannt nach Imam Abu al-Hasan al-Aschʿarī, gest. 935–6) zählte hingegen sieben Wesensattribute Gottes (Gott ist allwissend, allmächtig, ewig lebendig, wollend, sprechend, hörend und sehend). Bei den Maturiditen (genannt nach Abū Mansūr al-Māturīdī, gest. um 944) waren es acht Wesensattribute (sie zählten zu den sieben Attributen der Asch'ariten das Attribut: *takwīn*: die Erschaffung der Dinge aus dem Nichts[44]). Hanbaliten (benannt nach Ahmad Ibn Hanbal, gest. 855) lehnten hingegen die Unterscheidung zwischen den Wesensattributen und Tatattributen Gottes ab und schrieben alle seine Attribute seinem Wesen zu. Auch vertrat die Mu'tazila die Ansicht, dass die anthropomorphen Beschreibungen Gottes im Koran – wenn etwa von Gottes Händen oder Augen die Rede ist – metaphorisch zu verstehen seien. Dieser Position widersprachen wiederum die Hanbaliten, die der Meinung waren, alle Attribute Gottes im Koran seien genauso zu verstehen, wie sie dort stünden, Gott besitze also in der Tat Hände und auch Augen. Auch in der Frage nach dem Handeln Gottes in der Welt waren sich die Gelehrten uneins: Greift Gott direkt in die Welt ein und bewirkt menschliche Handlungen (Asch'ariten)? Oder ist es der Mensch, der seine Handlungen hervorbringt (Mu'tazila)? Ein weiterer Streitpunkt zwischen den Glaubensschulen war die Frage nach der Begründung von Gut und Böse. Laut den Asch'ariten sind das Gute und das Böse keine Eigenschaften der Dinge an sich, sondern von Gott bestimmt. Also lassen sich Handlungen nur durch Gott als gut bzw. böse klassifizieren, und wir Menschen sind auf seine Verkündung, vor allem auf den Koran angewiesen. Die Mu'taziliten und Maturiditen gingen hingegen davon aus, dass die Dinge an sich gut oder böse sind, sodass es der menschlichen Vernunft obliegt, von sich aus zu erkennen, ob etwas gut oder böse ist. Vernunft wird demnach als die erste Erkenntnisquelle verstanden. In diesem Zusammenhang stellt sich die Frage, ob die göttliche Norm erst vor oder nach der Verkündung galt und ob demnach die Begründung der Norm in der Vernunft oder in der Verkündung selbst liegt. Da die Mu'taziliten der Meinung waren, dass die Vernunft Gut und Böse selbst erschließen kann, folgerten sie, dass man sich auch die Normen, mit Ausnahme der religiösen Rituale, selbst erschließen könne und hierfür auf keine Verkündung angewiesen sei. Diese diene lediglich der Erinnerung. Für die Rechenschaft vor Gott würde das bedeuten, dass der Mensch auch ohne Verkündung zu dieser gezogen werden könne. Hier widersprachen aber die Asch'ariten, denn wenn Gott dem Menschen erst durch die Verkündung gezeigt hat, was gut und was böse ist, kann der Mensch auch erst nach Erhalt dieser zur Rechenschaft für sein Handeln gezogen werden.

Auch waren sich die islamischen Rechtsschulen[45] in vielen Fragen uneinig, selbst bei Themen wie der richtigen Ausübung des täglichen Gebets. Die Tatsache, dass sich die Glaubens- und Rechtsschulen innerhalb von zwei Jahrhunderten (im 8. und 9. Jahrhundert) entwickelt und etabliert haben, zeugt davon, dass Reformen, im Sinne eines kritischen Hinterfragens herrschender Traditionen, eines Revidierens und Verwerfens von Positionen sowie einer Begründung neuer Positionen, zur Essenz der islamischen Theologie gehören. Wer sich gegen ständige Reformen stellt – und das sind heute nicht wenige –, stellt sich gegen den Geist des Islams. Tragisch bei diesen Reformverweigerern ist, dass sie in ihrer starren Haltung überzeugt davon sind, den Islam zu schützen. Doch der Koran selbst warnt vor einer solchen Verblendung, die daraus resultiert, sich vor einer kritischen Überprüfung seiner Positionen zu verschließen und diese für absolut zu erklären: »Sollen wir euch Kunde geben von denen, die am meisten ihre Werke verloren haben? Das sind diejenigen, deren Eifer im diesseitigen Leben fehlgeleitet ist, während sie ihrerseits meinen, sie würden es recht machen [...].«[46] »Wenn man zu ihnen sagt: ›Richtet nicht Unheil auf der Erde an!‹, sagen sie: ›Wir sorgen ja für Ordnung.‹ Dabei sind doch eben sie diejenigen, die Unheil anrichten. Aber sie merken es nicht.«[47]

Der Islam ist kein auf sich selbst bezogenes Objekt, die Muslime sind die Subjekte, die sich mit ihm auseinandersetzen und ihn auslegen. Ein Satz wie: »Das ist der wahre Islam« ist obsolet. Es gibt Muslime, die meinen, *den* Islam zu repräsentieren, andere Muslime legen ihn anders aus und glauben ihrerseits, *den* Islam zu repräsentieren. Der Islam ist letztendlich das, was die Muslime daraus machen. Daher ergibt der Satz: »Terroristen, die im Namen des Islams Terror ausüben, sind keine Muslime« keinen Sinn. Selbstverständlich sind sie Muslime, weil sie sich mit dem Islam identifizieren, ihn aber so interpretieren, wie sie ihn interpretieren, nämlich im Sinne von Gewalt und Terror. Und da der Islam keine Kirche kennt, obliegt es dem Diskurs, zu bestimmen, welcher Islam sich letztendlich durchsetzt. Wir können bestimmte Diskurse stark machen. Damit es aber nicht zu einer Diktatur des Diskurses kommt, sollten diese Diskurse stets für Aushandlungsprozesse offen sein und sich selbst der ständigen kritischen Hinterfragung unterziehen. Der Islam als Barmherzigkeit ist ein Diskurs, für den ich mich seit Jahren stark einsetze. Damit sich dieser Diskurs etabliert, benötigt er die Subjekte und Institutionen, die ihn tragen, ihn leben, ihn fördern, in ihren Handlungen und Einstellungen bezeugen und ihn stark kommunizieren.

Gott lässt sich nicht manipulieren

Bekanntlich richtet sich der Islam dezidiert gegen den Aberglauben. So sagte der Prophet Muhammad, dass Aberglaube eine Form von Gotteslästerung ist.[48] Dabei geht es ihm nicht darum, althergebrachte Orakelbräuche zu verbieten, ihm geht es darum, einen reflektierten und rationalen Blick des Menschen auf die Welt zu schärfen. Um etwas in der materiellen oder geistigen Welt zu verändern, muss sich der

Mensch den Gesetzmäßigkeiten dieser Welt entsprechend
verhalten. Gott hat die Welt so konzipiert, dass auch er
selbst nicht zaubert. Die Welt unterliegt rationalen und keineswegs magischen Mechanismen. Auch die Gott-Mensch-
Beziehung gestaltet sich nach eigenen Gesetzmäßigkeiten,
die der Mensch nicht übergehen kann. Zu diesen Gesetzmäßigkeiten gehört laut dem Koran, dass nur das geläuterte
Herz Zugang zu Gottes ewiger Glückseligkeit hat: »An dem
Tag werden weder Geld noch Kinder helfen, erfolgreich sein
wird der, der mit einem gesunden Herzen zu Gott
kommt.«[49] »[...] Glückselig ist, wer seine Seele reinigt, un-
selig aber, wer sie verkommen lässt«[50], »wohl ergeht es dem,
der sich läutert«[51]. Sein Inneres zu läutern ist ein Prozess der
ständigen Konfrontation mit sich selbst, mit den eigenen
Schwächen und Stärken. Der Prozess der Läuterung der Seele kann daher nur in der Selbsterfahrung angegangen werden. Der Islam macht auf diesen Prozess aufmerksam und
erinnert den Menschen an den Auftrag der Selbstläuterung,
er schafft auch religiöse Medien und Anlässe, die den Prozess des In-sich-Gehens ermöglichen, sei es durch das Gebet,
das Fasten, die Pilgerfahrt oder das freie Gespräch mit Gott.
Der Islam gibt jedoch keine konkreten Rezepte, wie jedes
Individuum sich selbst läutern soll, denn jeder Mensch hat
seine individuellen Stärken und Schwächen und kann diese
am besten selbst erkennen.

Dieses Verständnis von der Prozesshaftigkeit von Religiosität und Frömmigkeit widerspricht einer im Volksglauben
verbreiteten Ansicht, man könne Gott durch bestimmte
Handlungen manipulieren, um seine Gunst zu »erkaufen«.
Dem möchte ich entgegensetzen: Gott lässt sich nicht manipulieren. Im Volksglauben ist zum Beispiel die Ansicht stark
verbreitet, bestimmte Gebete oder Lobpreisungen führten
nach einer bestimmten Anzahl von Wiederholungen zum
Erlassen aller Sünden. Der Koran spricht hier aber eine an-

dere Sprache. Gebete helfen nur dann, wenn sie das Herz er-
greifen und seine Selbstläuterung bewirken. Man kann Gott
nicht durch Lobpreisungen manipulieren. Nur indem sie
den Menschen zu einer demütigen Haltung verhelfen, leisten sie einen Beitrag zu seiner inneren Veränderung und lassen den Gläubigen in die geistige Nähe Gottes gelangen.
Auch lehnt der Islam die Idee strikt ab, ein Geistlicher könne einen Menschen von seinen Sünden freisprechen. Wer
seine Sünden loswerden will, der muss schauen, wie er seine
Verfehlungen wieder gutmachen kann, und durch konstruktive Handlungen das Schlechte durch das Gute ersetzen.
»Weise die Übeltat mit einer positiven zurück [...].«[52]

Empirische Befunde zeigen, dass religiöse Rituale wie das
tägliche Gebet mit steigendem Alter häufiger praktiziert werden.[53] Warum? Meist steckt folgende Überlegung dahinter:
»Ich werde langsam alt, das Ende naht und somit die Begegnung mit Gott im Jenseits, daher muss ich anfangen zu beten,
damit er nicht mehr böse auf mich ist, wenn ich ihm begeg-
ne.« Eine solche Haltung versteht Religiosität allein als
Werkzeug, um Gott zufriedenzustellen und sich selbst vor
dem Höllenfeuer zu retten. Wo aber bleibt die lebensnahe Dimension der Religion, ihre Bedeutung für unsere Lebenswirklichkeit? Diese Werkzeug-Religion dient nur den Toten. Wer
gläubig ist, den spirituellen Bezug zu Gott allerdings erst bei
der Ankündigung des eigenen Endes zu suchen beginnt, ver-
rät, dass er im Laufe seines Lebens kaum oder nichts mit
Gott hat anfangen können. Seine Beziehung zu Gott ist rein
opportunistischer Natur, sie beginnt kurz vor dem eigenen
Ende und will Gottes Gunst »ersteigern«. Solch eine Haltung
ist nur eine Konsequenz falscher religiöser Erziehung, die uns
bis heute leider häufig begegnet. Was sich dahinter verbirgt,
ist ein Gottesbild, das Gott als selbstsüchtigen Diktator versteht, den man manipulieren und von dem man die Vergebung der eigenen Verfehlungen »erkaufen« kann, indem

man ihm seine Herrlichkeit und Einzigartigkeit bestätigt. Ist
das aber noch Gott? Kann Gott wirklich so klein sein, dass er
auf die Verherrlichung der Menschen angewiesen ist? Ist Gott
»käuflich«? Mit absoluter Sicherheit nicht! Denn es ist eben
nicht die Verherrlichung Gottes, die zum Vergeben der Sünden führt, sondern das Erkennen der eigenen Verfehlungen,
die Einsicht des Menschen, seine Reue, die ihn schließlich zu
einer neuen, konstruktiven Haltung führen. Gleiches gilt für
die Pilgerfahrt: Eine Pilgerfahrt nach Mekka tilgt keine
Schuld und vergibt keine Sünden, weil Gott sich durch das
Pilgern der Menschen geschmeichelt fühlt. Es ist vielmehr
eine veränderte Haltung des Menschen, zu der die Pilgerfahrt
führen kann, wenn sie als spirituelle Reise in die Tiefen des
eigenen Ich mit Konsequenzen in der Haltung, im Charakter
und im Handeln des Menschen verstanden wird. So kann die
Pilgerfahrt uns dazu verhelfen, einen neuen Weg in unserem
Leben einzuschlagen, neue Vorsätze zu fassen und daran zu
arbeiten, diese in unserem Lebensentwurf umzusetzen.

Religion dient als Medium der spirituellen und ethischen
Selbstreflexion und nicht der Manipulation Gottes. Es ist
keine Frage, dass Gott den Menschen ständig inspiriert,
dennoch zaubert Gott nicht, es liegt letztendlich am Menschen selbst, diese innere Stimme wahrzunehmen und das
Positive in seinem Leben umzusetzen.

Gott lässt sich von niemandem vereinnahmen

Die ersten Worte der ersten Sure im Koran nach der Basma-
la (Im Namen Gottes des Allbarmherzigen des Allerbar-
mers), mit der die Muslime auch jedes Gebet eröffnen, lauten: »Gepriesen sei Gott, der Herr der Menschen in aller
Welt.« Gott ist nicht Gott der Gläubigen alleine und schon
gar nicht der Muslime alleine, er ist Gott aller Menschen,

d. h. er wendet sich an alle Menschen. Daher sprach er im Koran zum Propheten Muhammad: »Sag: ›Ihr Menschen! Ich bin der Gesandte Gottes an euch alle [...]‹«[54], womit er verdeutlicht, dass sich Muhammads Verkündung an alle Menschen richtet. Daher ist es keine Anmaßung von Nichtmuslimen, wenn sie sich mit dem Islam und dem Koran auseinandersetzen. Im Gegenteil, alle sind dazu aufgerufen, sich damit zu befassen – auch kritisch. Daher treffen die Aussagen nicht zu, der Koran sei das Buch der Muslime und Muhammad der Prophet der Muslime. Um dies zu unterstreichen, wiederholt der Koran an mehreren Stellen den Ruf »O Ihr Menschen«. In einer der bekanntesten Suren im Koran, der letzten Sure, 114, wird mehrfach betont, dass Gott der Gott aller Menschen ist: »Sag: Ich suche Zuflucht beim Herrn der Menschen, dem König der Menschen, dem Gott der Menschen«. In diesem Zusammenhang kritisiert der Koran jegliche exklusivistische Haltung, die den anderen gänzlich ablehnt und Gott nur für eine bestimmte Gruppe, Konfession oder Weltanschauung vereinnahmen will. Im Koran sind hierzu keine eindeutigen Belege zu finden. Um ihre Position zu begründen, greifen Vertreter dieser Ansicht sehr oft auf folgenden koranischen Vers zurück: »Die Religion bei Gott ist der Islam [...]«[55] Sie übersehen dabei jedoch, dass der Begriff »Islam« im Koran keine bestimmte Religion bezeichnet, sondern die Haltung, sein Leben auf Gott hin auszurichten, im Sinne von einem Ja zur Kooperation mit Gott, um Gottes Intention nach Liebe und Barmherzigkeit Wirklichkeit werden zu lassen. So werden im Koran u. a. Abraham (3:67), Lot (51:36), Noah (10:72) und die Anhänger Jesu (5:111) als Muslime bezeichnet.

Vertreter exklusivistischer Positionen wollen – bewusst oder unbewusst – sich selbst die Macht verleihen, über Menschen zu richten, sich somit selbst profilieren, um sich über andere zu erheben.

Wenn der Koran sagt: »Und die Juden sagen: ›Den Christen fehlt die Sachkunde‹, und die Christen sagen: ›Den Juden fehlt die Sachkunde.‹ Dabei lesen sie doch die Schrift.
Sie reden wie diejenigen, die kein Wissen haben. Am Tag
der Auferstehung wird Gott zwischen ihnen richten, worüber sie uneins waren«⁵⁶, dann will er damit nicht die Juden
oder die Christen kritisieren, sondern die grundsätzliche
Haltung, anderen die ihnen gebührende Anerkennung abzusprechen. Mit anderen Worten: Würde der Koran heute verkündet werden, würde er den Muslimen sagen: »Und die Juden sagen: ›Den Christen fehlt die Sachkunde‹, und die
Christen sagen: ›Den Juden fehlt die Sachkunde‹, und die
Muslime sagen: ›Den Juden und den Christen fehlt die Sachkunde.‹« Am Ende des Verses betont der Koran, dass es lediglich in der Kompetenz Gottes liegt, zwischen den Menschen und den Konfessionen zu richten:

»Wahrlich, zwischen den Muslimen, den Juden, den Sabäern und den Christen und den Magiern und den Polytheisten wird Gott richten am Tag der Auferstehung. Wahrlich, Gott ist aller Dinge Zeuge.«⁵⁷

Der Koran unterstreicht, dass die einzig wahre Verfügung über die Barmherzigkeit bei Gott liegt und nicht
beim Menschen, denn der Mensch würde die göttliche
Barmherzigkeit, die alle und alles umfasst, nur selektiv verteilen und vielen vorenthalten: »Wenn ihr über die Vorräte
der Barmherzigkeit Gottes verfügen würdet, würdet ihr aus
Furcht, euch zu verausgaben, Zurückhaltung üben. Denn
der Mensch ist geizig.«⁵⁸ Diese koranische Warnung vor einer exklusivistischen Position findet allerdings bei einigen
Muslimen kaum Beachtung. Und das, obwohl der Koran
selbst eine inklusivistische Position betont, die das Andere
würdigt und anerkennt: »Die Muslime, und diejenigen, die
dem Judentum angehören, und die Christen und die
Sabäer, – (alle) die, die an Gott und den jüngsten Tag glau

ben und Rechtschaffenes tun, denen steht bei ihrem Herrn ihr Lohn zu, und sie brauchen (wegen des Gerichts) keine Angst zu haben, und sie werden (nach der Abrechnung am jüngsten Tag) nicht traurig sein.«[59] Dieser Vers, der sich in der fünften Sure wiederholt (5:69), verspricht Juden, Christen und Angehörigen anderer Religionen unmissverständlich die ewige Glückseligkeit. Innerislamisch werden heute inklusivistische und pluralistische Positionen von einer wachsenden Anzahl von Gelehrten vertreten, darunter Mohammed Arkoun (gest. 2010), Hasan Askari, Adnan Aslan, Mahmut Aydin, Mahmoud Ayoub, Ashgar Ali Engineer (gest. 2013), Farid Esack, Seyyed Hossein Nasr, Abdulaziz Sachedina, Abdulkarim Souroush u. a. Adnan Aslan und Mahmoud Ayoub zeigen in ihren Arbeiten anhand koranischer Aussagen, dass der Islam nicht nur dem Judentum und dem Christentum gegenüber offensteht, sondern auch anderen Religionen und Weltanschauungen wie dem Buddhismus und dem Hinduismus. Denn der Koran unterstreicht, dass die konfessionelle Vielfalt unter den Menschen gottgewollt ist: »Und wir sandten zu dir in Wahrheit das Buch hinab, bestätigend, was ihm an Schriften vorausging und über sie Gewissheit gebend. [...] Jedem von euch gaben wir einen Weg. Wenn Gott gewollt hätte, hätte er euch zu einer einzigen Gemeinde gemacht. Doch er will euch in dem prüfen, was er euch gegeben hat. Wetteifert nun nach den guten Dingen [...].«[60] Letztendlich darf nur Gott zwischen den Menschen richten: »Muslime, Juden, Sabäer, Christen, Magier und Polytheisten, Gott wird am Tag des Gerichts zwischen ihnen richten. Er ist über alles Zeuge.«[61]

Göttliche Gebote dienen dem Menschen und nicht Gott

Religiöse Normen sind kein Selbstzweck, sondern ein Mittel zum Erreichen menschlicher Glückseligkeit. Je mehr Nutzen eine menschliche Handlung oder Einstellung für das Zusammenleben der Menschen bewirkt, desto stärker ist sie geboten. Umgekehrt gilt: Je mehr Schaden eine Handlung oder Einstellung verursacht, desto stärker ist sie verboten. Es ist keineswegs Gott, dem der Gläubige einen Gefallen tut, wenn er sich an religiöse Normen hält und sich etwa für Gerechtigkeit oder Freiheit einsetzt. Denn dies dient nicht der Verherrlichung Gottes, sondern der konstruktiven Gestaltung des Zusammenlebens der Menschen in der Gesellschaft.

Der Koran verkündet keineswegs eine Bedienungsanleitung, wie das Leben in all seinen Details zu funktionieren hat. Er appelliert vielmehr an den Menschen, seine Vernunft einzusetzen, um seinen Weg zu Gott immer wieder kritisch zu reflektieren und je nach Lebenskontext neu zu beschreiten. Der Koran gebietet diese Haltung, gibt aber keine konkreten Antworten. Die Antworten muss der Mensch selbst immer neu finden und immer wieder kritisch hinterfragen.

Daher trennt der Koran auch nicht zwischen dem erforschenden Nachdenken über den Kontext, in dem der Mensch lebt, und der Reflexion seiner Beziehung zu Gott: »In der Erschaffung der Himmel und der Erde und in der Wende von Nacht und Tag sind Zeichen für die Einsichtigen, das Gedenken Gottes im Stehen und im Sitzen und liegend auf ihren Seiten und das Nachdenken über die Erschaffung der Himmel und der Erde: ›Unser Herr, du hast das nicht umsonst erschaffen. Preis dir!‹ [...]«[62] Die Weigerung, die eigene Vernunft zu gebrauchen, wird im Koran sogar als Anlass für den Zorn Gottes beschrieben: »[...] Und Gott sendet seinen Zorn auf die, die nicht verstehen wollen.«[63]

Der Islam gibt keine Instruktionen, wie genau das Herz geläutert wird, wie das Leben auf Gott hin ausgerichtet werden kann, wie die Vernunft zu ihrer kritischen Reflexion findet oder wie Gerechtigkeit in einer Gesellschaft herrschen kann. Dies müssen die Menschen selbst leisten, und zwar so, dass jedes Individuum in seinem jeweiligen Kontext und in seiner Gesellschaft mit ihrer jeweiligen Entwicklung für sich herausfinden soll, wie dies erfolgen kann. Es gibt kein endgültiges, für alle Menschen verpflichtendes Rezept, wie man sein Herz läutert, sein Leben auf Gott hin ausrichtet und seine Vernunft kritisch einsetzt. Und genauso wenig gibt es ein endgültiges, für alle Gesellschaften und zu allen Zeiten gültiges Rezept dafür, wie die Menschen für Gerechtigkeit sorgen können. Würde es ein solch allgemeingültiges Rezept für das alles geben, hätte sich Gott auf eine einzige Verkündung für alle Zeiten beschränken können. Im Koran beschreibt Gott jedoch die Sendung vieler Propheten zu verschiedenen Völkern, und zwar mit derselben Botschaft, jedoch auf unterschiedlichen Wegen: »[...] Für jeden von euch haben wir Richtung und Weg bestimmt [...].«[64]

Gerade das Gebiet der islamischen Normenlehre, das Normen für die zwischenmenschlichen Beziehungen definiert, unterliegt dem gesellschaftlichen Wandel sehr stark. Das beste Beispiel für die Notwendigkeit der ständigen Aktualisierung unseres Verständnisses von der islamischen Normenlehre hat uns ausgerechnet der Gründervater der Methodologie der islamischen Normenlehre, asch-Schāfi'ī (gest. 820), selbst geliefert. Ursprünglich hatte er sein Buch über die islamische Normenlehre, »Ar-Risāla«, im Irak geschrieben. Als er nach ein paar Jahren nach Ägypten auswanderte, erkannte er, dass er das Buch neu schreiben musste, da hier der gesellschaftliche Kontext ein anderer war. Die uns heute bekannte Ausgabe seines Buches ist die dem ägyptischen Kontext geschuldete, die dem irakischen Kontext geschuldete Ausgabe hat asch-Schāfiʿī verworfen.

Die islamische Normenlehre kennt mehrere Instrumente zur Ableitung von Normen, welche die Lebenswirklichkeit als eigenständige Quelle religiöser Normen sehen.[65] Diese berücksichtigen den Lebenskontext der Menschen und sind daher für eine Annäherung zwischen der islamischen Normenlehre und der Lebenswirklichkeit der Menschen von großer Bedeutung.

Muslimische Gelehrte wie Imām Mālik (gest. 796) vertraten die Ansicht, dass die Verwirklichung von individuellen und gemeinschaftlichen Interessen neben dem Koran und der Sunna auch normgebend sei. Dabei ist es keine Frage, dass menschliche Interessen variieren, dass sie nicht nur harmonieren, sondern miteinander in Konflikt geraten können. Es kommt zu Prozessen des Aushandelns, und gerade hierin liegt der Garant dafür, dass Beliebigkeit ausgeschlossen bleibt. Der Koran drückt dies auf eindrucksvolle Weise aus: »[...] Und wenn Gott nicht die einen Menschen durch die anderen abwehrt, zerstört wären Mönchsklausen, Kirchen, Gebetsstätten und Niederwerfungsstätten, in denen des Namens Gottes viel gedacht wird. Und Gott wird dem helfen, der Ihm hilft. Er ist stark und mächtig.«[66] Das ständige Ver- und Aushandeln von Interessen zwischen den Menschen und den Gesellschaften wird im Koran als Schutz beschrieben, und zwar nicht für den Islam allein, sondern für die Vielfalt und somit als Schutz für die Interessen aller. Daher ist es Aufgabe des politischen Systems, Räume und Institutionen zu schaffen, die diese Aushandlungsprozesse garantieren und ständig schützen.

In seiner Konzeption der Methodologie der islamischen Normenlehre erhob der Gelehrte asch-Schātibī (gest. 1388) die Erfüllung menschlicher Interessen (arab. *masālih*, Singular: *maslaha*) zur höchsten Instanz religiöser Normen: »Religiöse Lehren dienen der Erfüllung der Interessen der Menschen im Dies- und im Jenseits.«[67] Demnach sind Handlungen geboten, wenn sie einen Beitrag zur Erfüllung dieser Interessen leisten, und verboten, wenn sie deren Erfüllung verhindern bzw. Schaden verursachen.

Religiöse Normen sind somit kein Selbstzweck, sondern ein Mittel zum Erreichen der höheren Zwecke der islamischen Lehre (arab. *maqāsid*). Wie oben schon gesagt: Je mehr Nutzen eine menschliche Handlung oder Einstellung für das Zusammenleben der Menschen bewirkt, desto stärker ist sie geboten.

Die Aussage des Propheten Muhammad: »Was die Menschen für gut halten, hält auch Gott für gut«[68] öffnet der islamischen Lehre heute nicht nur eine neue Sichtweise, wenn es um islamische Normen geht, sondern ordnet die Prioritäten neu. Nun tritt der Mensch mit seinem Lebensentwurf, seinen Erwartungen, Hoffnungen, Ängsten und Wünschen in einen dialogischen Prozess mit der Schrift. Er nimmt nun Bezug zur Schrift, aber auch zu seinem Lebensentwurf, und ausgehend von diesem Wechselspiel zwischen beiden gestaltet er seine Religiosität.

Gott will die Dignität humanistischer Werte schützen

Indem der Koran Gott absolute Eigenschaften zuschreibt, erklärt er diese für absolut und heilig. Sie werden Gott stets als Superlative zugeschrieben. In der Schöpfungserzählung, wie sie in der zweiten Sure beschrieben wird, finden vier dieser Eigenschaften Erwähnung: allwissend, allweise, allvergebend, allerbarmend. Diese Eigenschaften Gottes können auch dem Menschen zugeschrieben werden, allerdings nicht als Superlative, die allein Gott vorbehalten sind. Dem Menschen können sie lediglich relativ zugeschrieben werden,

wodurch sie vor einer Vereinnahmung durch den Menschen
geschützt sind. Der große muslimische Gelehrte und Mystiker al-Ghazālī betitelte das vierte Kapitel seines Buches
»Das höchste Ziel« (arab.: *al-Maqsid al-Asnā*), in dem er
die Eigenschaften Gottes erklärt, mit: »Erläuterung, dass
der Mensch seine Vollkommenheit und Glückseligkeit
dann erlangt, wenn er sich Gottes Charaktereigenschaften
und die Bedeutung seiner Attribute und Namen in einer
menschlichen Dimension zu eigen macht«. In diesem Kapitel kritisiert er die Gelehrten, deren Arbeit sich lediglich auf
den Versuch beschränken würde, die Namen und Eigenschaften Gottes zu verstehen. Er beschreibt hingegen die
höchste Stufe der Verinnerlichung dieser Eigenschaften, indem der Mensch anstrebt, sich diese zu eigen zu machen
und sich mit ihnen zu identifizieren: »Und so wird der
Mensch göttlich, im Sinne, dass er Gott näher kommt.«[69]
Wobei al-Ghazālī schon in der Überschrift dieses Kapitels
und später in seinen Erläuterungen darauf hinweist, dass
sich der Mensch Gott annähern kann und soll, jedoch nie
Gott werden kann. Er kann sich dem Absoluten nähern,
wird selbst jedoch immer relativ bleiben. Sich Gott zu öffnen bedeutet, sich Gottes Eigenschaften zu öffnen, um diese
mit dem Wissen der eigenen Beschränktheit zu adaptieren.
Dadurch bleibt der Mensch davor geschützt, sich zu einem
Gott zu erklären. Gottes Eigenschaften, die sich der Mensch
zu eigen machen kann und soll, bleiben hingegen in der
Sphäre des Absoluten geschützt. Der Mensch kann sich ihnen annähern, indem er sich auf sie bezieht. Al-Ghazālī sieht
im Selbsterleben und im Selbsterfahren dieser Eigenschaften
den einzigen Weg zu deren Verstehen und Annäherung und
somit den Weg zur Gottesnähe. Er stellt einen Vergleich an:
»Wenn ein Kind uns fragt, wie sich sexuelle Begierde an-
fühlt und was ihre Wahrheit ausmacht, dann sagen wir: Es
gibt zwei Wege dazu: Wir beschreiben ihm diese Begierde,

damit er sie erkennt, oder wir sagen ihm: ›Warte bis du erwachsen geworden bist und Begierde fühlst und sie durch
Beischlaf entfaltest, dann erkennst du Begierde.‹ Und dieser
zweite Weg ist der authentische Weg zur wahren Erkenntnis, während der erste nur zu einer Vorstellung und Annäherung zum Gefühl der Begierde führt [...] und so ist es mit
dem Erkennen von Gottes Eigenschaften, dazu gibt es ebenfalls zwei Wege«[70]: den Weg der theoretischen Erkenntnis
und den Weg des Erlebens.

Nun, was sind das für Eigenschaften, von denen hier die
Rede ist, die sich der Mensch aneignen soll? Damit befasst
sich das folgende Kapitel.

3. Der Humanist ist der freie Mensch

Die Freiheit des Menschen ist der Grundpfeiler seines Humanismus. Die koranische Schöpfungserzählung unterstreicht: Erst durch das Bewusstsein der eigenen Freiheit erlangt der Mensch sein Menschsein. Mit Freiheit ist eine Haltung des »Sich-Öffnens« gemeint. Es geht um das »Aus-sich-Hinausgehen« des Menschen, der sich auf diese Weise von einer zum Teil selbst auferlegten inneren Gefangenschaft befreien kann. Es ist eine Haltung des ständigen »Ausbrechens«, eines unablässigen »Sich-neu-Bestimmens«. Der Mensch entscheidet selbst, ob er sich einer Dynamik öffnet, in der er sein Verhalten zu der Ordnung, in der er lebt und wirkt, immer wieder neu definiert. Oder er entscheidet sich gegen die Freiheit, verschließt sich und erstarrt in dem Glauben, die Ordnung, in der er sich befindet, sei eine fertige und somit statische. Freiheit ist eine Haltung der Dynamik, der Prozesshaftigkeit. Unfreiheit dagegen ist eine Haltung des »Sich-Verschließens«, des »Sich-Gefangenhaltens«, die zur Stagnation führt. Diese Haltung geht von der Abgeschlossenheit der jeweiligen Ordnung aus und wehrt sich gegen jede Form von Dynamik; Reformen sind demnach unerwünscht, während die Rekonstruktion des Alten und Vorhandenen ebenso zu schützen ist wie das Beharren darauf. Diese gegensätzlichen Haltungen des »Sich-Öffnens« und des »Sich-Verschließens« können individuelle Züge annehmen, die die eigene Persönlichkeit betreffen, sie können aber auch kollektive Züge annehmen und kulturelle, gesellschaftliche, wirtschaftliche oder politische Dimensionen erlangen.

Eine Haltung des »Sich-Öffnens« bedeutet, sich mit dem »Anderen« auseinanderzusetzen, sich darauf einzulassen,

sich eventuell andere, neue Elemente aus ihm anzueignen und
sich davon berühren, womöglich sogar bereichern zu lassen.
Dieses »Andere« kann eine Idee, eine Kritik, ein Mensch,
eine Meinung, eine Weltanschauung, eine Gesellschaftsordnung, eine neue Perspektive, eine andere Option, eine andere
Freiheit, ein anderes Anliegen als das eigene, ein anderes Gefühl, Mitleid mit dem Leid des anderen usw. sein. Wenn man
sich nun einer neuen oder anderen Idee verschließt und sich
von vorneherein weigert, sich mit dieser auseinanderzusetzen, dann ist man gefangen und keineswegs frei. Dies gilt
auch für die Auseinandersetzung mit allen Elementen und Dimensionen, die zum »Anderen«, zum »Neuen« gehören.
Frei-Sein ist in diesem Sinne eine Haltung. Und genau zu dieser Haltung ruft der Koran mehrfach auf. Sie ist der Inbegriff
der humanistischen Haltung, wie ich sie verstehe, weil sie sowohl das »Andere« in sich als auch das »Andere« außerhalb
von sich nicht ignoriert, sondern sich ihm öffnet.

Der Islam will, dass sich der Mensch zur Freiheit bildet

Der Koran berichtet von verschiedenen Propheten, die von
Gott gesandt wurden, um den Menschen das Angebot zu
machen, sich sowohl als Individuen als auch als Gesellschaften zu öffnen, aus sich herauszugehen und sich die Chance
zu geben, die vorhandenen Traditionen kritisch zu hinterfragen. Diese Aneignung einer Haltung des »Sich-Öffnens«
ermöglicht es, sich mit neuen Traditionen und Optionen
auseinanderzusetzen, sie in das Eigene miteinzubeziehen
und sich auf sie einzulassen. Der Koran betont, dass es nie
die Aufgabe von Propheten gewesen sei – auch nicht von
Muhammad –, die Menschen zum Umdenken zu zwingen.
Ihre Aufgabe bestand lediglich darin, ihnen Angebote zu
machen und an eine offene Haltung zu appellieren – nicht

mehr und nicht weniger: »Warne nun! Du bist nur ein Warner und hast keine Kompetenz, Zwang auszuüben.«[1] Selbst
wenn ihnen widersprochen wurde und sich die Menschen
weigerten, sich ihnen anzuschließen, stand es den Propheten
nicht zu, die Menschen zu irgendetwas zu zwingen oder gegen sie vorzugehen: »Wenn sie sich nun abwenden (und deiner Aufforderung keine Folge leisten, ist das ihre Sache).
Wir haben dich nicht als Hüter über sie gesandt. Du hast
nur die Botschaft auszurichten! [...].«[2] Das ist eine klare
Botschaft des Korans, die jegliche Form der Vereinnahmung
oder Bevormundung der Menschen kategorisch ablehnt.
Der Mensch ist es, der dafür verantwortlich ist, sich seine
Positionen selbst anzueignen, diese aber dann der ständigen
inneren und äußeren Überprüfung zu unterziehen. Denn
Selbstkritik und Kritik von außen sind unentbehrliche Instrumente einer ständigen Reflexion, die wir benötigen, um
uns, soweit dies überhaupt möglich ist, vor Irrtum, Stagnation oder dem Beharren auf längst überholte Positionen zu
schützen. Es ist aber meist der Mensch selbst, der sich seiner
eigenen Freiheit beraubt, indem er sich verschließt.

Um den Gedanken der Freiheit als ein »Sich-Öffnen« verständlicher zu machen, möchte ich ein vereinfachtes Beispiel
geben: Nehmen wir an, ich suche in einem bestimmten Land
nach einem Buch, das sich kritisch mit meiner Religion auseinandersetzt. Ich will mir ein eigenes Bild über dessen Inhalt machen, muss aber feststellen, dass es in dem Land zensiert worden ist, dass also weder die Bewohner des Landes
noch ich es dort erwerben können. Damit ist unsere Freiheit
eingeschränkt. Auch wenn einige Intellektuelle dieses Landes eine Haltung des »Sich-Öffnens« haben, sind sie nicht
in der Lage, sich dem Inhalt dieses Buches zu öffnen, um
sich damit auseinanderzusetzen. In diesem Fall verhindert
die Zensur die Freiheit der Menschen. Sie ist ein Instrument
der Beraubung von Freiheit. Sich dem Inhalt dieses kriti-

schen Buches zu öffnen, bedeutet keineswegs, sich seinen Inhalt anzuzeigen, es geht vielmehr darum, sich offen damit
auseinanderzusetzen. Dabei kann sich herausstellen, dass
nach rationaler Prüfung ein Teil der Argumente ins Leere
läuft, ein anderer Teil aber zum Überdenken der eigenen Argumente und ihrer Plausibilität führt. Jenseits einer solchen
externen, staatlichen Zensur kann es aber auch eine interne,
im Menschen selbst vorhandene geben. Wenn man Zugang
zu diesem oder jenem Buch hat, der Mensch jedoch eine
Haltung des »Sich-Verschließens« einnimmt, sodass er jegliche sachliche Auseinandersetzung verweigert, schränkt er
selbst die eigene Freiheit ein.

Das kritische Buch ist nur ein Beispiel unter vielen; in unserem Alltag begegnen wir laufend Menschen, Dingen, Situationen, Ideen, Meinungen, Argumenten, die uns dazu heraus-
fordern, uns mit ihnen auseinanderzusetzen und uns auf sie
einzulassen, und es obliegt dem Einzelnen, sich dem zu öffnen oder zu verschließen. Wie oben ausgeführt, kritisiert der
Koran jegliche Haltung des »Sich-Verschließens« und erkennt gerade in dieser passiven Haltung das Haupthindernis
auf dem Weg der Menschen, sich zu entwickeln, sich die
Chance zu geben, sich mit den Angeboten von Propheten auseinanderzusetzen. So argumentierte zum Beispiel das Volk
des Propheten Hūd: »Sie sagten: ›Bist du zu uns gekommen,
damit wir Gott allein dienen und die Götter aufgeben, denen
unsere Väter (von jeher) gedient haben? […]‹.«[3] Ähnlich argumentierte das Volk des Propheten Sālih: »[…] Willst du
uns denn verbieten, den Göttern zu dienen, denen unsere Väter (von jeher) gedient haben? […].«[4] Und das Volk des Propheten Schu'ayb: »Sie sagten: ›Schu'ayb! Befiehlt dir dein Gebet, dass wir die Götter aufgeben, denen unsere Väter (von
jeher) gedient haben? […]‹«[5] Gegen Moses brachten seine
Gegner vor: »Sie sagten: ›Bist du zu uns gekommen, um uns
von dem abzuwenden, was wir als Brauch unserer Väter vor-

gefunden haben […]?‹«[6] Doch der Koran bleibt nicht bei diesen spezifischen Beispielen, sondern macht durch Verallgemeinerung deutlich, dass die Argumentation gegen die Botschaft aller Propheten stets auf ähnliche Weise verlief: »[…] Ihr wollt uns von den Göttern abhalten, denen unsere Väter (von jeher) gedient haben […].«[7] Der Koran ruft nicht dazu auf, die Tradition der Väter zu verwerfen, sondern sie immer wieder kritisch zu hinterfragen. Er will, wie schon erwähnt, zu einer kritischen Haltung des »Sich-Öffnens« animieren: »Wenn man zu ihnen sagt: ›Kommt her zu dem, was Gott verkündet hat, und zum Gesandten!‹, sagen sie: ›Uns genügt das, was wir als Brauch unserer Väter vorgefunden haben.‹ Aber angenommen, ihre Väter irrten sich und waren nicht rechtgeleitet.«[8] Auch der Prophet Muhammad sah sich mit der passiven Haltung des »Sich-Verschließens« konfrontiert, doch tröstete der Koran ihn, indem er ihm aufzeigte, dass sich viele andere vor ihm bereits mit dieser Haltung auseinandersetzen mussten. Gleichzeitig machte er ihm Mut: Nicht alle verhalten sich derart passiv, sondern hauptsächlich nur diejenigen, die durch das Beharren auf die vorhandene Ordnung und durch das Ablehnen von Dynamik und Entwicklung ihre eigene Machtstellung sichern wollen. Daher spricht der Koran im folgenden Vers von den »verschwenderischen Wohlhabenden«: »Jedes Mal, wenn wir einen Gesandten vor dir [Muhammad] zu einer Stadt entsandten, sagten die verschwenderischen Wohlhabenden: ›Wir fanden unsere Väter auf einem Weg und wir treten in ihre Fußstapfen.‹ Jeder Gesandte sagte daraufhin: ›Wenn ich nun aber mit einer Botschaft zu euch gekommen bin, die besser für euch ist, als was ihr als Brauch eurer Väter vorgefunden habt?‹ Sie sagten: ›Wir nehmen eure Botschaft nicht an.‹«[9] Die scharfe Kritik, die der Koran gegen das unkritische Beharren auf das Vorhandene äußert, wiederholt sich an vielen weiteren Stellen (z. B. Koran 2:170, 7:28, 21:53, 26:74, 31:21, 43:22), dennoch leidet der Islam heute genau unter dieser passiven Haltung des »Sich-Verschließens« und somit der Verweigerung vieler Muslime – Gelehrte wie Laien –, sich kritisch mit der eigenen Tradition auseinanderzusetzen. Ich betone diesen Punkt mit dem kritischen Hinterfragen der eigenen Positionen, selbst wenn diese inzwischen als Tradition stark verankert ist, weil der Koran offensichtlich diese kritische Haltung zu einem grundsätzlichen islamischen Gebot erhebt. Es geht um eine Haltung der Freiheit des Gläubigen, die ihm seine religiöse Mündigkeit garantiert. Wenn der Koran seine Kritik an früheren Völkern, die sich selbst ihrer Freiheit beraubt haben, indem sie sich vor dem »Anderen« verschlossen haben, mehrfach wiederholt, dann richtet sich diese Kritik offensichtlich nicht an Völker, die längst nicht mehr existieren, sondern an die Adressaten des Korans. Der Koran macht dabei auf ein grundsätzliches Problem der Menschen als Individuen und als Kollektive aufmerksam, nämlich darauf, dass der Mensch stark dazu neigt, das »Andere«, das »Neue« abzulehnen und das »Altbekannte«, das »Traditionelle«, das »Vorhandene« zum unantastbaren Heiligtum zu erheben: »Genommen haben sie sich [manche Juden und Christen] ihre Gelehrten und Mönche zu Göttern außer Gott.«[10] Der Prophet Muhammad kommentierte diesen Vers wie folgt: »[...] Die Juden und Christen haben ihre Gelehrten und Mönche nicht direkt angebetet, vielmehr haben sie sich das erlaubt, was ihre Gelehrten ihnen erlaubt haben, und sich das verboten, was ihre Gelehrten ihnen verboten haben [...].«[11] Diese koranische Kritik an Juden und Christen, die ihren Gelehrten unhinterfragt gehorcht haben, will diese Religionen keineswegs diskreditieren, sondern richtet sich an Muslime und die Adressaten des Korans, damit sie sich angesprochen fühlen und ihre Lehren daraus ziehen können. Solche Verse lediglich als Kritik am Judentum und am Christentum zu verstehen, reduziert ihren Sinngehalt.

In Anbetracht dieser massiven Kritik des Korans an jeder starren Haltung, die das Altbekannte für heilig erklärt, um darauf zu beharren, und angesichts seiner Warnung, dass genau diese Haltung im Verlauf der Geschichte dazu führte, dass sich Menschen und Völker der Auseinandersetzung mit der Botschaft der Propheten verweigerten, bleibt es äußerst unerklärlich und sogar befremdlich, dass einige Muslime heute genau diese Haltung des »Sich-Verschließens« einnehmen. Dabei handelt es sich um keinen Verstoß gegen *irgendein* islamisches Gebot, sondern um einen Verstoß gegen ein *grundsätzliches* islamisches Gebot, ohne das der Mensch sein Menschsein gar nicht erlangen kann. Heute hört und liest man immer wieder Reaktionen von Muslimen, die in etwa lauten: »Alle muslimischen Gelehrten haben dies und jenes gesagt, und nun kommt er/sie im 21. Jahrhundert und erzählt etwas anderes, das kann nicht sein.« Begriffe wie »Reform«, »Erneuerung«, »Aktualisierung« unseres Verständnisses vom Islam rufen bei einigen dieser Muslime eine Abwehrhaltung hervor, die sich keineswegs von der Haltung unterscheidet, vor der gerade der Koran mehrfach warnt. Die koranische Botschaft ist unmissverständlich auf Veränderung und Entwicklung des Menschen und des Verständnisses seiner Religion ausgerichtet, nicht auf Stillstand oder Rückwärtsbewegung.

Heutige Muslime, die sich gegen jegliche Reform verschließen, argumentieren im Wesentlichen, unser Verständnis vom Islam sei abgeschlossen – wozu also Reformen? Wozu Aktualisierung? Wozu Veränderung? Spätestens im 9. Jahrhundert sei alles gesagt und niedergeschrieben worden, was zu sagen war, daher bräuchten wir heute nur in den Werken der alten Gelehrten zu suchen und würden dann alle Antworten auf unsere heutigen Fragen finden. Worin unterscheidet sich diese Argumentation von den Argumenten der Gegner aller Propheten, wie sie der Koran zitiert: »Wir bleiben bei dem, was unsere Väter vertreten haben«? Der Koran zielt darauf, den Menschen zu befreien, er will seine Mündigkeit, und nun erheben einige Muslime ihre Stimme und rufen im Namen des Islams selbst zum geistigen oder sogar militärischen Kampf gegen jede Form von Reform innerhalb des Islams auf. Und genau diese Muslime vertreten bewusst oder unbewusst eine Haltung des »Sich-Verschließens«, eine Haltung der Gefangenschaft, der selbstverschuldeten Bevormundung und wollen diese Haltung anderen Muslimen aufzwingen. Neben dem politischen Missbrauch seiner Lehren leidet der Islam heute genau unter dieser Haltung am stärksten: der Haltung der Bekämpfung der Freiheit im Namen der Bewahrung der Tradition. Wenn der Prophet Muhammad sagte: »Gott schickt dieser Gemeinschaft [der Muslime] alle hundert Jahre jemanden, um ihre Religion zu erneuern«[12], dann will er nichts anderes als auf die essentielle Notwendigkeit einer ständigen Reform des Verständnisses des Islams hinweisen, wie sie auch in jeder anderen Religion notwendig ist. Auf welche Seite hätten sich Reformverweigerer mit ihrer Haltung des »Sich-Verschließens« geschlagen, wären sie Zeitgenossen des Propheten Muhammad gewesen? Mit ihrer passiven Haltung teilen sie die Haltung derjenigen, welche die Propheten bekämpft haben. Eine verschlossene Haltung gegen Reformen im Islam heute hätte sich im 7. Jahrhundert höchstwahrscheinlich als verschlossene Haltung gegen die Reformen geäußert, die der Prophet Muhammad verkündet hat. Es ist dieselbe Haltung des »Sich-Verschließens«. Denn der Islam versteht sich nicht als eine neue Religion, sondern sieht sich in einer Kontinuität der vorherigen Verkündungen, sich also mit dem Judentum und dem Christentum in einer Linie befindend. Der Koran fordert die Muslime auf: »Sprecht: Wir glauben an Gott und was zu uns offenbart wurde, und was Abraham, Ismael, Isaak, Jakob und seinen Kindern offenbart wurde, und was Moses, Jesus und andere Propheten von ihrem Herrn erhalten haben. Wir machen keinen Unterschied zwischen ihnen; und Ihm ergeben wir uns.«[13] Der Koran bezeichnet die Hinwendung zu Gott, die sich in der Annahme seiner Liebe und Barmherzigkeit verwirklicht und im Handeln gegenüber den Mitmenschen und Gottes Schöpfung zum Ausdruck kommt, als »Islam«. Daher werden im Koran biblische Figuren erwähnt und als Muslime bezeichnet: Zum Beispiel wird Abraham im Koran als Muslim bezeichnet (Koran 3:67) wie auch Lot (Koran 51:36), Noah (Koran 10:72) und sogar die Anhänger Jesu (Koran 5:111). Allerdings versteht sich der Islam als Reform dieses einen Glaubens an den einen Gott. Er bricht vor allem mit den partikularen juristischen Maßnahmen, im Besonderen mit den Verboten des Judentums, übt Kritik an einer biologischen Sohnschaft Jesu im Verständnis einiger Christen und setzt sich ausführlich kritisch mit dem damals in Mekka vorherrschenden Polytheismus auseinander. Gerade die Mekkaner beharrten auf ihren Göttern und Traditionen, die sie mit dem Argument verteidigten, sie würden zu den Traditionen ihrer Väter gehören. Ob den Reformverweigerern unter den heutigen Muslimen bewusst ist, dass sie genau diese Haltung der damaligen Mekkaner teilen, kann ich nicht sagen, aber bei beiden ist die Befreiungsbotschaft des Korans offensichtlich nicht angekommen. Wer ein mündiger Gläubiger sein will, muss sich öffnen und sich von allen Abhängigkeiten befreien, wozu auch die Gefangenschaft in den Wänden der eigenen Tradition gehört.

Damit will ich keineswegs sagen, dass Traditionen per se zu verwerfen seien, nein! Traditionen müssen stets hinterfragt und auf ihre Plausibilität, Aktualität und letztendlich auf ihren Bezug zur Lebenswirklichkeit der Menschen überprüft werden. Und gerade so, indem man sie nicht einfach als unantastbar in jeden Kontext überträgt, sondern indem man sie immer neu fortdenkt, würdigt man sie. Traditionen sind stets Kinder ihrer jeweiligen Kontexte und Diskurse, in denen sie entstanden sind. Und so ist die islamische Theologie mit ihrer 1400-jährigen Geschichte und ihrer enormen Vielfalt diskursiv entstanden. Sie kann heute auch nur weiterhin diskursiv betrieben werden, indem diese große Dynamik, die immer fester Bestandteil islamischer Theologie war, beibehalten und geschützt wird. Reformverweigerer lehnen Dynamik jedoch ab. Sie gehen von der naiven Vorstellung aus, alles sei abgeschlossen und bereits gesagt. Meist sind solche Reformverweigerer allerdings Laien, welche die Entwicklungen innerhalb der islamischen Ideengeschichte nicht oder kaum kennen. Setzt man sich etwas sachlicher mit der islamischen Tradition auseinander, stellt man fest, dass innerislamische Reformen schon zur Zeit des Propheten Muhammad und zur Zeit der ersten Kalifen stattgefunden haben.

Der Humanismus ist eine Haltung des »Sich-Öffnens«

Gott stellt sich im Koran durch Eigenschaften vor, die seine Souveränität beschreiben. Diese sogenannten Attribute Gottes werden ihm im Koran stets als Superlative zugeschrieben. Der Islam lädt die Menschen dazu ein, sich diesen Eigenschaften zu öffnen und sie sich zu eigen zu machen. Allerdings nicht als Superlative – als solche bleiben sie Gott allein vorbehalten. Dem Menschen können sie nur in relativer Form zuteilwerden, um sie vor Vereinnahmung durch ihn zu schützen. Dadurch, dass der Koran diese Eigenschaften Gott als absolut zuschreibt, sind sie selbst absolut, der Mensch kann sich diesen absoluten Eigenschaften öffnen oder verschließen. Wenn der Koran von der »*fitra*« spricht, also der Veranlagung des Menschen, sein Leben auf das Absolute hin auszurichten, dann will er damit sagen, dass es im Wesen des Menschen liegt, sich zu öffnen. Ein »Sich-Verschließen« widerspricht seiner Natur. Der Mensch ist dazu veranlagt, aus sich hinauszugehen, auf Abstand zu sich selbst und zu seiner Umwelt zu gelangen, er strebt seine Souveränität an. Durch das »Sich-Öffnen« und das Bewusstwerden der eigenen Freiheit erlangt der Mensch seine Selbstbestimmung, wodurch er sich als Mensch vollziehen kann. Der Mensch kann sich immer zu sich selbst und zu anderen verhalten, er kann immer der andere sein. Schon indem er »Ich« sagt, ist er bereits der »Andere«, denn er geht auf Abstand zu allem und allen, was »Nicht-Ich« ist. Der Mensch kann im Grunde immer Distanz zu allem und allen einnehmen[14], und bereits dies weist auf eine prinzipielle, grenzenlose Offenheit im Menschen hin, die der Koran mit »*fitra*« bezeichnet.

Dieses prinzipiell vorhandene Potenzial, sich zu öffnen, bleibt jedoch formal und muss sich erst konkretisieren. Auf welchen Gehalt soll sich der Mensch öffnen, um seine Souveränität zu bewahren? Wofür ist seine Freiheit bestimmt?

Wie dargelegt, ist der Mensch mit einer prinzipiellen Offenheit, sprich: einer unbedingten Freiheit, ausgestattet. Aufgrund seiner Endlichkeit kann er diese unbedingte Freiheit nur bedingt vollziehen. Er öffnet sich immer nur bedingt. Unsere bedingten Vollzüge von Freiheit können der Unbedingtheit der Freiheit nicht vollständig Rechnung tragen. Und doch setzt die Unbedingtheit unserer Freiheit eine unbedingte Freiheit voraus, die »diese kategorialen Freiheitsvollzüge vollenden kann«[15]. Die Freiheit des Menschen und somit seine Offenheit realisieren sich erst durch die Bejahung der Freiheit an sich, also durch die Bejahung der absoluten Freiheit, auf die sich jede Freiheit bezieht. Für gläubige Muslime ist diese absolute Freiheit mit Gott gleichzusetzen, denn er ist dem Menschen ewig zugewandt. Diese ewige Zugewandtheit drückt sich darin aus, dass die Entscheidung Gottes für die Erschaffung des Menschen auf seinen ewigen Willen zurückgeht. Sie ist somit Bestandteil seiner Eigenschaft als Allbarmherziger, seiner ewigen Entscheidung, mit dem Menschen Kontakt aufzunehmen und sich ihm mitzuteilen. Er lässt sich auf den Menschen ein und lädt ihn zu sich ein in die ewige Glückseligkeit. Diese offene Haltung Gottes zu seiner Schöpfung bedeutet notwendigerweise, dass er die absolute Freiheit ist. Aus der Sicht des Menschen bedeutet Freiheit, sich den Eigenschaften Gottes zu öffnen. Ebenso wie bei der Freiheit setzt die Beschränktheit der menschlichen Gerechtigkeit, Barmherzigkeit, Verantwortlichkeit, Empathie, Vergebungsbereitschaft, Handlungskompetenzen usw. das Vorhandensein dieser Eigenschaften in absoluter Weise voraus, also die absoluten Eigenschaften Gottes, die nur ihm vorbehalten sind. Daher stellen diese göttlichen Eigenschaften eine wichtige Bezugsgröße für menschliche Vollzüge dar, wobei sich der Mensch diesen immer nur annähern kann.

Al-Ghazālī wusste genau, warum er die Vollkommenheit des Menschen darin sah, sich Gottes Eigenschaften in einer menschlich relativen Dimension zu eigen zu machen.[16] In seinem Konzept über den »vollkommenen Menschen« (arab. *al-insān al-kāmil*) vertritt der große Mystiker Ibn Arabī (gest. 1240) eine ähnliche Vorstellung. So habe Gott den Menschen zunächst dadurch ausgezeichnet, dass er ihn zum »Kalifen« gemacht hat. Anschließend »lehrte er ihn alle Namen«[17], die Ibn Arabī mit den Namen bzw. Attributen Gottes identifiziert. Auf diese Weise manifestiere sich Gott in dem Menschen, der zum Mikrokosmos der göttlichen Attribute wird. Somit bilden die Eigenschaften Gottes eine Brücke zwischen Gott und dem Menschen. Da der Mensch nun ausgezeichnet ist, indem Gott ihn die Namen gelehrt hat, besitzt er die Fähigkeit, aber auch den Auftrag in seiner Rolle als »Kalif«, die göttlichen Attribute in der Welt zu realisieren. Hierin sieht Ibn Arabī vor allem die Aufgabe der Sufis, von denen es nur ein paar gelingt, alle diese Fähigkeiten zu realisieren und somit zum vollkommenen Menschen zu werden. Allerdings weiß der Mystiker um die Beschränktheit des Menschen in der Verwirklichung. Diese werden nur Gott als absolut zugeschrieben.[18] Anders als Ibn Arabī sehe ich diesen Auftrag keineswegs allein auf die Sufis beschränkt, denn jeder Mensch ist ein Kalif. Jeder Mensch trägt Verantwortung, seinen konstruktiven Beitrag in der Welt zu leisten.

Was aber sind das für Eigenschaften, von denen hier die Rede ist?

Setzt man die Eigenschaften Gottes, wie sie im Koran vorkommen, vom Superlativ in den Positiv, dann beschreiben sie die Eigenschaften, denen sich der Mensch annähern, nach denen er streben kann. Im Folgenden teile ich Gotteseigenschaften, die im Koran vorkommen, in Kategorien ein, wobei ich mich hier ausdrücklich nur auf die Eigenschaften Gottes beziehe, die als Superlative im Koran vorkommen. Die im Volksglauben stark verbreitete Auffassung von den 99 Namen Gottes geht auf eine Aussage des Propheten Muhammad zurück, wobei allerdings die Benennung der 99 Namen nicht auf den Propheten selbst zurückgeht.[19] Darin sind auf der einen Seite viele Namen Gottes enthalten, die im Koran gar nicht vorkommen und daher spekulativ bleiben, auf der anderen Seite kommen Namen Gottes im Koran vor, die in diesen 99 Namen nicht beinhaltet sind. Auf diese lange Fachdiskussion gehe ich hier nicht ein, da dies den Rahmen und das Ziel dieses Buches sprengen würde.[20]

Die Eigenschaften Gottes, wie sie im Koran vorkommen, können in folgenden Kategorien zusammengefasst werden, wobei ich neben der deutschen Übersetzung der jeweiligen Eigenschaft den arabischen Wortlaut in Klammern setze. Im Anschluss an die Aufzählung der jeweiligen Eigenschaften einer Kategorie gehe ich kurz auf die menschliche Dimension dieser Kategorie ein,[21] was also diese Eigenschaften für den Menschen bedeuten und in welchem Sinne sich der Mensch diesen annähern und sich diese aneignen kann:

Die *erste Kategorie* beinhaltet Eigenschaften, die den Erkenntniszugang und die Erkenntnisfähigkeit beschreiben. Auf Gott bezogen beschreiben sie den Zugang zur absoluten Wahrheit: Gott hat Zugang zum absoluten Wissen, daher ist er allwissend. Dazu gehören folgende Eigenschaften: der Allwissende (*al-'Alīm*), der Hörende (*as-Samī'*), der Sehende (*al-Basīr*), der Kundige (*al-Chabīr*), der Weise (*al-Hakīm*), die Wahrheit (*al-Haqq*).

Was bedeutet diese Kategorie für den Menschen? Sich als Mensch diesen Eigenschaften zu öffnen, bedeutet das Streben danach, eine erforschende, neugierige, in unserer heutigen Sprache eine wissenschaftliche Haltung in der Auseinandersetzung mit sich und der Welt einzunehmen und stets offen gegenüber allen Methoden und Zugängen der Erkenntnis zu sein. Das heißt nicht, dass der Mensch sich diese Zugänge unhinterfragt aneignen muss, aber es heißt, sich offen damit auseinanderzusetzen, sich darauf einzulassen, diese in seine Überlegungen miteinzubeziehen. Es bedeutet, nicht nur seine Sinne zu schärfen, sondern sich auch mit allen Erkenntniszugängen auseinanderzusetzen und diese entsprechend anzuwenden, um empirische, geistige, aber auch spirituelle Erkenntnisse zu gewinnen sowie die Weisheit zu suchen und sich diese zu eigen zu machen.

Der Mensch kann sich der Wahrheit annähern, doch da die Wahrheit absolut ist, wird er sie nie völlig erfassen. Gott als absolute Wahrheit bedeutet: Der Mensch kann die Wahrheit nicht für sich beanspruchen, sonst würde er behaupten, im Besitz Gottes zu sein. Der Mensch kann sich Gott nur annähern, ihn jedoch nie wirklich erfassen oder begreifen. Der Mensch kann sich stets nur mit Demut und Bescheidenheit der Wahrheit annähern. Mit dieser Haltung ist er immer offen für Kritik, für die Überprüfung der eigenen Positionen und Argumente.

Die *zweite Kategorie* beinhaltet Eigenschaften Gottes, die einen zuvorkommenden Charakter beschreiben, wie Vergebung und bedingungslose Zuwendung dem Anderen gegenüber.

Dazu gehören folgende Eigenschaften: der Barmherzige (*ar-Rahmān*), der Erbarmer (*ar-Rahīm*), der Friede (*as-Salām*), der Sicherheit Spendende (*al-Mu'min*), der Verzeihende (*al-Ghaffār*), der Feinfühlige (*al-Latīf*), der immer wieder Verzeihende (*al-Ghafūr*), der Großzügige (*al-Karīm*), der Liebevolle (*al-Wadūd*), der Gütige (*al-Barr*), der die Reue Annehmende (*at-Tawwāb*), der Schenker (*al-Wahhāb*).

Was bedeutet diese Kategorie der Eigenschaften Gottes für den Menschen? Man kann sie in Unterkategorien einteilen, um ihre Bedeutung etwas genauer zu bestimmen:

1. Kategorie der Vergebung: der Erbarmer (*ar-Rahīm*), der Verzeihende (*al-Ghaffār*), der immer wieder Verzeihende (*al-Ghafūr*), der die Reue Annehmende (*at-Tawwāb*): Sich als Mensch diesen Eigenschaften zu öffnen, bedeutet, Menschen zu vergeben, nachsichtig zu sein, die Entschuldigungen seiner Mitmenschen, ja sogar seiner Feinde, wie al-Ghazālī betont, anzunehmen.[22] Al-Ghazālī macht darauf aufmerksam, dass sich gerade die Eigenschaft der Vergebung im Koran mit zwei Begriffen der gleichen Wortwurzel wiederholt: *al-Ghaffār* und *al-Ghafūr*, um gerade diese Eigenschaften auch für den Menschen stark zu machen.

2. Kategorie des Friedenstiftens: der Friede (*as-Salām*), der Sicherheit Spendende (*al-Mu'min*): Diese Kategorie ist gerade angesichts der aktuellen Diskussionen zum Verhältnis von Islam und Gewalt von großer Bedeutung. Sich als Mensch diesen Eigenschaften zu öffnen, bedeutet, sich für den Frieden, für die Sicherheit und für das konstruktive Miteinander einzusetzen.

3. Kategorie der Liebe, Empathie und des dem Anderen Zugewandtseins: der Barmherzige (*ar-Rahmān*), der Feinfühlige (*al-Latīf*), der Großzügige (*al-Karīm*), der Vertrauenswürdige (*al-Wakīl*), der Liebevolle (*al-Wadūd*), der Gütige (*al-Barr*), der Schenker (*al-Wahhāb*): Sich als Mensch diesen Eigenschaften zu öffnen, bedeutet, für seine Nächsten da zu sein, zuvorkommend, empathisch, großzügig, dankbar usw. zu sein. Zu dieser Kategorie gehört auch, seine Nächsten zu lieben.

Die *dritte Kategorie* beschreibt Eigenschaften Gottes, die seine Souveränität und Einzigartigkeit unterstreichen.

Dazu gehören folgende Eigenschaften: der Souveräne, der in sich vollkommen und daher auf niemanden angewiesen ist (*al-Malik*), der Seltene, von dem es nur einen gibt (*al-'Azīz*), der Kräftige, der seinen Willen durchsetzt (*al-Dschabbār*), der Großartige (*al-Azīm*), der Höchste (*al-'Aliyy*), der Größte (*al-Kabīr*), der Glorreiche *(al-Madschīd)*, der Starke (*al-Qawwiyy*), der Feste (*al-Matīn*), der Preiswürdige (*al-Hamīd*), der Unabhängige, der anderen gibt (*as-Samad*), der Erste (*al-Awwal*), der Letzte (*al-Āchir*), der Eine (*al-Wāhid*), der Vollkommene (*al-Quddūs*), der Reiche, der auf niemanden angewiesen ist *(al-Ghanī)*, der ohne auf irgendwen oder -etwas angewiesen zu sein Bestehende (*al-Qayyūm*), der Offenbare, auf dessen Existenz alles Geschaffene klar hinweist (*az-Zāhir*), der Verborgene, den niemand wirklich begreifen kann (*al-Bātin*).

Was bedeutet diese Kategorie an Eigenschaften für den Menschen? Sich als Mensch diesen Eigenschaften zu öffnen, bedeutet, seine eigene Souveränität und Einzigartigkeit als Individuum zu entfalten. Der Mensch soll demnach seine Mündigkeit, seine geistige und materielle Unabhängigkeit anstreben. Er trägt dafür Verantwortung, dass er seinen Lebensentwurf selbst bestimmt. Außerdem sollte er anstreben, ein besonderes Individuum zu sein, dessen äußere Handlungen auf ein verborgenes, reines Inneres verweisen. Mit diesen Eigenschaften ist jeder Mensch ein Individuum, das als solches in seiner Einzigartigkeit auch gewürdigt und anerkannt wird.

Die *vierte Kategorie* beinhaltet Eigenschaften, die eine gewisse Überlegenheit beschreiben. Dazu gehören folgende Eigenschaften: derjenige, dem Majestät und Ehre gebühren (*Ḏū l-Dschalāl wa-l-Ikrām*), der Inhaber der (königlichen) Souveränität/Macht (*Mālik al-Mulk*), der Vornehme, der Stolze (*al-Mutakabbir*), der Alles-Bezwinger (*al-Qahhār*).

Was bedeutet diese Kategorie an Eigenschaften für den Menschen? Al-Ghazālī sieht in diesen Eigenschaften solche, die an erster Stelle die Kontrolle des Menschen über sein Inneres beschreiben. Sich diesen Eigenschaften zu öffnen, bedeutet, sich seinem Inneren zuzuwenden, um sein Inneres zu läutern und ihm spirituelle Majestät und Ehre zu verleihen, und wenn Gott der Inhaber der königlichen Souveränität und Macht ist, so ist der Mensch Inhaber und Verantwortlicher für sein eigenes Ich, er soll Herr sein im eigenen, inneren Haus und sich nicht von der Begierde leiten lassen. Er soll sich seiner körperlichen, aber auch geistigen und spirituellen Gesundheit und Vollkommenheit öffnen. Und wenn sich der Mensch der Eigenschaft des Stolzes öffnen soll, dann keineswegs im Sinne von Hochmut, sondern im Sinne des Erhaben-Seins über Feindseligkeiten. Der Mensch soll über den Dingen stehen und sich nicht mit dem Negativen, was immer das sein sollte, aufhalten. Sich der Eigenschaft des Bezwingers zu öffnen bedeutet schließlich, alles Negative in sich, aber auch außerhalb von sich zu bezwingen, sich davon zu befreien.

Die *fünfte Kategorie* beinhaltet Eigenschaften, die bestimmte Handlungskompetenzen beschreiben. Dazu gehören folgende Eigenschaften: der Schöpfer (*al-Chāliq*), der Schaffende (*al-Bāri'*), der Formende, der jedem Ding seine

Form Gebende (*al-Musawwir*), der Versorger (*ar-Razzāq*), der Öffnende, der die Türe zu sich und zum Guten öffnet (*al-Fattāh*), der Beschützer (*al-Waliyy*), der Mächtige (*al-Qādir*), der Beschützer und Bewacher (*al-Muhaymin*).

Was bedeutet diese Kategorie an Eigenschaften für den Menschen? Sich als Mensch diesen Eigenschaften zu öffnen, bedeutet, seine eigene Kreativität und sein Schaffen zu entfalten, und zwar verantwortungsvoll im Sinne der menschlichen Zivilisation. Zugleich ist der Mensch dafür verantwortlich, seine Talente und Kompetenzen zu schützen, zu entwickeln und den Erwerb immer neuer Kompetenzen anzustreben.

Die *sechste Kategorie* beinhaltet die Eigenschaft: der Lebendige (*al-Hayy*), die auf die Bejahung des eigenen Lebens hinweist, sowie die Eigenschaft: das Licht (*an-Nūr*), das anderen den Weg leuchtet. Für den Menschen bedeutet, sich der Eigenschaft des Lebendigen zu öffnen, das eigene Leben und das Leben anderer zu bejahen, zu schützen und zu fördern. Dazu gehört aber nicht nur das biologische Leben, sondern auch das geistige. Sich der Eigenschaft des Lichtes zu öffnen bedeutet, selbst ein Wegweiser für andere Menschen zu sein. Das setzt aber voraus, dass der Mensch sein Inneres läutert und seine Vernunft würdigt, um die Dinge möglichst zu reflektieren und den Lebensweg mit all seinen Chancen und Herausforderungen zu überblicken. Wenn der Koran betont: »[...] wenn einer jemanden zu Unrecht tötet, oder um Unheil auf der Erde zu stiften, es ist dann so, als ob er die ganze Menschheit getötet hätte. Und wenn einer jemanden am Leben erhält, soll es so sein, als ob er die ganze Menschheit am Leben erhalten hätte [...]«[23], dann bezieht sich dies nicht nur auf die biologische Dimension des Lebens, sondern auch auf die geistige. Der Mensch ist angehalten, sich und seine Mitmenschen auch geistig zu bereichern und ein Licht in der Dunkelheit zu sein.

Ich möchte noch einmal betonen: Wenn hier die Rede davon ist, dass der Mensch sich diesen göttlichen Eigenschaften öffnet, heißt das nicht, dass er Gott gleich wird; er wird weder heilig noch absolut. In ihrer absoluten Dimension werden diese Eigenschaften nur Gott zugeschrieben, der Mensch kann sich ihnen aber annähern. Er soll danach streben, sich diese Eigenschaften zu eigen zu machen, jedoch mit dem Wissen, dass sein Bemühen immer relativ bleiben wird.

Mit den aufgezählten Eigenschaften ist der Koran keineswegs erschöpft, man kann aus ihm sicherlich weitere Eigenschaften herleiten, mir geht es hier aber nicht um die Quantität oder um eine bestimmte Aufzählung von Eigenschaften. Wichtig erscheinen mir die Dimensionen, die durch diese Eigenschaften angesprochen werden. Entlang der dargestellten Kategorien, lassen sich folgende Dimensionen benennen:

1. die Souveränität, die Mündigkeit und Einzigartigkeit eines jeden Individuums,
2. die Erkenntnisfähigkeit des Menschen,
3. die Zuvorkommenheit, Empathie und Demut des Menschen,
4. die Selbstreflexion des Menschen,
5. die Fähigkeit des Menschen, einen zivilisatorischen Beitrag zu leisten und Verantwortung zu übernehmen,
6. die Bejahung des eigenen und des fremden biologischen und geistigen Lebens.

Ein Humanist ist keineswegs ein vollkommener Mensch, der absolut gerecht, zuvorkommend oder perfekt ist, sondern er ist derjenige, der eine Haltung des »Sich-Öffnens« gegenüber diesen humanistischen Eigenschaften einnimmt. Berücksichtigt man die sechs Dimensionen humanistischer Eigenschaften, dann lässt sich konkret sagen: Ein Humanist ist, wer eine Haltung des »Sich-Öffnens« gegenüber

1. sich selbst als Individuum,
2. den Erkenntnissen der Welt,
3. dem Gegenüber,
4. dem eigenen Inneren,
5. seiner Gesellschaft als Kollektiv und
6. dem Leben als solchem hat.

Der spezifische Weg des Islams zum Humanismus, wie ich ihn vertrete, schreibt kein bestimmtes Ideal vor, das es zu erreichen gilt, sondern er beschreibt eine Haltung der Freiheit des Individuums im Sinne des »Sich-Öffnens«. Nun mag sich die Frage stellen: Wenn es sich hier um einen spezifisch islamischen Weg des Humanismus handelt, wo bleibt die Dimension des Sich-Öffnens gegenüber Gott? Warum taucht diese Dimension nicht auf? Die Antwort liegt auf der Hand: Diese Dimensionen sind nichts anderes als Bezugspunkte für die offene Haltung des Menschen. Zur Erinnerung: Diese Dimensionen wurden aus den Eigenschaften Gottes, wie sie im Koran vorkommen, abgeleitet. Wer sich also gegenüber diesen Dimensionen öffnet, der bezieht sich im Grunde auf absolute Kategorien der Liebe, der Empathie, der Erkenntnis, des Friedens, des Könnens, der Allmacht usw. Gläubige sprechen, wenn sie von diesen Dimensionen als absolute Bezugsgröße sprechen, von Gott. Menschen, die nicht an Gott glauben, werden diese Bezugsgröße anders benennen. Wichtig ist jedoch, dass sich alle auf diesen Gehalt einigen, auf den hin jede Freiheit, jeder Mensch, sich öffnen soll und dass die Menschheit in einer jeden Person zu achten ist.

Der Mensch tritt nicht an die Stelle Gottes

Für Humanisten wie den Linkshegelianer Arnold Ruge (1802–1880) ist der Humanismus selbst zu einer Religion geworden. Für Ruge ist das Absolute der Philosophie und somit das Absolute der Religion nicht mehr Gott, sondern der nicht mehr an einen transzendenten Gott gebundene Mensch.[24] Eine auf Gott begründete Religion verschwindet, der Mensch tritt nun an die Stelle Gottes. »Ihre praktische Verfassung findet diese Religion in einer zu schaffenden ›sozial-demokratischen Republik‹, deren Aufgabe die Förderung der ›Entwicklung der Menschheit im idealen im sittlichen und im ökonomischen Gebiete‹ sei; ihr letztes Ziel müsse es sein, ›den wahren Menschen hervorzubringen‹«[25]. Daher spricht Ruge von einer »Kirche des Menschentums«[26]. Nach Ruge verwirklicht sich der absolute Geist nicht wie nach Hegel im Christentum, sondern auf einer immanenten Ebene. Denn der absolute Geist sei der wahrhaft freie Mensch, das sei der wahre Mensch.[27] Demnach habe der Mensch Sehnsucht nach der Verwirklichung des höchsten und wahren Wesens, das sei sein eigenes wahres Wesen. Diese Vorstellung wäre unproblematisch, wenn Ruge den freien Menschen nicht absolut gedacht, sondern Freiheit als Haltung, die sich der Mensch aneignen kann, aufgefasst hätte.

Ruge war stark von der Idee Ludwig Feuerbachs (1804–1872) inspiriert, wonach Gott nur eine menschliche Projektion seines Selbst ist. Der Mensch habe seine Eigenschaften auf einen übermächtigen Gott übertragen. Dadurch habe sich der Mensch von sich selbst entfremdet. Nun geht es im Humanismuskonzept Ruges darum, die religiöse Hingabe des Menschen an das Göttliche wieder auf das Menschliche zu übertragen, um dieser Entfremdung ein Ende zu bereiten, und so vereinigen sich Transzendenz und Immanenz im Menschen.[28]

Damit entfällt Gott bei Feuerbach und später bei Arnold
Ruge sowie bei Karl Marx (1818–1883) als letzte Instanz;
seine Attribute werden auf den Menschen übertragen, der
sie nun als unendliches Potenzial in sich trägt. Viele Humanisten, die den Humanismus mit Atheismus identifizieren,
befürworten die Sakralisierung des Menschen. Nach Gott
habe nun der Mensch die höchste Entität, auf die ein Bezug
möglich sei. Dazu merkt Erich Fromm allerdings an, dass es
weniger um Sakralität an sich geht, sondern der freie und
unabhängige Mensch könne »nur in einem gesellschaftlichen und ökonomischen System existieren«, in dem die volle Entwicklung des Individuums eine Voraussetzung für die
volle Entwicklung der Gesellschaft sei.[29]

Die Sakralisierung des Menschen ist durchaus problematisch, denn den Menschen als absolut zu erklären und ihm
heilige Prädikate zuzuschreiben, macht aus einer Haltung
des »Sich-Öffnens« gegenüber den oben dargestellten humanistischen Dimensionen eine Haltung des »Sich-Verschließens«. Denn wenn der Mensch absolute Eigenschaften in
sich selbst trägt, erübrigt sich eine Haltung des »Aus-sich-
Hinausgehens«. Die Sakralisierung des Menschen bedeutet,
dass der Mensch sich ausschließlich auf sich selbst bezieht.
Gott humanistische Prädikate in absoluter Form zuzuschreiben, bedeutet einerseits, dass diese Prädikate als absolut geschützt werden. Andererseits bedeutet es, dass der Mensch
diese Prädikate zwar anstreben kann und soll, sie sich jedoch
nie in ihrer Absolutheit zu eigen machen kann. Dadurch
bleibt der Mensch Mensch, der immer und immer wieder
das Vollkommene anstreben kann und soll und seine Vollkommenheit eben in dieser Haltung des Strebens nach Vollkommenheit findet, nicht jedoch im Erlangen der Vollkommenheit als absoluten Zustand. Interessant scheint mir in
diesem Zusammenhang der koranische Hinweis, dass der
Mensch sogar in der jenseitigen ewigen Glückseligkeit diese

Haltung des Strebens nach Vollkommenheit nicht aufgeben wird. So zitiert der Koran die Paradiesbewohner: »[...] und sie sagen: ›Herr! Vollende uns unser Licht [...]‹.«[30] Wenn der Mensch allerdings im Besitz des Absoluten wäre, würde er diese Haltung verlieren, er würde im Stillstand eines ausschließlichen Selbstbezugs verharren.

Einer der schärfsten Kritiker einer Sakralisierung des Menschen war Max Stirner (1806–1856), der sich direkt auf Feuerbach bezog und polemisch bemerkte, Feuerbach zerstöre »die himmlische Wohnung [Gottes]« nur, um ihn anschließend zu nötigen, »mit Sack und Pack zu uns zu ziehen«[31]. Die Atheisten würden die Leerstelle »Gott« lediglich durch ein neues »höchstes Wesen«, den Menschen, ersetzen.[32]

Auch Helmuth Plessner (1892–1985) stellt sich gegen eine Sakralisierung des Menschen, denn er sieht in einer Ideologie einer universalen Menschheitsgemeinschaft Ausdruck eines »Radikalismus«, der den Geist absolut setze. Er kritisiert diesen »Glaube[n] an die Heilkraft der Extreme«, der die Wirklichkeit für eine fiktive Idee der über die Tatsachen der Natur erhabenen Menschheit vernichten will.[33]

Feuerbach, Ruge und auch andere zeitgenössische Humanisten, die sich für die Sakralisierung des Menschen aussprechen, tun dies als Reaktion auf ein Gottesverständnis, das in Gott eine bevormundende Instanz sieht, die dem Menschen Freiheit und Souveränität raubt. Sie sehen die Befreiung des Menschen im »Wegfall« von Gott. Und um den Menschen vor diesem bevormundenden Gott zu schützen, haben sie nicht nur Gott eliminiert, sondern den Menschen an dessen Stelle gesetzt.

Ich sehe die Befreiung des Menschen keineswegs in einer Haltung der Verabsolutierung des Menschen, sondern in der Verhinderung und Beseitigung von jeglicher Bevormundung, sei diese in ihm selbst oder außerhalb seiner gegeben. Die Antwort auf ein falsches Gottesbild, das dem Menschen seine Freiheit rauben will, kann nicht eine Vergöttlichung des Menschen sein. Ein Extrem als Antwort auf ein anderes Extrem löst keine Probleme, sie werden lediglich verschoben. Dahinter steckt dieselbe falsche Überlegung einer Abgeschlossenheit der Welt, sei es nun, weil Gott sie abgeschlossen hat, oder weil es der Mensch ist, der dies tut. Der Mensch benötigt vielmehr das Angebot, seine Souveränität und seine Freiheit ernst zu nehmen und eine Haltung des »Sich-Öffnens« in Bezug auf humanistische Eigenschaften, die das Positive, das Gütige, das Souveräne, das Empathische, das Kreative, das Vernünftige, das Lebensbejahende usw. fördern wollen, einzunehmen.

Das Anliegen eines Humanismus, wie ich ihn verstehe, ist keineswegs, Gott und Mensch gegeneinander auszuspielen, sondern den Menschen als im Fokus göttlichen Interesses stehend zu begreifen – mit dem Ziel einer Befreiung von inneren und äußeren Zwängen, sodass der Mensch eine Haltung des »Sich-Öffnens« einnimmt. Sich die Prädikate Gottes anzueignen, macht keinen Gott aus dem Menschen, weil sich der Mensch diesen Prädikaten zwar öffnen, sich ihnen annähern und sich diese aneignen kann, allerdings, wie schon betont, nur in ihrer relativen Form. Der Mensch kann nicht absolut werden. Gott bleibt Gott, auch wenn er sich humanistische Prädikate zuschreibt, denn er schreibt sich diese in absoluter Form als Superlative zu, und so stellt er zwar eine Bezugsgröße für den Menschen dar, wird aber dennoch nicht zum Menschen, sondern bleibt absolut.

Die Absolutheit Gottes schränkt die Freiheit des Menschen keineswegs ein, im Gegenteil, der Mensch ist eingeladen, seine Freiheit zu entfalten, indem er sich den absoluten Eigenschaften Gottes, die letztendlich nichts anderes sind als humanistische Eigenschaften in absoluter Prägung, öffnet. In dieser Haltung des »Sich-Öffnens« entfaltet sich menschliche Freiheit.

Al-Ghazālī betont, dass der Mensch erst sich selbst kennenlernen muss, um Gott zu erkennen: »Wisse: Der Schlüssel zur Erkenntnis Gottes ist die Selbsterkenntnis. Darum ist gesagt worden: ›Wer sich selbst erkannt hat, der hat seinen Herrn erkannt‹, und darum heißt es im Koran: ›Wir werden sie Unsere Zeichen überall auf Erden und an ihnen selbst sehen lassen, damit ihnen deutlich wird, dass es die Wahrheit ist‹.[34] Es gibt nichts, was dir näher wäre, als du selbst. Wenn du dich aber selbst nicht kennst, wie willst du dann andere kennen?«[35] Die Erkenntnis Gottes ist also nicht von der Selbsterkenntnis zu trennen.

Man kann zwar im Koran über die Eigenschaften Gottes Einiges lesen, diese zu erleben, bedarf aber der entsprechenden Erfahrung. Diese Erfahrung kann der Mensch im gelebten Leben machen. Ich kann zum Beispiel im Koran nachlesen, dass Gott zuvorkommend, barmherzig, empathisch, vergebend, großzügig, einzigartig oder gerecht ist, was aber genau diese Eigenschaften sind und wie sie mich berühren, das kann ich nur dann erfahren, wenn ich Empathie, Barmherzigkeit, Vergebung, Großzügigkeit, Gerechtigkeit selbst erlebe, selbst ausübe und in mein Lebenskonzept einbeziehe. Ansonsten bleibt die Rede von Gott und seinen Eigenschaften abstrakt. Der Humanismus, wie ich ihn vertrete, will aber keine fiktiven Eigenschaften beschreiben, sondern solche, die der Mensch entfalten und erleben kann.

Gottes Menschen-Eigenschaften

Oben habe ich an die koranische Bestimmung des Menschen als Kalifen erinnert, der den Auftrag hat, Gottes Intention nach Liebe und Barmherzigkeit hier und jetzt Wirklichkeit werden zu lassen. Demnach greift Gott nicht unmittelbar in die Welt ein, sondern hauptsächlich durch den Menschen, der sich in Freiheit dazu bereit erklären kann oder nicht. Um diese göttliche Intention erfüllen zu können, muss der Mensch mit göttlichen Eigenschaften ausgestattet sein, allerdings, wie schon betont, in einer menschlichen, relativen Dimension. Gott bleibt Gott, und der Mensch bleibt Mensch. Der Mensch kommt allerdings seiner Bestimmung als freier und mündiger Mensch immer näher, je mehr er eine Haltung des »Sich-Öffnens« einnimmt.

Wir wissen nicht, wie Gott ist, niemand kann behaupten, Gott begriffen zu haben. Wir können nur insofern Aussagen von Gott machen, als er diese von sich selbst macht. Daher spielen für Muslime seine Eigenschaften, mit denen er sich im Koran vorstellt, eine zentrale Rolle, aber auch die Quantität der jeweiligen Eigenschaften. Wer sich mit dem Koran beschäftigt, wird feststellen, dass Eigenschaften der Barmherzigkeit, der Vergebung, der Zuvorkommenheit, der Zuwendung, der Versorgung, der Verantwortlichkeit oder der Souveränität diejenigen sind, die sich am häufigsten wiederholen. Allein die Relation der Barmherzigkeit und Gnade Gottes zu dem strafenden Gott fällt im Koran 18:1 zugunsten der Barmherzigkeit und Gnade aus. Dieser quantitative Aspekt im Koran gibt einen unmissverständlichen Hinweis an den Menschen, sich in ähnlicher Relation zu entfalten. Und wenn es um Aspekte des Zornes oder der Strafe Gottes geht, dann richten sich diese stets gegen das Böse, nicht gegen die Menschen, die das Böse tun, denn diese Menschen sind selbst Opfer ihrer Haltung des »Sich-Verschließens« gegenüber einer kritischen Selbstreflexion der eigenen Einstellungen und Handlungen.

Der Koran fordert die Menschen auf: »[...] Seid vielmehr göttlich [arab.: *rabaniyyin*: Auf dem Weg Gottes], in dem was ihr lehrt und was ihr lernt«[36]. Es geht nicht darum, Gott zu werden, sondern sich an Gott in seiner absoluten Zuvorkommenheit, Barmherzigkeit, Souveränität, Gnade,

Bejahung des Lebens in einer menschlichen Dimension zu orientieren.

Anders als in der christlichen Vorstellung hat sich Gott nach islamischem Glauben nicht in einem Menschen inkarniert. Er ist nicht Mensch geworden, sondern blieb und bleibt Gott. Er braucht auch nicht Mensch zu werden, genauso wenig wie der Mensch Gott werden muss, denn beide beziehen sich aufeinander. Beide können dieselben Eigenschaften nur in jeweils anderer Bestimmung (für Gott gelten sie absolut, für den Menschen relativ) teilen. Gott braucht nicht Mensch zu werden, um sich in den Menschen hineinzuversetzen, um sein Leid und sein Glück nachzuvollziehen, denn Empathie und Mitgefühl gehören zu seinen Eigenschaften: Gott war immer empathisch und mitfühlend. Umgekehrt aber muss der Mensch diese Eigenschaften durchaus erleben, um sie nachvollziehen und sie sich zu eigen machen zu können. Dennoch wird er nicht zu einem Gott, denn es gilt: Er kann sich diesen Eigenschaften nur annähern und sie sich als relativ aneignen, nicht aber in ihrer absoluten Form. Durch diese klare Trennung, was Gott ist und was der Mensch, strebt weder Gott das Menschwerden an noch der Mensch das Gottwerden. Gott macht dem Menschen das Angebot, sich auf Gottes Eigenschaften zu beziehen, die wiederum nichts anderes als humanistische Eigenschaften in absoluter Prägung darstellen. Daher bleibt Gott Gott und der Mensch Mensch, auch wenn sich beide aufeinander beziehen. Mit seinen im Koran beschriebenen Eigenschaften will Gott den Menschen keineswegs einschränken, sondern ihm einen Bezugsrahmen für seine eigene Selbstentfaltung und Selbstbestimmung bieten.

4. Der Humanismus in der Geschichte und heute

Das folgende Kapitel soll vor allem dem Laien einen Überblick darüber geben, welche Diskurse es im europäischen Kontext über den Humanismus gab und welche Schwächen sowie Stärken die unterschiedlichen Modelle haben. Ich orientiere mich dabei an den Darstellungen von Florian Baab, der in seiner Arbeit »Was ist Humanismus?«[1] die verschiedenen Modelle des Humanismus des 19. und des 20. Jahrhunderts sowie die zeitgenössischen Modelle ausführlich besprochen und analysiert hat. Im achten Kapitel dieses Buches gehe ich dann auf ein an mein Verständnis vom Islam angelehntes Modell eines Humanismus ein, das versucht, die Schwächen der verschiedenen Modelle des abendländischen Humanismus zu überwinden und sich als weiteres Modell anzubieten.

Zwar ist es kaum möglich, ein durchgängiges Bild der Humanismuskonzepte zu erstellen, allerdings lässt sich der abendländische Humanismus laut Baab grob in einen »alten« = traditionellen = harten und in einen neuen = weichen Humanismus unterteilen. Der harte Humanismus ist der Humanismus des 19. und 20. Jahrhunderts. Er ist dadurch gekennzeichnet, dass er das Kollektiv als zentralen Wert setzt. Der neue, weiche Humanismus ist ein Produkt gegenwärtiger säkularer Bewegungen. Die Bezeichnung »weich« trifft deshalb auf ihn zu, weil die historischen (harten) Humanismen konkrete Utopien entwerfen, die sie mit Macht durchsetzen wollen, während die gegenwärtigen (weichen) Humanismen das von ihnen vertretene Ethos nur noch als »Angebot« begreifen.[2] Die unterschiedlichen Modelle des harten Humanismus teilen die für die Moderne charakteris-

tischen »großen Erzählungen«. Diese Modelle legitimieren
sich durch ein noch zu verwirklichendes Ideal, das allgemeine Gültigkeit beansprucht. Die Geschichte, so die Annahme,
bewege sich auf dieses Ideal hin. Aber schon im 19. Jahrhundert erlebte dieser harte Humanismus scharfe Kritik
von Max Stirner, Arthur Schopenhauer und Friedrich Nietzsche, die in seinen Modellen die Interessen des Individuums
vermissten. Sie haben sich daher an diesen statt an denen
des Kollektivs orientiert. Letztendlich entwickelten sich
nach dem Wegfall der Meta-Erzählungen und damit der
großen Ideale der Moderne die zeitgenössischen säkularen
Humanismusmodelle, die nun keine Ideale mehr verfolgen,
sondern einen je eigenen Beitrag leisten wollen, um bestehende Defizite heutiger Gesellschaften zu vermindern.

Bevor ich auf die verschiedenen Humanismuskonzepte des
19. und 20. Jahrhunderts sowie auf deren zeitgenössischen
Pendants eingehen kann, ist ein Überblick über die Bedeutung des Begriffs Humanismus und seine Genese notwendig.

Der Humanismus – Ursprung und Bedeutung

Der Begriff Humanismus wird aus dem lateinischen »huma-
nus/humanitas« (menschlich) hergeleitet und benannte ursprünglich eine geistige Strömung, die in Europa zu Zeiten
der Renaissance, also zwischen dem 13. und dem 16. Jahrhundert, anzusiedeln ist und sich vor allem durch das »Streben nach echter Menschlichkeit, nach edlem, menschenwür-
digen Leben und Denken«[3] auszeichnet. Der Humanismus
verfolgte eine erzieherische Aufgabe, er wollte »zur Ausbildung der höheren Natur des Menschen«[4] beitragen. Das humanistische Konzept war keineswegs neu, es ging auf die Zeit
des klassischen Altertums zurück, auf die Griechen und Römer der Antike, in deren Kultur und Geisteswelt es sein Ideal

verwirklicht glaubte. Die Kultur der Griechen und Römer war es, die die geistige Haltung der Renaissance maßgeblich beeinflussen sollte, die sich in ganz Europa verbreitete. Der Mensch wurde zu einem moralisch handelnden Subjekt erhoben, das dem Idealbild der Antike entsprechen sollte, er wurde als Maß aller Dinge gewürdigt. Ein Gedanke, der auf die Sophisten der griechischen Antike (450 v. Chr. bis etwa 380 v. Chr.) zurückgeht, die in ihrer Philosophie den berühmten Spruch des Protagoras zitieren: »Der Mensch ist das Maß aller Dinge. Derjenigen, die sind, so wie sie sind. Derjenigen, die nicht sind, so wie sie nicht sind.«[5] Wie sich der antike Humanismus konkret gestaltete, lässt sich laut Mohamed Turki anhand von vier Grundcharakteristika des antiken Humanismus umreißen: 1. Der Mensch muss sich seiner eigenen Subjektivität bewusst werden. 2. Die menschliche Vernunft stellt den Maßstab für das Denken des Einzelnen und sein ethisches Handeln dar. In diesem Zusammenhang strebten die Sophisten und Sokrates durch die vernunftgemäße Betrachtung ethischer Werte die Befreiung des Menschen von der transzendenten Macht der Götter und seine Autonomie an. 3. Der Mensch kann seine Naturanlagen weiterentwickeln und somit einen steten Fortschritt erzielen, weshalb schon die Sophisten großes Interesse an der Erziehung als Prozess der Entwicklung des Individuums und der Gesellschaft hatten. Und 4. Der Mensch und die Natur müssen als ästhetische Dimension wahrgenommen werden. Für die Sophisten betraf das auch die Kunst der Rede.[6]

Der Humanismus der Griechen fand seine Fortsetzung bei den Römern, die die Idee der »Humanitas« in einem Prozess der Aneignung des griechischen Gedankengutes auf ihre eigene Kultur übertrugen und somit eine Synthese beider Kulturen, der griechischen und der römischen, herbeiführten.[7] Im Humanismus römischer Prägung kommt es zu einem Wandel im Idealbild des Menschen, das auch den Begriff

der »Humanitas« prägt. Denn »im Unterschied zum Griechen, der bestrebt ist, den Menschen aus seinen Lebensbezü-
gen herauszulösen, sieht der Römer den Menschen vor-
nehmlich in seinen Bindungen zum Mitmenschen, zur
Gemeinschaft«[8]. Nächstenliebe und das menschliche Mitgefühl galten als die höchsten Tugenden. Dieser Dimension
der Humanitas tritt mit Cicero (gest. 43 v. Chr.) noch eine
weitere hinzu:[9] die der geistigen Erziehung und Gesinnung.
Der Mensch könne seinen Status vor allem durch seine Bildung und geistige Haltung bestimmen, weniger durch seine
Herkunft oder seinen Stand. Demnach kann die Humanitas
zum einen über die soziale Tugend im Sinne einer gesellschaftlichen Dimension und zum anderen als Bildungsauftrag verstanden werden. Durch diese beiden Dimensionen
erhält sie die regulierende Funktion, das Verhalten zu den
Mitmenschen sowie die Normen eines höheren menschlichen Daseins zu bestimmen.[10] Und genau diese beiden Dimensionen von ethischer Besinnung und Bildungsideal cha-
rakterisieren später den Humanismus.[11]

Der Humanismus strebte nun ein klares Idealbild vom
Menschen an, das sowohl ethische wie ästhetische Dimensionen umfasste, dazu gehörten Werte wie Empathie, »sitt-
liche und geistige Bildung, menschliche[r] Edelmut, Würde
und Ehrbarkeit, Witz, Anmut und Feinsinnigkeit, innere
Ausgeglichenheit, Milde, Güte und Großzügigkeit«[12]. Ein
Idealbild, das in der Zeit der Stoiker (300 v. Chr.) zu der re-
volutionären Forderung führte, allen Menschen, einschließ-
lich Sklaven und Barbaren, Gerechtigkeit und Menschenlie-
be zuteilwerden zu lassen. Mit dieser Aufforderung waren
»die Stoiker die Ersten, die im Altertum einen umfassenden
Humanitätsgedanken […] vertreten haben«[13], »denn man
hat unter dem Begriff *Mensch* nur den freien Griechen erfasst, wie es noch aus Heideggers *Brief über den Humanismus* deutlicher zu entnehmen ist«[14]. Der Humanismus der

Renaissance schließt an diese Überlegungen an und will sich vom Inhumanen absetzen, allerdings mit dem Unterschied, so betont Heidegger, dass »das In-humane [...] jetzt die vermeintliche Barbarei der gotischen Scholastik des Mittelalters«[15] ist. Durch die Rückbesinnung auf die Ideale der humanistischen Antike will die Renaissance »aus der Finsternis ans Licht der Neuzeit«[16] herausbrechen und sich »von der herrschenden Barbarei des Klerus und seiner scholastischen Inquisition«[17] befreien. Dabei entwickelt sie ein Bildungskonzept, das die Verwirklichung menschlicher Ideale und Werte erzielen soll. So wird der Humanismus der Renaissance zu einer Lern- und Lehrmethode.[18] Gleichzeitig legt er sein Augenmerk auf Geschichte, Wirken und Leib des Menschen.

In der Zeit der Aufklärung setzt sich der Bildungsgedanke fort. Johann Gottfried Herder (1744–1803) sieht ebenfalls in der Bildung den Schlüssel zur Förderung und Entfaltung der Humanität als Anlage im Menschen. Darüber hinaus geht er, wie auch Diderot, Rousseau, Lessing, Kant, Hegel, Marx usw., von einer geschichtlichen Entwicklung der Menschwerdung aus, die einen idealen Zustand anstrebt.[19] Dieses idealistische Menschenbild wird im Laufe der Zeit von Kant über Schiller und Fichte weitergegeben und verfeinert, aber erst unter Hegel wird es in dessen *Phänomenologie des Geistes* vervollkommnet und erreicht die höchste Entwicklungsstufe.

Der Humanismus im 19. Jahrhundert

Der Begriff Humanismus wurde zum ersten Mal im Jahre 1808 verwendet und war im 19. Jahrhundert hauptsächlich im deutschsprachigen Raum geläufig. Innerhalb der letzten 200 Jahre hat er eine Vielzahl an Bedeutungen angenommen und wieder abgelegt. Dies macht es so schwierig, den Humanismus zu definieren, man kann ihn aber in seinen unterschiedlichen Diskursen verorten. Dabei kommt Florian Baab in seiner Analyse humanistischer Konzepte des 19. Jahrhunderts zu dem Schluss, dass trotz ihrer unterschiedlichen Schwerpunkte all diesen Konzepten eine gemeinsame Semantik zugrunde liegt: »*Der zentrale Wert des Humanismus ist das Menschheitskollektiv. Ausgehend von einem konkreten Menschheitsideal wird eine Gesellschafts- oder zumindest Bildungsutopie entworfen, die sich gegen bestimmte bestehende Verhältnisse richtet.* Diese Utopie fällt freilich im Einzelnen sehr unterschiedlich aus: Humanitätsbildung, Überwindung der Scholastik, neue Religion, Kommunismus.«[20] Daraus wird deutlich, dass die Konzepte des 19. Jahrhunderts an das Potenzial der Menschheit glaubten, die herrschenden Verhältnisse optimieren und verändern zu können. Das Menschheitskollektiv ist der zentrale Wert humanistischer Konzepte des 19. Jahrhunderts.[21]

Anhand der Analyse der Humanismuskonzepte, die Baab in seiner Arbeit behandelt, wird deutlich, dass der Humanismusbegriff im 19. Jahrhundert zum Träger einer Meta-Erzählung wurde.[22] Das Streben nach solchen Meta-Erzählungen ist nach Jean-François Lyotard (1924–1998), der diesen Begriff prägte, kennzeichnend für die Moderne. Diese Meta-Erzählungen lieferten universale Erklärungsmodelle, die nach einer weltimmanenten Erlösung suchten. Gefragt wurde weniger nach dem Individuum, nach seinen Interessen, seinem Wohl bzw. nach seiner Glückseligkeit, sondern hauptsächlich nach den Interessen des Kollektivs. Problematisch dabei ist, dass hier Individuum und Kollektiv implizit oder explizit gegeneinander ausgespielt werden.[23]

Ein kurzer Abriss der wichtigsten Philosophen und deren Thesen zum Humanismus des 19. Jahrhunderts soll dies spezifischer illustrieren.

Friedrich Immanuel Niethammer (1766–1848) war der Erste, der 1808 in seiner Schrift: »Der Streit des Philanthropinismus und Humanismus in der Theorie des Erziehungsunterrichts unserer Zeit« den Begriff Humanismus verwendete.[24] Niethammer übte Kritik am deutschen Schulwesen, das sich durch die Industrialisierung im späten 18. Jahrhundert stark auf das Prinzip der realen Nützlichkeit stützte, was zur Folge hatte, dass die Konzentration auf materielle Kenntnisse auf Kosten geistiger Lehrgegenstände ging.[25] Heute spricht man von Philantropismus als »aus der Aufklärung hervorgegangenes, stark zweck- und praxisorientiertes Unterrichtskonzept«[26]. Diesem stellt Niethammer das Konzept des Humanismus gegenüber, das er starkmachen wollte. Dabei zielte Niethammer auf eine Vermittlung zwischen beiden Konzepten und warnte vor jeglicher Einseitigkeit in der schulischen Bildung. Weder die Höherstellung der geistigen Natur des Menschen und die Negierung seiner »animalen« Natur durch die Humanisten noch die Konzentration der Philanthropinisten auf Immanenz und Zweckdienlichkeit auf Kosten der geistigen Natur des Menschen würden dem Menschen gerecht.[27] Niethammer war bemüht, eine konservativ geprägte Pädagogik, die auf bloße Wissensvermittlung (Eintrichtern von Informationen) basiert und daher »der Hauptsitz des Verderbens unserer ganzen Kultur überhaupt«[28] sei, mit dem Ideal einer zeitgemäßen Humanitätsförderung zu einem ganzheitlichen Konzept zu verschmelzen, denn wahre Humanität zu erreichen sei das eigentliche Ziel, das die Menschen anstreben. Niethammers Humanismus geht also von einem Menschheitsideal aus und definiert sich als Bildungsauftrag und Apell für eine Pädagogik, »die sich der ›Menschenbildung‹ im vollen Sinne des Wortes verpflichtet weiß«[29], um die bestehende Situation seiner Zeit zu verändern. Das menschliche Wesen bestünde aus Leib und Geist. Eine zeitgemäße

Bildung müsse beiden Rechnung tragen, wobei Niethammer der geistigen Natur des Menschen und somit dem Humanismus den Vorrang gibt.

Ludwig Wachler (1767–1838), Karl Hagen (1810–1868) und Georg Voigt (1827–1891) sahen den Humanismus als Zustand geistiger Freiheit und erkannten in ihm einen Gegenentwurf zur dogmatischen Scholastik als Zustand der Unmündigkeit des europäischen Hochmittelalters. Mit dem Humanismus sei das kirchlich-scholastische Denken überwunden worden, was das Ende der bestehenden autoritären Weltsicht und somit einen Wendepunkt in der Geistesgeschichte vom Mittelalter in die Neuzeit darstelle.[30] Dieser Wendepunkt bedeutet nach allen drei Philosophen den Beginn der modernen Welt, die sich dadurch auszeichnet, dass der Mensch »von den Zwängen eines reaktionären Denkens und einer repressiven Gesellschaftsverfassung«[31] befreit ist. Anstelle »kirchlicher Dogmen steht nun eine ›neue und selbstständige Bildung‹ der Menschen im Mittelpunkt.«[32]

Ab der Mitte des 19. Jahrhunderts und bis heute wird der Humanismusbegriff im deutschsprachigen Raum sowohl im Sinne Niethammers als auch Wachlers, Hagens und Voigts verwendet, d. h. »als Charakterisierung eines pädagogischen Systems«[33] und »als Oberbegriff für die Philosophie der Renaissance«[34] und Überwindung kirchlicher Autoritäten.

In seinen philosophischen Ausführungen verfolgt Søren Kierkegaard (1813–1855) das Anliegen, den Stellenwert des Menschen als Individuum zu betonen; das Streben nach einem idealistischen Menschenbild im Sinne einer Identitätsfindung im Absoluten lehnte er strikt ab. Es geht ihm darum, »sich selber in seinem Menschsein, in der Problematik seines ›persönlichen‹ Lebens durchsichtig zu werden«[35]. Allgemeine Wesensbestimmungen des Menschen können dafür nicht der richtige Weg sein. In seiner Argumentation geht der Philosoph sogar so weit, dass er den »erkenntnistheoretischen Ansatz des Idealismus als eine Form der Entfremdung [ansieht], die beseitigt werden muss«.[36] Mohamed Turki kritisiert an der Argumentation Kierkegaards, dass sich das Subjekt nur um sich selbst drehe und die eigentliche konkrete Wirklichkeit nicht einbezogen werde. Dadurch werde die menschliche Bestimmung auf die Wirklichkeit des je eigenen Existenzvollzugs reduziert.[37] Turki kommt zu dem Fazit: »Damit verfällt Kierkegaard zwangsläufig in einen idealistischen Subjektivismus, der die Bedeutung des Allgemeinen verleugnet und im Gegenzug nur die Besonderheit der erlebten Existenz anerkennt. Zwar erhält die Existenz des Subjekts in diesem Zusammenhang einen absoluten Vorrang, verengt jedoch den Rahmen zur Bestimmung eines konkreten und für alle Menschen geltenden Humanismus.«[38] Trotz dieser Kritik kann der Ansatz von Kierkegaard nicht gänzlich verworfen werden, er wird vielmehr als ein Korrektiv zum idealistischen Ansatz gesehen, indem er »auf die Dimension der einzelnen Existenz des Menschen aufmerksam gemacht«[39] hat.

Der linkshegelianische Philosoph Arnold Ruge sieht im Humanismus eine Philosophie, die an die Stelle der Religion treten soll. Dabei baut die linkshegelianische Philosophie auf Hegels Systemdenken auf, in dem dieser eine inhaltliche Identität von Religion und Philosophie durch die Integration der Glaubensinhalte des Christentums in die Philosophie zu begründen suchte.[40] Für Ruge ist das Absolute der Philosophie und somit das Absolute der Religion nicht mehr Gott, sondern der Mensch, der nicht mehr an einen transzendenten Gott gebunden ist.[41] Eine auf Gott begründete Religion verschwinde, der Mensch trete nun an die Stelle Gottes. Der Humanismus selbst wird bei Ruge zu einer Religion, in der der Mensch Sehnsucht nach der Verwirklichung des höchsten und wahren Wesens hat, das sein eigenes wahres Wesen ist.[42] Ruge war stark von der Idee Ludwig

Feuerbachs inspiriert, wonach Gott nur eine menschliche Projektion seines Selbst sei. Der Mensch habe seine Eigenschaften auf einen übermächtigen Gott übertragen. Dadurch habe sich der Mensch von sich selbst entfremdet. Nun gehe es darum, seine religiöse Hingabe an das Göttliche wieder auf das Menschliche zu übertragen, um dieser Entfremdung ein Ende zu bereiten und Transzendenz und Immanenz im Menschen zu vereinigen.[43] Der Ansatz von Ruge ist durchaus kritisch zu sehen, denn, so merkt Baab an, er stellt eine Ideologie dar, »die auf der Annahme fußt, allen Menschen sei ein von einer historisch fortschreitenden Vernunft geprägtes Interesse nach Befreiung von ideologischem Denken gemeinsam«[44].

Ein weiterer wichtiger Philosoph des 19. Jahrhunderts ist Karl Marx, der, ganz im Bewusstsein des Kollektivs, scharfe Kritik am Idealismus übte und dafür plädierte, den Menschen in seinem wirklichen Leben und Denken, in seiner sinnlichen und praktischen Tätigkeit und nicht abstrakt oder über die Anschauung wahrzunehmen. Es ging ihm also darum, einen realen Humanismus zu etablieren, der den Menschen in seinem Wesen begreift.[45] Die Hauptfeinde dieses Humanismuskonzepts sah Marx einerseits im spekulativen Idealismus, andererseits im Spiritualismus, womit er das Christentum seiner Zeit meinte. In seiner Argumentation schließt sich der Philosoph anfangs Feuerbach an: Der Mensch soll sich ausschließlich auf sein eigenes Wesen besinnen und dabei alle transzendenten Kategorien ablehnen.[46] Den Humanismus setzt Marx mit dem Kommunismus gleich, der den vollendeten Naturalismus verkörpere, denn er strebe das Ziel der vollendeten Wesenseinheit des Menschen mit der Natur an. Damit sich dieser Prozess aber vollziehen kann, muss der Mensch vom Besitz seines Privateigentums befreit werden, da dieses zu seiner Selbstentfremdung geführt habe. Somit bedeutet der Humanismus »Besinnung auf das Reale und damit Materialismus [...]. Im Kommunismus manifestiert sich auf diese Weise die von Hegel intendierte ›vollständige Realisierung des Geistes im Dasein‹, die Weltgeschichte kommt an ihr Ende.«[47] Der Mensch ist nach Marx das »Ensemble der gesellschaftlichen Verhältnisse«[48]. Seine Verwirklichung findet in Abhängigkeit von den jeweiligen konkreten gesellschaftlichen Verhältnissen statt. Daher könne sich ein Humanismus erst durch radikale Gesellschaftskritik durchsetzen, die zur Aufhebung inhumaner Verhältnisse innerhalb der Gesellschaft führe, die ihrerseits den Menschen von der Verwirklichung seines Wesens abhielten. So gewinnt der Humanismus bei Marx eine praktische Bestimmung, in der Theorie und Praxis nicht mehr voneinander zu trennen sind. Marx setzte sich für die wahre Emanzipation des Menschen ein, für seine gesellschaftliche Emanzipation, die die Aufteilung des Menschen durch die politische Emanzipation (Französische Revolution) in ein Mitglied der bürgerlichen Gesellschaft als vereinzeltes Individuum und in einen abstrakten Staatsbürger aufheben und den Menschen in seiner Totalität erfassen sollte.[49] Ab 1845 distanziert sich Marx von seinen Überlegungen zum Humanismus, den er nun als zu abstrakt versteht und als zu entfernt von der gesellschaftlichen Realität ansieht. Anstelle des Menschen, der seine wahre Natur im Kommunismus vollenden soll, tritt nun die Gesellschaft, und so löst sich Marx von der in der Fokussierung Feuerbachs auf das Individuum begründeten Gleichstellung zwischen Humanismus und Naturalismus.[50]

Das Idealbild des linkshegelianischen Humanismus geht also von einer im Kollektiv vereinigten Menschheit aus, ohne nach dem Individuum, das sich diesem Ideal unterzuordnen hat, zu fragen. Dieser Idee stehen einige Gegenkonzepte gegenüber, die sich im 19. Jahrhundert als Reaktion auf das Streben nach Vereinigung der Menschheit unter einem Kollektiv entwickelten und den Idealismus des 19. Jahrhunderts ablehnten. Das handelnde Subjekt wird anstelle eines Menschheitskollektivs zum Akteur: »Die Erlösung des Menschen wird nicht durch ein Menschheitskollektiv bewirkt, sie liegt in der Macht des Individuums.«[51] Es zeigt sich, dass diese Gegenkonzepte die Betonung des Individuums und das Bekenntnis zur Pluralisierung und Fragmentierung mit den postmodernen Humanismuskonzepten gemeinsam haben, sie unterscheiden sich allerdings von diesen insofern, dass sie sich selbst in dem Maße absolut setzen, wie es auch die Konzepte des Idealismus tun, gegen die sie argumentieren.[52] Zur Verdeutlichung sollen hier drei oppositionelle Gegenkonzepte dienen: das von Max Stirner, Arthur Schopenhauer und Friedrich Nietzsche.

Max Stirner geht es in seinem Gegenkonzept zum Humanismus ausschließlich um die Bedürfnisse des Einzelnen: »Meine Sache ist weder das Göttliche noch das Menschliche, ist nicht das Wahre, Gute, Rechte, Freie usw., sondern allein das *Meinige*, und sie ist keine allgemeine, sondern ist – *einzig*, wie Ich einzig bin. Mir geht nichts über Mich!«[53] Es komme nicht, wie das Christentum dies beansprucht, auf das Allgemeinwohl an, sondern auf das Wohl des Einzelnen, dieses habe höchste Priorität.[54] Dadurch werden aller Kommunismus, Humanismus, Idealismus hinfällig. Der Mensch, so Stirner, existiere nur im konkreten Einzelnen, und die Welt ist diesem Einzelnen untergeordnet. Nicht die Liebe zum Nächsten halte die Gesellschaft zusammen, sondern ein Mechanismus wechselseitiger Ausnutzung[55]: »Wo Mir die Welt in den Weg kommt [...], da verzehre Ich sie, um den Hunger Meines Egoismus zu stillen. Du bist für Mich nichts als – meine Speise, gleichwie auch Ich von Dir verspeiset und verbraucht werde. Wir haben zueinander nur eine Beziehung, die der *Brauchbarkeit*, der Nutzbarkeit, des Nutzens.«[56] Das Ideal, das Stirner anstrebt, ist »Ich«, der Einzige, der die Welt als sein Eigentum betrachte, um sein Streben nach Selbstgenuss zu erfüllen. Alle anderen Ideale, wie Gott, Mensch, Vaterland, Volk oder Arbeit, lehnt er strikt ab.[57] »Auf drastische Weise hält er so den linkshegelianischen Denkern vor Augen, welche Folgen eine wahrhaft zu Ende gedachte Wende der Philosophie zum konkreten Menschen haben müsste: Sie hätte eine Auslöschung des Menschheitsideals zur Folge.«[58] Baab betont zudem, dass Stirner in dem Versuch, das Individuum vor dem Kollektiv zu schützen, in das andere Extrem fällt: »[D]as Kollektiv und die auf es gegründeten Utopien werden Opfer des Individuums und seiner Bedürfnisse.«[59]

Neben Stirner wird auch Arthur Schopenhauer (1788–1860) vorgeworfen, er sei einer der ersten Antihumanisten innerhalb der Geschichte des Humanismus. Im Gegensatz zu Stirner sieht er die Erlösung des Menschen erst durch die Zerstörung des individuellen Bewusstseins gegeben. Nach Schopenhauer existiert ein allumfassendes Wirkprinzip des Willens in der Natur. Erkennt der Mensch diesen einen Willen, der in allem Lebendigen wirke, und wendet er sich von seinem eigenen Willen ab, dann führt dies zur Ruhe und einem Zustand der freiwilligen Entsagung, fernab von jeglichem Egoismus.[60] Die Verneinung des Willens ist somit Selbstauslöschung. Wenn der Wille verlorengeht, geht auch das Individuum verloren und somit die Welt, was bleibt ist Nichts[61]: »[W]as nach gänzlicher Aufhebung des Willens übrig bleibt, ist für alle die, welche noch des Willens voll sind, allerdings Nichts. Aber auch umgekehrt ist denen, in welchen der Wille sich gewendet und verneint hat, diese unsere so sehr reale Welt mit allen ihren Sonnen und Milchstraßen – Nichts.«[62] Und so steht dem »Humanismus« als Zielbegriff des linkshegelianischen Denkens bei Schopenhauer die »Verneinung des Willens« gegenüber.

Friedrich Nietzsche (1844–1900) positionierte sich wie Schopenhauer gegen idealistisch-anthropozentrische Geisteshaltungen seiner Zeit. Er lehnte ein theozentrisches Weltbild ab, indem er proklamiert, Gott sei tot.[63] Gleichzeitig wendet er sich gegen ein anthropozentrisches Weltbild. Das hat zur Folge, dass anstelle von Gott und Mensch nun der Übermensch tritt, der »der Sinn der Erde«[64] sei. Während allerdings Gott schon tot sei, müsse der Mensch erst überwunden werden. Der Mensch ist nicht das Ziel, sondern die Brücke zum Übermenschen. Er ist da, um den Weg für seine Nachkommen vorzubereiten. »Dieser Weg beginnt mit der Auslöschung des Menschen und geschieht aus der Liebe zu dem Potenzial, das er in der Gestalt des Übermenschen in sich selbst erblickt.«[65] In diesem Sinne ist Nietzsche ein Antihumanist. Die »Überwindung des Menschen« ist sein Gegenbegriff zum Humanismus. Die Kritik Nietzsches an anthropozentrischen Ideologien – insbesondere am Sozialismus – zeigt die Schwächen dieser Konzepte und deren Potenzial, politisch missbraucht zu werden. Wenn Individuen zugunsten von Kollektiven unterdrückt werden, liegt hier eine politische Legitimation für repressive Staatsformen. Baab kritisiert Nietzsche aber dahingehend, dass der »›Übermensch‹ [...] als theoretische Rechtfertigung der Herrenmensch-Ideologie zur willkommenen Vorlage für die Rassenlehre der Nationalsozialisten [wurde]. Zwar wäre es zu weit gegriffen, Nietzsches Philosophie als ›Faschismus‹ zu verurteilen, doch sind in seiner Philosophie wesentliche Züge eines ›Protofaschismus‹ vereinigt.«[66]

In allen diesen drei Gegenkonzepten zum Humanismus des 19. Jahrhunderts steht so »*das Besondere über dem Allgemeinen, nicht das Allgemeine über dem Besonderen*«[67]. Bei Stirner ist das der einzelne Mensch, der Eigentümer der Welt ist, bei Schopenhauer erreicht der Mensch die Erlösung erst durch die Überwindung des in ihm wirkenden Naturwillens, und nach Nietzsche ebnet der Mensch durch seine Auslöschung den Weg zum Übermenschen.

Die Religionskritik der Linkshegelianer dekonstruierte die Transzendenzkategorien, insofern sie diese durch das Ideal der Menschheit ersetzte. Nietzsche dekonstruierte wiederum dieses Ideal und ersetzte es durch ein anderes, das jenseits des Menschen liegt: den Übermenschen als eine neue Existenzform, die nur durch den Menschen hervorgebracht werden kann und zugleich sein Ende bedeutet. Stirner kritisierte den Idealismus der Hegelianer und ersetzte diesen durch den Einzelnen und dessen Bedürfnisse. Schopenhauer kritisierte idealistische Teleologien und jegliche Kategorien des Absoluten, ersetzte sie jedoch durch ein anderes Ideal: die Verneinung des Willens durch Überwindung und Auslöschung des Menschen. All diese Konzepte weisen ein ähnliches Problem auf, sie alle zeichnen irgendwelche Ideale, die angestrebt werden müssen, um den Menschen entweder als Gesellschaft oder als Individuum zu erlösen.

Humanismuskonzepte im 20. Jahrhundert

In den Dreißigerjahren des 20. Jahrhunderts entdeckte vor allem der politische Widerstand gegen den Nationalsozialismus den Humanismusbegriff neu. Schon 1921 hatte Eduard Spranger (1882–1962) den Humanismus mit seinem Entwurf eines dritten Humanismus erneut eingeführt.[68] Er verstand darunter alles, »was zur Lebensgeschichte der Menschheit und zu ihrem Formenreichtum überhaupt einen Beitrag zu liefern vermag«[69]. Dabei verfolgte er ganz im Sinne seiner Vorgänger ein Ideal, nämlich das einer Universalwissenschaft, »die unterschiedliche Erkenntnisse der einzelnen Geisteswissenschaften sinnvoll vereint«[70].

Helmuth Plessner dekonstruierte alle Humanismuskonzepte, die auf einem bestimmten Menschheitsideal basieren.[71] Als Vertreter der philosophischen Anthropologie, die das Wesen des Menschen und seine Sonderstellung in der Natur zu ergründen und somit die naturwissenschaftlichen Erkenntnisse in das philosophische Menschenbild zu integrieren suchte, widersprach er der in allen bisherigen Humanismuskonzepten herrschenden Unterscheidung »zwischen einer dem Menschen eigenen Humanität und der im Kontext der reinen Natur herrschenden Animalität«[72]. Nach Plessner muss der Dualismus von Geist und Natur, den er auch mit Radikalismus gleichsetzt, überwunden werden, denn er führt zur Spaltung zwischen Ideal und Realität, zwischen Geist und Natur. Nur so schaffe man eine Grundlage für eine stabile Gesellschaft. Um die Menschenwürde zu realisieren, muss zwischen Geist und Leben Harmonie herrschen. Das menschliche Ideal beschreibt Plessner im Bewusstsein des Menschen als Teil der Natur bei gleichzeitiger geistiger Erhabenheit über sie.[73]

Der Philosoph Jacques Maritain (1882–1973) war bemüht, Humanismus und Christentum zu versöhnen, denn ein Humanismus ohne Rückbindung an Gott übersehe das eigentliche Wesen des Menschen.[74] Der Kernbestand des Humanismus bleibt dabei für ihn derselbe wie bei den Konzepten vor ihm. Er entwirft eine Utopie mit dem »Ideal einer in Harmonie geeinten Gesellschaft gottesgläubiger Menschen«[75], die sich gegen die Inhumanität der kapitalistischen Gesellschaftsordnung richtet. Der Humanismus fordere »vom Menschen, dass er sowohl die in ihm enthaltenen Möglichkeiten, seine schöpferischen Kräfte und sein geistiges Leben entwickelt und auch daran arbeitet, aus den Kräften der physischen Welt Werkzeuge seiner Freiheit zu machen«[76]. Er verteidigte die Scholastik als in sich geschlossene Denkform, die »für ein harmonisches Gleichgewichtsverhältnis zwischen

Mensch, Gott und Welt stehe«[77]. Dennoch sah er keinen Widerspruch zwischen dem Kommunismus und dem Christentum, außer dass der Kommunismus auf Gott verzichte. Beide würden gegen den bürgerlichen Liberalismus kämpfen. Der Kommunismus tue dies mit technischen und sozialen Mitteln, der Humanismus hingegen wolle den Menschen von innen heraus verändern »durch Rückführung des Menschen zu seiner wahren Wesensbestimmung, nämlich der Gottesbeziehung, aus der heraus der ›Aufbau einer neuen sozialen Gesellschaft und einer neuen sozialen Lebensordnung als Nachfolgerin des Kapitalismus‹ erst möglich sei«[78]. Baab unterstreicht, dass dieser Versuch Maritains, Christentum und Humanismus zu einer Synthese zu bringen, bis heute der einzige systematische Gesamtentwurf mit diesem Anliegen ist.[79] Der katholische Theologe Karl Rahner lehnte dreißig Jahre danach eine Synthese zwischen Humanismus und Christentum mit dem Argument ab, »dass jede sich absolut setzende Weltsicht die Geheimnishaftigkeit Gottes und des gottgeschaffenen Menschen unterschlage«[80].

Jean-Paul Sartre (1905–1980) sah den Humanismus im Existenzialismus verwirklicht. Für diesen Existenzialismus ist charakteristisch, dass er kein festgelegtes Wesen des Menschen kennt. Die Existenz des Menschen gehe seinem Wesen voraus, der Mensch schaffe sich also selbst, indem er »erst existiert, auf sich trifft, in die Welt eintritt und sich erst dann definiert«[81]. Der Mensch ist demnach nicht von vornherein definierbar, sondern wird erst. Er erhält die volle Bestimmung für sich selbst und kann sich dadurch ohne einen Schöpfergott, der ihn determiniert, selbstständig verwirklichen.[82] Die Selbstdefinition des Menschen vollzieht sich für Sartre nur im praktischen Handeln. Nach diesem Entwurf ist der Mensch frei und stärker gewürdigt, als der von Gott bestimmte. »Konsequenz dieser Freiheit ist für Sartre eine enorme Verantwortung, da das eigene Handeln

auch immer Bild der gesamten Menschheit sei: ›[M]ich wäh-
lend wähle ich den Menschen.‹«[83] Sartre lehnt ein Verständnis des Humanismus, das dem Menschen im Sinne eines
Idealismus Zweck und höchsten Wert zuordnet, strikt ab,
da sich der Mensch durch einen ständigen Schaffensprozess
immer wieder neu erfindet und somit keinen Endzweck
habe. Daher kann laut Sartre auch kein Mensch ein Gesamt-
urteil über die Menschheit fällen.[84] Und so lehnt er alle bisherigen Humanismuskonzepte ab, die von einem Menschheitsideal ausgehen und dem Menschen eine klare
Bestimmung zuschreiben.

Diese Haltung teilen alle heutigen Humanismuskonzepte. Baab sieht in Sartres Humanismuskonzept in Wahrheit
ein Gegenkonzept zum Humanismus: »Der in die Freiheit
geworfene Mensch hat weder Vorgeschichte noch ›Bestimmung‹ und muss sich erst durch sein Handeln selbst definieren. Der ›existentialistische Humanismus‹ steht damit gegen
die Semantik aller bisher gewesenen Konzepte […].«[85]

Martin Heidegger (1889–1976) fragt in seiner Ontologie
nach dem Sein. Wahrheit vollziehe sich im und durch das
Sein, dessen Haus die Sprache sei, weshalb nur der Mensch
die Fähigkeit besitze, das Sein im Denken zu erfassen und es
über die Sprache zum Ausdruck zu bringen.[86] »Das Stehen
in der Lichtung des Seins nenne ich die Ek-sistenz des Menschen. Nur dem Menschen eignet diese Art zu sein.«[87] Heideggers Kritik am Humanismus besteht darin, dass der Humanismus das Sein des Menschen auslege, ohne vorher nach
der Wahrheit des Seins zu fragen, und so drifte dieser in die
Metaphysik ab. Diese »denkt den Menschen von der Ani-
malitas her und denkt nicht zu seiner Humanitas hin«[88].
Humanismus bedeutet nach Heidegger: »Das Wesen des
Menschen ist für die Wahrheit des Seins wesentlich, so zwar,
dass es demzufolge gerade nicht auf den Menschen, lediglich als solchen, [sondern auf das Sein] ankommt.«[89] Und

so stellt sich Heidegger wie Sartre gegen die ursprüngliche Semantik des Humanismusbegriffs.

Karl Barth (1886–1968) vertrat einen exklusivistischen Humanismus. Nach Barth stellt die Inkarnation Christi die Grundlage für einen christlichen Humanismus dar. Dabei lehnt er alle anderen Formen von Humanismus ab, die vom Menschen entworfen sind.[90]

Karl Rahner (1904–1984) hingegen vertrat einen inklusivistischen und (im Sinne der Postmoderne) pluralistischen, in keiner Weise absolutistischen Humanismus. »Jedem einzelnen Menschen komme im Christentum eine absolute Bedeutung zu; Nächsten- und Gottesliebe gingen Hand in Hand; schon durch die Inkarnation Jesu Christi sei Theologie gleichermaßen Anthropologie«[91]. Nach Rahner lehne das Christentum alle Entwürfe eines absoluten Humanismus ab, es sei aber legitim, dass jeder Mensch seinen eigenen Humanismus vertrete:

»Das Christentum ist […] nicht die Aufstellung eines bestimmten *konkreten* Humanismus, sondern seine Aufhebung als eines *absoluten*, die Annahme der Erfahrung des eigenen Humanismus als eines immer fragwürdig bleibenden.«[92] Demnach lehne das Christentum jeden konkreten Humanismus ab, verlange jedoch von den Christen, sich für einen konkreten einzelnen Humanismus, in dem Glaube vollzogen werden kann, zu entscheiden. Rahner versucht eine Brücke zwischen dem Humanismus und dem Christentum zu schlagen, indem er die Gestaltung der Zukunft als Aufgabe beider sieht. Wenn beide keinem bestimmten Ideal für die Zukunft folgen, dann können beide gemeinsam und unbefangen an der Gestaltung dieser Zukunft arbeiten. Außerdem liege beiden Konzepten das Bestreben zugrunde, das Wohl des Menschen zu sichern. Allerdings lehnt Rahner hingegen Menschheitsideale auch im Namen des Christentums ab. Was nicht heißt, dass bestimmte Ideale gegen bestehende Missstände nicht notwendig seien.[93]

Für Erich Fromm (1900–1980) ist der wesentliche Gedanke des Humanismus in der Idee zugrundegelegt, »dass die gesamte Menschheit in jedem Menschen enthalten ist und dass der Mensch seine *humanitas* im historischen Prozess entwickelt«[94]. Fromm hatte das Ziel, eine Symbiose zwischen Humanismus und der Psychoanalyse Sigmund Freuds zu erzielen, da er davon ausging, dass sich der Mensch nur durch das Erkennen seiner selbst von seinen negativen Eigenschaften befreien könne. Für dieses Erkennen ist die Psychoanalyse nötig, speziell in ihrer Freud'schen Ausprägung, in deren Zentrum das Unbewusste steht. Dieses Unbewusste stellt die notwendige Grundlage für die Selbsterkenntnis des Menschen, die ihm wiederum dazu verhilft, seine Universalität zu erkennen, also die psychische Verfassung der gesamten Menschheit, die er in sich trägt.[95] Nur dies ermögliche die Beziehung zum Anderen, denn »Ich bin du. Ich kann dich in Bezug auf all deine grundlegenden Eigenschaften [...] verstehen, eben weil all das auch in mir ist.«[96] Diese Erkenntnis und mit ihr die Entwicklung des Individuums seien eine Voraussetzung für die Entwicklung der Gesellschaft. Erst wenn der Mensch über sich hinausgeht, sei er im Stande, ganz Mensch zu sein.[97] Baab nennt zwei Gründe, warum es schon zu Lebzeiten Fromms zu einer Krise des Humanismus kommen musste: Zum einen ist Fromms Humanismusbegriff sehr weitläufig, da er unterschiedliche Positionen umfasst und dadurch nicht mehr klar greifbar ist. Zum anderen strebt auch er letztendlich im Rahmen einer sehr eng gefassten Utopie das Ideal einer Gesellschaft an, »in der die Menschen einander liebend annehmen können«[98], und ist damit der letzte prominente Vertreter des Humanismus, »der sich in derart idealistischer Weise darum bemüht, ein wissenschaftliches Erklärungsmuster zur universalen Ideologie zu erheben«[99].

Michel Foucault (1926–1984) gilt mit seiner Forderung nach Ablösung der Idee des Menschen als Hauptvertreter des Antihumanismus des 20. Jahrhunderts, denn im modernen Anthropozentrismus sah er ein Konstrukt des 19. Jahrhunderts, das es zu überwinden gelte.[100] In diesem Zusammenhang lehnt er den Idealismus des Humanismus und damit einen idealen Endzustand der Menschheit strikt ab. Auch wenn der harte Humanismus als universalistisches Erlösungskonzept spätestens mit seiner Dekonstruktion durch Foucault nicht mehr zu halten war, war dieser Einschnitt nicht das Ende der Geschichte des Begriffs.

Zeitgenössische Humanismuskonzepte

Den Beginn einer Humanismuskonzeption jenseits moderner universalistischer Weltsicht und hin zu einer postmodernen pluralistischen machte 1983 Ossip Kurt Flechtheim (1909–1998), der sich von allen totalitären Konzepten – ob marxistischen oder christlichen – verabschieden wollte und daher einen »Dritten Weg« vorschlug, der sich als Alternative zwischen (kirchlichem) Dogmatismus und einer Verabsolutierung der Wissenschaft sieht.[101] Zudem widersprach er der Idee des harten Humanismus, die Menschheit befinde sich in einem stetigen Fortschritt hin zu einem Ideal. Sein Humanismuskonzept soll daher keine letzten Antworten auf letzte Fragen liefern.

Der Humanistische Verband Deutschlands (HVD) vertritt einen »modernen praktischen Humanismus«,[102] der im Kern darin besteht, »dass Menschen ein selbst bestimmtes und verantwortliches Leben führen, ohne sich dabei religiösen Glaubensvorstellungen zu unterwerfen«[103]. Durch den Verband wolle man auch »die Interessen und Bedürfnisse derjenigen Menschen aufnehmen und vertreten, die sich zu einer selbst

bestimmten, nichtreligiösen, ethisch begründeten Weltanschauung und Lebensauffassung bekennen«[104]. Der
Humanismus des HVD unterscheidet sich von einem harten
Humanismus insofern, dass an die Stelle des Menschheitskollektivs das selbstbestimmte Individuum tritt, er verfolgt auch
kein Menschheitsideal mehr, vielmehr gilt nun die Vielfalt le-
gitimer Lebensentwürfe. Baab merkt jedoch an, dass der Humanismus des HVD »nicht zu bemerken [scheint,] wie radikal sein Selbstbild mit allem bricht, was konstitutiv für die
historischen Humanismen war, auf die er sich beruft«[105].
Das Hauptproblem des Humanismuskonzepts des HVD
sieht Baab in der Relativierung aller festen Geltungsansprü-
che. Denn die Letztbegründung der Werte sei nur noch historisch möglich, also durch historische Entwicklungen. Das
Sein bestimme so das Sollen. Dieser radikale Anthropozentrismus erhebe den Menschen, der keinen Ursprung habe, da
er selbst Ursprung sei, zum Wert aller Werte.[106]

In seinem Humanismusentwurf plädiert Frieder Otto
Wolf (geb. 1943), Präsident des HVD, für einen Diskurs,
an dem möglichst alle Menschen beteiligt sind, um einen
Konsens im Sinne der Gemeinschaft zu erzielen. Daher sei
eine repräsentative Demokratie weniger zielführend, die
den weltumspannenden Kapitalismus mit dessen Folgen für
die Individuen fördere, vor allem Armutsgefälle und Um-
weltverschmutzung. Wolf plädiert daher für eine maximal-
partizipatorische Gesellschaftsverfassung. Nach seinem
Entwurf muss auf Gott als Begründung von Moral verzichtet werden, um die Verantwortlichkeit des Menschen für
sich und für das Gemeinwesen herzustellen. Die Begründung von Grundwerten liege vielmehr im Konsens der Menschen untereinander. Wahrheit wird durch die Auseinandersetzung zwischen den Menschen und nicht durch Religionen
produziert. Böse ist demnach, wer sich an dieser Auseinandersetzung nicht beteiligt oder sie zerstört. Trotz seiner Kri-

tik an absoluten Wahrheiten, soll ein Konsens der am Diskurs beteiligten Menschen Wahrheiten erzeugen. Wo Wolf nun also beabsichtigt, die Menschen von jeglichen Herrschaftsstrukturen zu befreien, macht er selbst den Fehler, indem sein Entwurf letztendlich zu einer Diktatur des Diskurses führen muss.[107]

Joachim Kahl (geb. 1941), Mitglied des HVD, sieht die Welt und nicht den Menschen als letzten Maßstab aller Dinge: »Der Mensch lebt in der Welt und von ihr. [...] Der Mensch braucht die Welt, die Welt braucht den Menschen nicht.«[108] Nur die Natur sei absolut, nicht Werte, Normen oder Ideale. Die Natur ist die Letztbegründung, daher seien Gut und Böse gleichzusetzen mit nützlich bzw. schädlich. Um eine bessere Gemeinschaft zu schaffen, interessiert sich Kahl in seinem Ansatz weniger für das Kollektiv und sein »Heil«, sondern vielmehr für die geistige Verfassung des Individuums. Wegen seines umfassenden Geltungsanspruchs musste sich Kahl den Vorwurf des Dogmatismus gefallen lassen. Hauptkritiker war Frieder Otto Wolf, der behauptete, dass Kahl sich mit dem »Sieg« des Kapitalismus abgefunden habe. Sein rein philosophischer Zugang gehe an der Wirklichkeit und der Notwendigkeit einer praktischen Veränderung der Welt vorbei. Wolf zielte ja auf Überwindung aktueller globaler Herrschaftsstrukturen ab, und er vermisst bei Kahl die entsprechende Kapitalismus- und Staatskritik.[109]

Michael Schmidt-Salomon (geb. 1967) ist Vorstandssprecher der Giordano-Bruno-Stiftung, die 2004 gegründet wurde. »Erklärter Zweck der neugegründeten Organisation [Giordano-Bruno-Stiftung] war die Etablierung einer ›alternative[n] politische[n] Leitkultur‹ mit dem Ziel, ›das unvollendete Projekt der aufgeklärten Gesellschaft gegen seine Feinde zu verteidigen‹.«[110] Schmidt-Salomons »Evolutionärer Humanismus« glaubt an die wissenschaftliche Erkenntnis als »Königsweg zur Steigerung des allgemeinen Lebensstandards, zur Befreiung von Aberglauben und Tradition, zur Lösung der großen Welträtsel«[111]. Dieser Weg stehe im Gegensatz zum Religiösen. Dazu muss aber angemerkt werden, dass seine ablehnende Haltung gegenüber Religion von einem sehr restriktiven Religionsbild ausgeht. Neben der Würdigung der Wissenschaft steht bei Schmidt-Salomon die Entfaltung der natürlichen Anlagen aller Menschen im Mittelpunkt seines Humanismusentwurfs. Es gelte, »den Menschen konsequent als Naturwesen zu begreifen«[112]. Entscheidende Triebkraft des Lebens sei das Prinzip des Eigennutzes, daher solle die Veranlagung in jedem Lebewesen, die eigene Lust steigern und das eigene Leid minimieren zu wollen, in die ethischen Konzepte eingebaut werden. Dieser Trieb zum Eigennutz solle in den Dienst der Humanität gestellt werden. Das Universum an sich sei sinnlos, daher obliege es jedem Individuum, seinem Lebensentwurf selbst Sinn zu stiften. Außerhalb des Lebens selbst gebe es keinen Sinn. Der evolutionäre Humanismus lehnt allerdings nicht jede Form religiösen Glaubens ab, solange dieser rational sei.[113] Problematisch wird für Schmidt-Salomon der Glaube erst, wenn er etwas für absolut wahr hält. Schmidt-Salomon kritisiert die ablehnende Haltung der katholischen Kirche gegenüber den Menschenrechten, was sich schon darin zeige, dass der Vatikan die Europäische Menschenrechtskonvention bis heute nicht ratifiziert habe.[114] Allerdings übersieht Schmidt-Salomon hier, dass die Europäische Menschenrechtskonvention nur ein völkerrechtlicher Vertrag zwischen den Mitgliedsstaaten des Europarates ist. Der Vatikanstaat gehört nicht dazu.

Baab fragt kritisch nach dem Humanismus im evolutionären Humanismuskonzept. Dieser sei darauf aus, die Sonderstellung des Menschen zu eliminieren, statt sie, wie bei anderen Humanismuskonzepten, herauszuarbeiten. Der Mensch sei nach dem evolutionären Humanismus ein rein biologischer Zufall. Baab kritisiert weiter, Schmidt-Salomon entwerfe, ausgehend vom Ideal einer Leitkultur »Humanismus und Aufklärung«, »eine als absolut gesetzte Gesellschaftsutopie des ›aufgeklärten Hedonismus‹«[115]. So bleibe der Grundimpuls aller Meta-Erzählungen mit der Gefahr, Totalitarismus zu erzeugen, gewahrt.[116]

Während die Semantik des harten Humanismus ihren zentralen Wert im Menschheitskollektiv sieht, wobei eine Gesellschafts- oder Bildungsutopie, ausgehend von einem konkreten Menschheitsideal, entworfen wird, vertreten die zeitgenössischen Humanismuskonzepte diese ursprüngliche Semantik nicht mehr. Diesen Konzepten geht es nicht mehr um die Vorstellung einer im konkreten Ideal geeinten und damit als Kollektiv zu erlösenden Menschheit. Die Geschichte hat demnach auch kein Ziel mehr. Was diese Konzepte aber anstreben, ist die Optimierung bestehender Verhältnisse. Während der harte Humanismus seine Legitimation aus dem Streben nach einem Menschheitsideal zieht, tut dies der weiche Humanismus aus der Erkennung eines Defizits in den bestehenden Verhältnissen, die man partikular verändern möchte.

Den hier knapp angesprochenen Modellen des weichen Humanismus geht es eben um diese Optimierung bestehender Verhältnisse. Sie erkennen in den bestehenden Verhältnissen Defizite, die sie partikular zu verändern anstreben: Das Humanismusmodell von Frieder Otto Wolf engagiert sich gegen Herrschaftsstrukturen des kapitalistischen Systems, das für soziale Missstände wie für die Zerstörung der Umwelt verantwortlich sei. Joachim Kahls Modell sieht die sozialen Missstände darin begründet, dass vielen Menschen die Partizipation am westlichen Wohlstands- und Bildungsstandard verwehrt bleibe. Für Michael Schmidt-Salomon sind Fehlentwicklungen »einer mangelnden Vermittlung der Lebenshaltung eines ›aufgeklärten Hedonismus‹«[117] zuzuschreiben.

Baab wirft den zeitgenössischen Humanismuskonzepten Essentialismus vor,[118] denn eine globale Verbesserung der herrschenden Verhältnisse in der Welt könne nach diesen Modellen nur durch Aneignung der aufklärerischen Werte des westlichen Kulturkreises erreicht werden. Diese eurozentrische Sicht eliminiere die lokalen Traditionen außereuropäischer Kulturen. Ein weiteres Defizit dieser Konzepte sieht Baab darin, dass für sie nur empirische Erkenntnisse als Wahrheit zählten. Außerdem zeigten sie eine verschlossene Haltung, denn »In ihrem Drang nach Absolutheit bergen [...] gerade die zeitgenössischen säkularen Humanismen – ganz entgegen ihrer eigentlichen Intention – die Gefahr, dass der Mensch in ihnen zum Sklaven selbstgeschaffener Deutungssysteme wird, in denen sich auf jede Frage eine (empirische) Antwort findet«[119].

Baab ist Recht zu geben, wenn er schreibt: »Ein Eintreten für ein eigenes Welt- und Menschenbild bei gleichzeitiger Akzeptanz der Legitimität alternativer Standpunkte ist, erkenntnistheoretisch gesehen, erst dann möglich, wenn man anerkennt, dass keine Weltanschauung *letztgültige Wahrheit* zu generieren in der Lage ist und die je eigene Sicht daher immer nur relative, allenfalls *vorläufige Gültigkeit* beanspruchen kann.«[120] Baab kritisiert, dass diese dialektische Erkenntnis der Legitimität und Hinfälligkeit der eigenen Weltsicht in den angeführten zeitgenössischen Humanismuskonzepten »durch die Grundhaltung eines starken Naturalismus, der überzeugt ist von der wissenschaftlich fundierten Objektivität und Universalisierbarkeit der Ergebnisse des eigenen Denkens«[121] unmöglich gemacht wird. Um in einen fruchtbaren Dialog mit den unterschiedlichen Humanismusansätzen zu kommen, muss von allen Seiten – säkularen wie religiösen Ansätzen – auf Totalitätsansprüche verzichtet werden. Das bedeutet keineswegs, dass man seine eigene Wahrheit, von der man ausgeht, relativiert. Sie ist für den einen die eigene Wahrheit und zeichnet den eigenen Weg. Insgesamt betrachtet ist sie aber ein Weg unter vielen anderen.

Als Gegenentwürfe für die zeitgenössischen Humanismuskonzepte führt Baab die Überlegungen von Peter Sloterdijk, Robert Spaemann und Wolfgang Welsch an, die alle auf eine andere Realität als den Menschen als Letztbegründung seines Wesens verweisen. Anders als die zeitgenössischen Humanismuskonzepte haben diese drei Modelle eine Haltung des »Sich-Öffnens« gegenüber den »metaphysischen« Fragen. Sie zeigen, dass eine Letztbegründung des Menschen, die außerhalb seiner selbst liegt, eine letzte Differenz zwischen ihm und seinem Grund offen lässt, »durch die ein Anspruch auf Totalität zwangsläufig seine Berechtigung verliert«[122].

Baab kritisiert die zeitgenössischen Humanismuskonzepte (vor allem die von Wolf, Kahl und Schmidt-Salomon), weil für sie eine Öffnung für Gott in ihren Konzepten in einem fundamentalen Widerspruch zu ihrem zentralen Postulat einer Überwindung religiöser Weltdeutungsmuster stünde.[123] Frieder Otto Wolfs Hauptproblem mit Religionen ist die Vorstellung ihrer Anhänger, sie würden über die Wahrheit verfügen.[124] Für ihn sei die Frage nach Gott gar nicht sinnvoll, und daher sei die Theologie keine Wissenschaft. Religionen seien restriktiv, sie würden eine Wahrheitspolitik von oben statt von unten betreiben. Wie ich oben ausgeführt habe, ist nach islamischem Verständnis Gott die Wahrheit, dadurch ist die Wahrheit absolut und für niemanden verfügbar. Gläubige können daher nicht über die Wahrheit verfügen, niemand kann über Gott verfügen, sie sind vielmehr nach der Wahrheit Suchende. Man kann sich der Wahrheit annähern, sie aber nie besitzen. Dass Gott die Wahrheit ist, soll gerade die Wahrheit vor Vereinnahmung durch den Menschen schützen und den Menschen zur Bescheidenheit aufrufen, ein Suchender zu bleiben, der die Wahrheit mit dem Wissen anstrebt, sich ihr annähern, sie aber nie besitzen zu können. Wahrheiten von oben aufzuzwingen, widerspricht dem Geist eines humanistischen Islams, der den Menschen zum freien Menschen macht, der sich von sich aus öffnet. Joachim Kahl hält zwar den Rückbezug auf etwas Absolutes für sinnvoll und lebensnotwendig, die Religionen erheben ihm zufolge allerdings dieses Absolute zum Anbetungswürdigen und sind daher strikt abzulehnen. Dem möchte ich entgegnen: Die absoluten Eigenschaften Gottes bieten den Menschen einen Bezugspunkt, die Anbetung Gottes ist keineswegs als ein bevormundendes Unterwerfen zu verstehen, da es Gott, wie schon betont, nicht um sich selbst geht. Er ist nicht die Projektion eines Stammesvaters, den man anbetet, um sich seine Gunst zu erkaufen. Wie ich den Islam verstehe, beten Gläubige einen Gott an, der an den Menschen glaubt. Der nach der Erschaffung des Menschen von den Engeln verlangte, sich vor dem Menschen niederzuwerfen (s. die Schöpfungsgeschichte im zweiten Kapitel). Dennoch bleibt Gott das einzig Absolute und der Mensch relativ.

Michael Schmidt-Salomon kritisiert Religiosität in dem Sinne, dass hier etwas unbedingt für wahr gehalten wird. Eine solche »irrationale Form des Glaubens«[125] widerspreche »unserem Wissen um die notwendige Begrenztheit unseres Wissens«[126], sie verhindere »Erkenntnis- und Humanitätsfortschritte«[127] und beschwöre »schwerwiegende Konflikte«[128]. Wie bereits gesagt, verstehe ich Religiosität als einen Suchprozess nach der Wahrheit, der man sich zwar annähern, die man aber nie gänzlich begreifen kann.

Baab kritisiert zu Recht, dass alle drei zeitgenössischen Konzepte von einem bestimmten Verständnis von Religion ausgehen, in dem Religion »als das *Entfremdende, Bedrohliche, zu Überwindende*«[129] aufgefasst wird.

Gerade das islamische Glaubensbekenntnis ist in erster Linie ein Bekenntnis zur Befreiung von jeglicher Bevormundung und somit ein Bekenntnis zur Befreiung von allem, was den freien Blick des Menschen einschränkt und den Menschen abhängig macht. Denn es lautet nicht: »Ich bezeuge, dass es nur einen Gott gibt«, sondern »dass es keine andere Gottheit gibt, außer dem einen Gott«. Es beginnt mit einer Negation. Es geht an erster Stelle darum, sich von allem zu befreien, was einen geistig, sozial oder politisch bevormundet. Das Bekenntnis zur Absolutheit Gottes im Islam impliziert zwei wesentliche Dinge: Erstens, dass es keine andere Absolutheit außer Gott gibt. Und zweitens, dass Gott für den Menschen unbegreiflich bleibt, da das Absolute (Gott) vom Relativen (Mensch) nicht erfasst werden kann. Auch die Aussagen, die der Mensch über Gott macht, bleiben Annäherungen an Gott und keine absoluten Aussagen. Wer meint, Gott begriffen zu haben, der verweist mit seiner Aussage darauf, dass er Gott eben nicht begriffen hat. Gläubige können nicht sagen, was Gott ist, sie können sich Gott durch ihre Vernunft und durch das, von dem sie glauben, dass es die Offenbarung Gottes sei, annähern. Sie können auch nicht sagen, was Gott genau und konkret will, sie können sich dem aber annähern. Und so bleiben alle Aussagen des Menschen über Gott relativ und keineswegs absolut. Sich Gott anzunähern bedeutet also nicht, absolute Aussagen im Namen der Religion zu treffen. Und gerade diese Tatsache will die Menschen vor jeglicher Unterwerfung unter dem einen oder anderen Verständnis von Religion oder unter dem einen oder anderen, was Menschen als religiöse Sätze identifizieren wollen, bewahren. Jeder ist vielmehr angehalten, selbst nach der Wahrheit zu suchen und in diesem Prozess der Suche zu bleiben. Die Entscheidung kann nicht an Dritte delegiert werden. Daher sagte der Prophet Muhammad zu einem Mann: »Frag dein Herz,

egal, was sie dir an Fatwa mitteilen, egal, was sie dir an Fatwa mitteilen, egal was sie dir an Fatwa mitteilen!«[130] Die
dreimalige Wiederholung ist ein Appell an jeden Menschen,
seine Entscheidungen selbst zu verantworten. Religion, so
verstanden, ist keineswegs Unterwerfung, sondern genau
umgekehrt.

Der Koran beschreibt Gott in einer Dialektik als zwar
dem Menschen näher als seine Halsschlagader (50:16), dennoch bleibt er transzendent und unbegreiflich (6:103), er ist
nah, aber dennoch außerhalb dieser Welt, daher greift er
auch nicht unmittelbar in die Welt ein, sondern durch Na-
turgesetze, die er erschaffen hat und nach denen die Welt
funktioniert. Er greift auch durch den Menschen selbst in
die Welt ein, allerdings nur, wenn der Mensch sich in Freiheit für die »Kooperation« mit Gott entscheidet, in dem Sinne, sich für das Gütige, das Konstruktive in der Welt einzusetzen und seinen Beitrag dazu zu leisten. Der Gegensatz
zwischen Religion und Wissenschaft ist daher ein Konstrukt. Es ist nicht Aufgabe der Religion, uns naturwissenschaftliche Erkenntnisse zu liefern, der Islam ruft vielmehr
zu einer wissenschaftlichen Haltung des Menschen selbst
auf und fordert von ihm, die Welt zu erforschen und so zu
Erkenntnissen zu gelangen.

5. Der Beitrag des Islams zum Humanismus in der Geschichte

Die Überschrift dieses Kapitels bedarf der Präzisierung, suggeriert sie doch, im Islam habe es einen Humanismus ähnlich dem europäischen gegeben. In den Ausführungen im vorherigen Kapitel habe ich unterschiedliche Konzepte des Humanismus, wie sie sich im europäischen Raum entwickelt haben, kurz skizziert. Diese Entwicklungen und unterschiedlichen Konnotationen des Begriffs »Humanismus« machen es unmöglich, von »*dem* Humanismus« zu sprechen, geschweige denn von einem Humanismus, zu dem der Islam beigetragen hat. Was ich in diesem Buch allerdings mit dem Beitrag des Islams zum Humanismus meine, sind Ansätze innerhalb der islamischen Kultur, die den Menschen in den Mittelpunkt ihres Interesses gerückt haben. Ansätze also, die den Menschen in seiner Ganzheitlichkeit ernst nehmen und nach ihm, nach seiner Glückseligkeit, nach seinem Wohl, nach seiner Selbstbestimmung fragen. Solche Ansätze eignen sich auch, um weitergedacht zu werden und nach einem islamischen Humanismus zu suchen, mit dem der Islam heutige Gesellschaften bereichern kann.

Bevor ich allerdings auf diese Ansätze eingehe, lohnt ein Blick in bestehende Auseinandersetzungen mit einem islamischen Humanismus. In der Islamwissenschaft hat man sich, wenn auch nur marginal, schon vor längerer Zeit mit dem Humanismus im islamischen Kontext auseinandergesetzt. So wurden in den letzten Jahren eine Reihe islamwissenschaftlicher Arbeiten verfasst, die den Begriff des »Humanismus« verwenden, um bestimmte Phänomene der islamischen Kultur zu beschreiben. Der Islamwissenschaftler Marco Schöller merkt allerdings nicht zu Unrecht an,

dass der Gebrauch dieses Begriffs »oft weder konsequent
[erfolgt ist,] noch entspricht er stets dem Bedeutungsspek-
trum, wie es sich anhand der abendländischen Kultur- und
Geistesgeschichte, trotz aller konzeptuell und kontextuell
bedingten Unbestimmtheit, in Grundzügen herausarbeiten
läßt. Trotzdem bemühte man sich in der Islamwissenschaft
nur selten um eine brauchbare Definition des jeweils ver-
wendeten Humanismusbegriffs und unterließ es, seine viel-
fältigen Konnotationen offenzulegen und zu analysieren.«[1]
Generell lässt sich allerdings erkennen, dass es in den islam-
wissenschaftlichen Arbeiten eine leichte Tendenz dazu gibt,
ein positives Konzept eines islamischen Humanismus dem
traditionellen Islamverständnis gegenüberzustellen, das als
eine Art »Ausbruch« aus den traditionellen Denkmustern
verstanden und in einen Zusammenhang mit der rationalen
Denkströmung zu bringen versucht wird.

Nun lassen sich nach Schöller vier Bedeutungsfelder des
Humanismusbegriffs im abendländischen Gebrauch finden:
1. Humanismus verstanden als ein geistesgeschichtlicher Begriff, der sich maßgeblich auf die literarische und philologische
Wiederbelebung der antiken Kultur bezieht;[2] 2. Humanismus
verstanden als Bezeichnung einer historischen Epoche, die »die
Zeit zwischen dem ausgehenden Mittelalter und der Gegen-
reformation, in Südeuropa das 14. und 15. Jahrhundert, nörd-
lich der Alpen das 15. und 16. Jahrhundert«[3] umfasst; 3. Humanismus verstanden als ein Wertekonzept, das eine
anthropozentrische Sicht und eine Haltung der Würdigung
menschlicher Interessen sowie menschlicher Vernunft als
höchstes Gut aufweist; und 4. Humanismus verstanden als
ein Bildungskonzept, das ein »(auf das Bildungsideal der griechisch-römischen Antike gegründetes) Denken u. Handeln im
Bewußtsein der Würde des Menschen«[4] bezeichnet.

Das geistesgeschichtliche Konzept eines abendländischen
Humanismus zeichnet sich also durch die Hinwendung zum

kulturellen Erbe der griechisch-römischen Antike aus. Dabei liegt der Fokus auf der »Wichtigkeit der Sprachreflexion und philologischer Methoden, [der] Erweiterung/Erneuerung der Erkenntnisse der antiken Sprache, [der] Wichtigkeit der historischen, besonders auf die Antike bezogene[n] Forschung, [der] Orientierung des Stilideals an der antiken Literatur, [der] Wichtigkeit der Rhetorik, [der] Bevorzugung der Überzeugung vor dem Beweis, [der neuen] Bedeutung der Ethik und Moralphilosophie [und der] Wichtigkeit der Politik und des politischen Pragmatismus«[5]. Nun stellte sich die Islamwissenschaft die Frage, inwiefern sich bezüglich dieser Elemente Parallelen zur islamischen Kultur finden lassen. George Makdisi verweist in seiner Arbeit über den islamischen Humanismus darauf, dass ähnliche Elemente wie diese auch in der islamischen Kultur anzutreffen seien.[6] Marco Schöller ist jedoch zurückhaltend, von einem, im Sinne der geistesgeschichtlichen Dimension, islamischen Humanismus zu sprechen, denn es gehe hier um Phänomene, die an spezifische Inhalte einer bestimmten Kultur gebunden seien.[7] Trotzdem zeigt Schöller in seinem Aufsatz über den islamischen Humanismus, dass es in der islamischen Kultur fruchtbare Ansätze gab, die mit den oben aufgezählten Elementen einer geistesgeschichtlichen Dimension des Humanismus korrespondierten, allerdings nur dann, wenn man die Formen, nicht aber die Inhalte an sich berücksichtigt. Zum Beispiel sei die islamische Kultur ebenfalls um die Sprache und die Sprachpflege bemüht, es gehe jedoch nicht konkret um die antiken Sprachen, wie es beim abendländischen Humanismus der Fall war. Ähnliches gelte auch für den hohen Stellenwert der Philologie und der Rhetorik, das Interesse für die Vergangenheit sowie für die Dichtung und die *belles-lettres* in der islamischen Kultur.

Die epochale Bezeichnung des Humanismusbegriffs markiert das Ende des europäischen Mittelalters mit der Überwindung der Scholastik[8], »obwohl bereits seit langem klar ist, daß die Kontinuität scholastischer Gelehrsamkeit während des Humanismus (bzw. der Renaissance) beachtlich war«[9]. Die beiden Begriffe »Mittelalter« und »Scholastik« werden im abendländischen Kontext traditionell negativ konnotiert. Sie stehen für eine Epoche der geistigen Unmündigkeit des Menschen aufgrund seiner Abhängigkeit von religiösen Autoritäten. Humanismus in diesem Kontext steht daher normativ für einen geistigen Fortschritt. Was die islamische Kultur angeht, so merkt Schöller an, »zeigt sich [hierbei] allerdings, daß die eigentliche Epochisierung, die der abendländische Begriff des ›Humanismus‹ liefert, im Islam keine Anwendung finden konnte, denn dort gab es keinen Humanismus, der ein ›Mittelalter‹ oder eine ›Scholastik‹ zu überwinden hatte, vielmehr wurde, wie oft zu lesen ist, im Islam der Humanismus seinerseits vom ›Mittelalter‹ und dem scholastischen Denken ›überwunden‹«[10]. Und wenn der »Humanismus« als Epochenbegriff im islamischen Kontext verwendet wurde, dann eher, um sich auf eine als humanistisch bezeichnete Epoche zu beziehen, die bis in das 10. Jahrhundert hinein andauerte und sich von der daran anschließenden Zeitspanne, in der ein Rückgang des arabisch-islamischen Humanismus zu verzeichnen ist, abgrenzt. Diese Umkehrung des Epochenbegriffs »Humanismus« »stand dabei in trefflicher Übereinstimmung mit der ebenfalls weitverbreiteten Ansicht, wonach in der islamischen Kultur- und Geistesgeschichte, nach einem ›vielversprechenden Anfang‹, eine zunehmende Verarmung, Stagnation, Lähmung oder, allgemein gesprochen, Dekadenz wahrgenommen werden könne«[11]. Dieser Dekadenz-Gedanke wird auch von Mohammed Arkoun vertreten[12], der den Höhepunkt des islamischen Humanismus im 10. Jahrhundert sieht, dem eine Phase der Stagnation folgte.

Zum Humanismus als Wertekonzept gehört mit seiner anthropozentrischen Sicht die Überzeugung von der Würde sowie der Autonomie des Menschen. Schöller sieht im Humanismus als Wertebegriff das Streben nach einem bestimmten Ideal (weg vom »Mittelalter« und von der »Scholastik«) und somit eine ideologische Komponente, da die Vorstellung eines Ideals nur dieses Ideal würdigt, der Mensch aber in seiner Lebenswirklichkeit auch in seinen Schwächen als unvollkommen abgewertet wird. In der islamischen Ideengeschichte lässt sich eine ganze Reihe fruchtbarer Ansätze bezüglich dieses Wertekonzepts finden; Minou Reeves spricht sogar von »Muhammad's Humanism«[13]. Die Erhebung von allem, was Glückseligkeit und Wohlstand der Menschen fördert, zu einer eigenständigen Quelle islamischer Normen, ist eine aktuelle Diskussion innerhalb der islamischen Normenlehre, die bereits im 14. Jahrhundert vor allem durch den Gelehrten asch-Schātibī angestoßen wurde. Dadurch sollte der Mensch mit seinem Anliegen in den Mittelpunkt der islamischen Normenlehre gerückt werden. Arkoun betonte in seiner Dissertation zum Thema islamischer Humanismus die Verknüpfung von Humanismus und Rationalismus in der islamischen Ideengeschichte vor allem des 10. Jahrhunderts.[14]

Bei dem letzten Verständnis von Humanismus als Bildungskonzept geht es um das Bestreben, den Menschen mittels Erziehung »zur Annahme und Bewahrung des ›weiten‹ Wertebegriffs von ›Humanismus‹ zu veranlassen«[15]. Da es sich bei dieser Dimension um die Wahrung des Bezugs zur Antike handelt, spielt sie für den islamischen Kontext eine untergeordnete Rolle. Manche Wissenschaftler, wie Marshall Hodgson (1922–1968) oder Shlomo Dov Goitein (1900–1985), haben das Studium der islamischen Kultur selbst als humanistische Tätigkeit gesehen[16], in der sich der Forscher anderen Kulturen öffnet. Auch hier wird also auf die Form, nicht auf den Inhalt Bezug genommen.

Deutlich wird, dass die Übertragung von Vorstellungen eines abendländischen Humanismuskonzepts in den islamischen Kontext nur sehr begrenzt bzw. spezifisch möglich ist. Abdarrahmān Badawī (1917–2002), der sich stark mit einem islamischen Humanismus auseinandergesetzt hat, merkte daher an, dass ein islamischer Humanismus weder aus denselben Elementen bestehen noch denselben Faktoren unterliegen kann, wie es beim europäischen Humanismus der Fall ist. Dennoch würden laut Badawī alle Hochkulturen in ihren Humanismuskonzepten dieselben Grundelemente tragen. Diese bestünden darin,[17]

1. dass alle Normen menschzentriert seien,
2. dass die Hervorhebung der Vernunft als Erkenntnisquelle wesentlich sei,
3. dass die Lobpreisung der Natur und ihre Bewunderung in jeder Form ein ebenso wichtiger Bestandteil sei,
4. dass Fortschritt nur durch die Menschen selbst und mit eigenen Mitteln stattfinden könne,
5. dass die ästhetische Dimension betont werde, um das Sein in einigen seiner Manifestationen zu erkennen.

Michael Carter unterscheidet fünf Typen bzw. Ausprägungen eines islamischen Humanismus[18]: 1. Den philosophischen Humanismus, der sich am philosophischen Diskurs und an der Rolle des griechischen Erbes im Islam orientiere; 2. den literarischen Humanismus, der vor allem in der Geisteshaltung der Adab-Literatur, die man auch als schöngeistige Literatur bezeichnen kann, zu finden sei; 3. den religiösen Humanismus, der die menschlichen, weltlichen Bedürfnisse in die Hoffnung auf das ewige Seelenheil integriere; 4. den legalistischen Humanismus, der sich maßgeblich in dem Werk von Ibn Dschinnī (gest. 1002) finden lasse; und 5. den intellektuellen Humanismus, der sich vor allem im Gedankengut der Mu'tazila zeige. Gerade im religiösen Humanismus erkennt Marco Schöller eine dem islamischen Humanismus eigene Dimension, die ihn von einem abendländischen Humanismusbegriff abgrenze. Dadurch könne auch der Gegensatz zwischen religiösem und humanistischem Denken aufgegeben werden.[19] Was religiös ist, muss somit nicht zwangsläufig antihumanistisch sein. Und umgekehrt: Was humanistisch ist, kann auch religiös sein. Schöller verweist auf Ali Schariati (1933–1977), einen muslimischen Intellektuellen, der von einem religiösen islamischen Humanismus gesprochen hat. Schariati geht dabei von der koranischen Schöpfungsgeschichte des Menschen aus, der aus Lehm erschaffen wurde, dem Symbol für Niedrigkeit, dem dann aber Gottes Geist eingehaucht und der zu seinem Statthalter auf Erden auserkoren wurde. Diese Verantwortung des Menschen, aber auch der freie Wille des Menschen, selbst zu entscheiden, ob er eher dem Lehm oder Gott ähneln möchte, zeige das tiefe Vertrauen Gottes in ihn und seine Hervorhebung unter allen anderen Kreaturen der Schöpfung. Der Mensch wird so nicht zu einer unmündigen Kreatur, sondern zu einem Partner und Freund Gottes.[20]

Neben den genannten Ausprägungen verweist Schöller darauf, dass es durchaus noch weitere Elemente gibt, »die bisher nicht oder ungenügend beachtet wurden, obwohl sie zur näheren Bestimmung eines ›islamischen Humanismus‹ einiges beitragen können«[21]. Darunter fallen u. a. das »Aufblühen der Volksfrömmigkeit unter den Vorzeichen des (abendländischen) Humanismus, die Bedeutung des Predigtwesens, […] Überzeugung von der menschlichen Schaffenskraft und Selbstbestimmung«[22].

Wie bereits angemerkt: Jenseits der Begriffsdebatte möchte ich in diesem Kapitel auf einige Ansätze innerhalb der islamischen Kultur eingehen, die ihr Augenmerk auf den Menschen legen und ihn in seiner Ganzheitlichkeit ernst nehmen, dabei stets um sein Wohl und seine Glückseligkeit bemüht sind, aber auch nach der Selbstbestimmung des Menschen fragen und somit im Einklang stehen mit der der

Schöpfungsgeschichte eigenen Symbolik der Freiheit des Menschen als Grundvoraussetzung seines Menschseins. Ich konzentriere mich dabei auf einige Schwerpunkte im Mittelalter, in dem vor allem die Begegnung des Islams mit Europa nicht nur intensiv, sondern auch für beide fruchtbar ausfiel und in dem der Islam zeigen konnte, dass er im Stande ist, einen Beitrag zum Humanismus zu leisten. Diese Ansätze verdeutlichen die positiven Konsequenzen des »Sich-Öffnens«, die im Gegensatz zu den negativen Konsequenzen des »Sich-Verschließens« stehen. Mit diesen Ansätzen konnten die Muslime nicht nur die islamische Kultur selbst, sondern später auch das europäische Abendland bereichern.

Wissenserwerb war Teil der muslimischen religiösen Praxis

Der Historiker Rolf Bergmeier[23] erklärt den raschen Siegeszug der Muslime und die rasante Expansion des islamischen Reichs in christliche Gebiete weniger aus militärischen Gründen, sondern »aus dem feindseligen Verhältnis des orthodoxen (›katholischen‹) Christentums zu innerchristlichen Konkurrenten und anderen Weltanschauungen. Dagegen anerkennt der Islam Juden, Christen, Arianer, Zoroastrier und andere Monotheisten als Schwesterreligionen und Jesus als Propheten.«[24] Auf religiöser Ebene erkennt er zudem im Islam den Vorteil, dass dieser einen »Ein-Gottglauben« aufweise, der zum einen viel verständlicher als ein trinäres Gottesbild sei, zum anderen Muslime und Juden näher zusammengebracht habe, die eine ähnliche Auffassung von Gott vertraten. Besonders die Juden hießen die muslimischen Eroberer im 8. Jahrhundert vielerorts willkommen, da sie mit massiven Unterdrückungen, u. a. im Westgotenreich auf der iberischen Halbinsel, zu kämpfen hatten. Neben diesen religiösen Faktoren spielte aber auch die politische Ebene im raschen Vordringen der muslimischen Eroberer eine entscheidende Rolle, denn die politische Lage war in vielen von den Muslimen eroberten Gebieten sehr instabil und teils zerrüttet.[25] Die Menschen sehnten sich nach einer gerechten Gesellschaftsordnung. Dies wird besonders an der Eroberung der iberischen Halbinsel in den Jahren 711 bis 718 deutlich, denn »insgesamt geht es der großen Masse deutlich besser als unter westgotisch-katholischer Herrschaft, so dass verständlich wird, dass Juden, ›häretische‹ Christen, Leibeigene und verarmte Bürger den Augenblick ihrer Befreiung vom westgotisch-christlichen Joch herbeisehnen und die muslimische Eroberung Spaniens unterstützen«[26]. Gerade durch die Abschaffung des Feudalwesens und die tolerante Haltung der Muslime gegenüber Nichtmuslimen, die eine freie Religionsausübung gewährte und deutlich günstigere Steuerbedingungen bot (es wurde von den Muslimen das sogenannte Zakat, also die soziale Pflichtabgabe, von den Nichtmuslimen die Kopfsteuer verlangt), sorgten für eine positive Haltung der Menschen in vielen eroberten Gebieten.

Mit der Expansion des islamischen Reiches entwickelte sich auch eine Hochkultur der Wissenschaften. Bereits unter der ersten islamischen Dynastie, den Umayyaden (661–750), etablierte sich eine Haltung des »Sich-Öffnens« gegenüber den wissenschaftlichen Erträgen aus anderen Kulturen, indem man danach strebte, möglichst viele dieser Erträge in die eigene Kultur zu integrieren und fortzudenken. So kam es, dass die muslimischen Herrscher, als sie im Jahre 640 Syrien und Persien einnahmen, griechischkundige Übersetzer beauftragten, das klassische Kulturerbe und die antiken Wissenschaften ins Arabische und somit in die islamisch-arabische Welt zu übertragen. Dabei waren nicht nur die Herrscher selbst die Sponsoren dieser Arbeiten, sondern auch deren Familien, vermögende Offiziere und Gelehrte.[27] Es trug zur damaligen Zeit zum Prestige bei, diese Wissenskultur zu unterstützen und zu fördern. Diese Übersetzerwelle entwickelte sich in den Folgejahren stark weiter und erreichte unter der abbasidischen Dynastie (750–1258) ihren Höhepunkt. Besonders die Hauptstadt Bagdad wurde zum Zentrum der Wissenschaften, da in ihr das sogenannte »Haus der Weisheit« (*bayt al-hikma*) vom Kalifen al-Ma'mūn (reg. 813–833) gegründet wurde. Der Kalif galt als begeisterter Gelehrter, der auf den Gebieten der Wissenschaft, aber auch in der Kunst und der Dichtung hochgradig bewandert war. Daher wollte er die Übersetzungsarbeit weiter vorantreiben, indem er diese in Form einer großen Bibliothek und einer ganzen Reihe von professionellen Gelehrten bzw. Übersetzern institutionalisierte. In diesem Zuge bat al-Ma'mūn nicht nur den Kaiser von Byzanz um Bücher aus der altgriechischen Tradition, die sich u. a. mit Philosophie, Astrologie, Mathematik und Medizin befassten, er schickte auch zahlreiche Gelehrte nach Persien und Indien, um von dort weiteres Wissen ins islamische Reich zu importieren. Die Übersetzer benutzten in ihrer Arbeit Transkriptions- und Übersetzungsmethoden, die durchaus vergleichbar sind mit modernen wissenschaftlichen Ansätzen: Durch einen Vergleich der verschiedenen Handschriften erstellten die Übersetzer zunächst eine »kritische Ausgabe«, die sie dann nicht nur ins Arabische übersetzten, sondern meist auch kommentierten und weiterdachten. Dabei wurden sie in der Regel von Christen und Juden, die des Griechischen mächtig waren, unterstützt.[28]

Der große Wissensdurst der damaligen Zeit stand absolut im Einklang mit der islamischen Lehre, denn schon der Prophet forderte seine Gefährten dazu auf, wenn es sein müsse, bis nach China zu reisen, um sich dort Wissen anzueignen. Dazu schreibt Rolf Bergmeier: »Wissenschaften, so die damals gängige Auffassung innerhalb des Islams, bildeten ein geschlossenes, in sich ruhendes System formaler Wahrheiten, die zu vorhistorischen Zeiten dem Menschen zur Aufbewahrung übermittelt worden seien, damit die Wunder der göttlichen Natur erkannt und Geheimnisse des Irdischen erforscht werden.«[29] Das Streben nach Wissen war also Teil der religiösen Praxis und somit ein islamisches Gebot.

Der Aufstieg Bagdads zu einer kulturellen Hochburg beeinflusste auch stark die Entwicklungen auf der iberischen Halbinsel, die einen wesentlichen Angelpunkt zwischen der muslimischen Welt und Europa darstellte. Nach dem Sturz der Umayyaden im Jahre 750 durch die Abbasiden wurde die umayyadische Dynastie fast gänzlich ausgelöscht. Lediglich ein Familienspross überlebte: Abdarrahmān I. (reg. 756–788), der auf die iberische Halbinsel floh und dort im Jahre 756 das Emirat von Córdoba gründete, das im Jahre 929 unter Abdarrahmān III. (reg. 912–961) zum Kalifat wurde. Dieses Emirat bzw. spätere Kalifat verstand sich als Gegenkalifat zu dem abbasidischen Kalifat, das es um jeden Preis zu überbieten galt. Und so bemühte man sich auf allen Ebenen, sei es auf der wissenschaftlichen, der ökonomischen oder auf der Ebene des Städtebaus, Bagdad zu übertreffen. Hierfür importierten die Herrscher zum einen möglichst viel der im Orient übersetzten Literatur, die dann von den eigenen Gelehrten weitergedacht wurde, sie nutzten aber auch eigene Kontakte in andere Herrschaftsgebiete, um den Fortschritt auf der iberischen Halbinsel voranzutreiben. So entstand ein blühendes Emirat bzw. Kalifat, das in Europa eine geistige Hochkultur einleitete und innerhalb kürzester Zeit zu einer Metropole heranwuchs, dessen hoher Lebensstandard einzigartig im damaligen Europa war und selbst das »spätantike Rom an Gelehrsamkeit, Luxus und Wohlstand«[30] in den Schatten stellte. Allein Córdoba verfügte »um das Jahr 1000 über Kanalisation und Straßenbeleuchtung«[31]. Bibliotheken galten als Statussymbol. Al-Andalus, wie es von den muslimischen Herrschern genannt

wurde, war somit eine Brücke des Wissens- und Kultur-
transfers zwischen Orient und Okzident und bereicherte Europa in vielerlei Hinsicht. Wie diese Bereicherung aussah
und wie groß dabei die Diskrepanz zwischen den damaligen
islamischen Gebieten und dem mittelalterlichen abendländischen Europa war, soll anhand einiger Beispiele gezeigt
werden.

Mit dem Streben nach Wissen und dem wachsenden
Transfer von Texten zu den unterschiedlichsten wissenschaftlichen und literarischen Disziplinen in die islamische
Welt entwickelte sich gleichzeitig ein islamisches Bildungswesen auf höchstem Niveau. Zwischen 653, als die erste
Madrasa (Aus- und Fortbildungsstätte) in Medina gegründet wurde, und dem Jahr 900 ist das Bildungswesen derart
ausgebaut worden, dass nahezu in jeder Moschee eine Schule integriert war. In diesen *Madrasas* wurden religiöse und
wissenschaftliche sowie literarische Inhalte gelehrt. Neben
der Auseinandersetzung mit den klassischen religiösen Fä-
chern, wie dem Studium des Korans und der Überlieferungs-
literatur, der Prophetengeschichte und der Rechtsgelehrsam-
keit, wurden »auch Schriften aus den Bereichen der
Mathematik, Medizin, Grammatik, Astronomie, Geogra-
phie und Philosophie«[32] unterrichtet. Unabhängig davon
entstanden zahlreiche öffentliche Schulen. So gab es allein
in Córdoba ca. »800 öffentliche Schulen, die von Muslimen,
Christen und Juden gleichermaßen besucht wurden«[33].[34]
Gleichzeitig entstand im 9. Jahrhundert ein universitäres
System. Allein in Córdoba studierten zu jenem Zeitpunkt
»rund viertausend Studenten im Fach Theologie [...], insgesamt studieren hier fast elftausend Studenten«[35]. Dieses
Universitätswesen war im 11. Jahrhundert schon so weit ge-
reift, dass es die Möglichkeit gab, in allen großen Städten
des islamischen Reichs zu studieren. Dieses dichte Netzwerk
an Universitäten ermöglichte den Studierenden nicht nur in

ihrem Heimatort, sondern auch in anderen Städten zu studieren, wo sie vom Unterricht vieler großer islamischer Gelehrter profitieren konnten. Es galt als ein Privileg, der Schüler eines angesehenen Lehrers zu sein, und dafür nahm man gerne jede noch so strapaziöse Reise auf sich. Doch nicht nur Moscheen, öffentliche Schulen und Universitäten boten einen Ort des intellektuellen Austausches, auch Treffen in privaten Kreisen und Bibliotheken sind zu nennen. Bereits sehr früh etablierte sich eine Tradition des Zusammensitzens, meist veranstaltet in den eigenen vier Wänden einer gelehrten oder einer an Bildung interessierten Person, ganz gleich, ob einer weiblichen oder männlichen. Hier war der Ort eines intensiven Austauschs zu allen Themen der Bildung, sei es Literatur und Dichtung, Wissenschaft oder Philosophie.[36] Diese Zusammenkünfte waren stets von einem hohen intellektuellen Niveau geprägt und veranlassten so manchen Gelehrten dazu, die Ergebnisse der Diskussionen niederzuschreiben.

Ein hoher Bildungsstandard und das Bestreben, möglichst viele wissenschaftliche Erträge anderer Kulturen in die islamische zu integrieren, erforderte selbstverständlich eine große Anzahl an Büchern und damit Bibliotheken, und zwar in allen bedeutenden Städten des islamischen Reichs. So wird berichtet, dass »hunderte von Kamelen [...] Manuskripte nach Bagdad gebracht haben, die die Kalifen ar-Raschīd (reg. 786–809) und al-Ma'mūn (reg. 813–833) aus Syrien, Persien und Byzanz heranschaffen lassen, um die Hofbibliotheken und das ›Haus der Weisheit‹ in Bagdad mit Lehr- und Studierstoff zu versorgen«[37]. Al-Andalus stand dieser Anhäufung von Büchern in nichts nach. Allein die Bibliothek von Córdoba wies einen Bestand von 400 000 Büchern auf, die der Öffentlichkeit frei zugänglich waren.[38] Doch nicht nur auf institutioneller Ebene war der Besitz einer Bibliothek eine Notwendigkeit und förderte das Prestige, auch jeder Gelehrte, der etwas auf sich hielt, war im Besitz einer eigenen Bibliothek. Die Wissenskultur stand in voller Blüte und bereicherte lange Zeit jeden, der davon bereichert werden wollte, egal ob Muslim oder nicht.

Wirft man nun einen Blick in das mittelalterliche Europa derselben Zeit, zeigt sich aufgrund einer Haltung des »Sich-Verschließens« gegenüber der Freiheit des Menschen hinsichtlich des Bildungswesens ein starker Kontrast zur islamischen Hochkultur. Rolf Bergmeier sieht die Diskrepanz zwischen islamischer und christlicher Kultur zum damaligen Zeitpunkt vor allem darin begründet, dass dem Islam eine verfasste »›Kirche‹ mit einer Priesterschaft, die der Gemeinde die Heiligen Schriften vorliest«[39], fehlte. Während also die Muslime zur Mündigkeit erzogen wurden, nahm seit der zweiten Hälfte des 4. Jahrhunderts im Christentum die Übertragung der Mündigkeit der Individuen auf Autoritäten stark zu, was wiederum Auswirkungen auf die Bildung hatte. Diese Entwicklung zeigt sich in der Geschichte immer wieder dort, wo Menschen zu unmündigen Wesen erklärt werden: Werden sie ihrer Freiheit beraubt, versiegt auch die Bildung. Eine solche verschlossene Haltung erlebt die islamische Welt nun seit mehreren Jahrhunderten. Gemäß dieser Entwicklung im europäischen Mittelalter entsteht zwar ein »kircheninternes Schulsystem für den klerikalen Nachwuchs«[40], sogenannte Klosterschulen, gleichzeitig führt die Entmündigung des Volkes zu dessen geistiger Verödung, und das öffentliche Schulwesen verschwindet für lange Zeit aus Mitteleuropa. Zudem wurde in den Klosterschulen der Schwerpunkt auf religiöse Literatur und Praxis gelegt, wissenschaftliche Texte wurden nur insofern einbezogen, als »sie für die allegorische Interpretation der Zahlen, wie sie in Bezug auf Gott gedeutet«[41] werden konnten, dienten. Diese Form des Bildungswesens hatte zur Folge, dass die natur- und geisteswissenschaftliche Forschung zum

Erliegen kam, während sie sich im islamischen Reich auf dem höchsten Niveau und dem aktuellen Stand befand. Diese Entwicklungen sollten sich erst ändern, als im christlichen Spanien und anderen Ländern Europas der Wissensdrang zu neuem Leben erweckt wurde. Maßgeblich daran beteiligt war der Einfluss der islamischen Kultur, denn diese wirkte sich besonders durch das Zusammenleben von Christen, Juden und Muslimen auf der iberischen Halbinsel nachhaltig auf die Entwicklungen der christlichen Kultur aus.

Mit dem Bedürfnis, sich möglichst viel Wissen anzueignen, um sich die Schöpfung Gottes besser erschließen zu können, und mit dem steigenden Einfluss der antiken Literatur auf die islamische Welt wuchs auch das Interesse an der Erschließung der Welt mithilfe des Verstandes. Eine der frühesten theologischen Denkschulen des Islams, die diesen rationalen Ansatz aufgriff, war die bereits erwähnte Mu'tazila, die sich u. a. dadurch auszeichnete, dass sie den Koran nicht wie die anderen Lehrmeinungen als das ewige Wort Gottes verstand, sondern als ein für in der Zeit erschaffenes Wort Gottes hielt. Es boten sich in diesem Klima die besten Voraussetzungen für die Etablierung der Philosophie im islamischen Reich, und so trat eine ganze Reihe arabischer Philosophen auf die Bühne, die auch das europäische Denken stark beeinflussten. Die drei wichtigsten Denker in unserem Kontext: al-Fārābī (gest. 950), Avicenna (gest. 1037) und Averroes (gest. 1198). Alle drei waren maßgeblich von den aristotelischen und platonischen Lehren geprägt, entwickelten jedoch zum Teil ein eigenes Verständnis dieser Philosophen. Die Philosophie al-Fārābīs zeichnete sich vor allem dadurch aus, dass er Philosophen als Propheten ansah, die durch göttliche Inspiration zu ihren Erkenntnissen kamen. Daher erhalten die philosophischen Erkenntnisse laut al-Fārābī einen universalen Charakter.[42] Damit stehe der menschliche Verstand über religiösen Erkenntnissen.

Religion diene nur dem Zweck, dass Nicht-Philosophen
ebenfalls einen Weg zur Wahrheit fänden, allerdings mithilfe
von Symbolen, deren Inhalt sich in jeder Generation ver-
ändere, die Erkenntnisse der Philosophen seien jedoch für
alle Zeiten gültig. Die Verbindung zwischen Philosophie
und islamischer Theologie greift auch der bekannte Mediziner und Philosoph Avicenna auf, der allerdings in seinen
philosophischen Erkenntnissen deutlich von zentralen Glau-
bensinhalten des Islams abwich, indem er die Unsterblich-
keit der menschlichen Seele, Gottes Interesse an Einzelereig-
nissen sowie eine durch Gott in der Zeit erschaffene Welt
bestritt. Da Gott ewig sei, müsse auch seine Schöpfung
ewig sein, sonst hätte »er die Welt schon früher oder nur
zu einem ganz bestimmten Zeitpunkt [...] schaffen können.
Beides schränke die Allmacht Gottes ein und sei daher abzulehnen.«[43] Der Philosoph Averroes schloss sich der Idee an,
indem er von einer Unendlichkeit der materiellen Welt ausging. Gleichzeitig sprach er von einer aus der Vernunft abge-
leiteten und einer offenbarten Wahrheit. Zwar seien beide
Gott entsprungen, aber die »Philosophie sei gegenüber der
Religion die höhere und reinere Wahrheit«[44].

Während sich im islamischen Reich die Philosophie ent-
faltete, wurde sie im Christentum lange Zeit bekämpft und
als Häresie betrachtet. Das hatte vor allem zwei Gründe:
Zum einen entstammte sie einer vorchristlichen und damit
heidnischen Zeit, zum anderen lehnten die damaligen Kir-
chenführer das Streben nach Wissen ab, da dieses vom
Glauben ablenke.[45] So entstand im Laufe der Jahrhunderte
eine Vielzahl an Schriften, in denen die Philosophie verteufelt wurde. Erst im 11. Jahrhundert, also nach knapp 1000
Jahren der Ablehnung der Philosophie, setzte langsam ein
Wandel ein. Ausschlag dafür gab die Theologie von Anselm
von Canterbury (gest. 1109), der bemüht war, »unter Zu-
hilfenahme ausgewählter aristotelischer Begriffe und Me-

thoden Glaube und Vernunft in Übereinstimmung zu bringen«[46]. Aus diesem Denkansatz entwickelte sich eine
»Theologie der Scholastik, die davon überzeugt ist, den
christlichen Gott mit Hilfe philosophischer Argumente in
Form von ›Gottesbeweisen‹ als existent belegen zu können«[47]. Doch dieser Ansatz allein hätte keinesfalls aus-
gereicht, um einen nachhaltigen Wandel in der christlichen
Welt zu erzielen, denn nach wie vor sträubte sich die Kirche
gegen die Philosophie. Erst durch die im 12. Jahrhundert
etablierte Übersetzerschule in Toledo, die zahlreiche arabische Werke, darunter auch philosophische Werke, ins
Lateinische übersetzte, fand sukzessive eine grundlegende
Veränderung in der europäischen Kultur statt. Auf diese
Weise konnten auch die drei genannten arabischen Philosophen einen nachhaltigen Einfluss auf die europäische Ideengeschichte nehmen, denn nun wurden ihre wichtigsten Werke ins Lateinische und später auch Spanische übersetzt.

Der Drang der Muslime nach Wissen aus aller Herren
Länder machte sich auch auf dem naturwissenschaftlichen
Gebiet besonders bemerkbar; darunter die Mathematik, die
in der islamischen Kultur auf dem Erbe der antiken Kultur
fußt, die selbst wiederum stark von der ägyptischen Mathematik beeinflusst war. So wurden Werke von Archimedes,
Euklid sowie Ptolemäus ins Arabische übersetzt, auch das
Rechnen mit Gleichungen übernahmen die Muslime. Neben
den griechisch-mathematischen Erkenntnissen spielte aber
auch die indische Mathematik eine entscheidende Rolle.
Der Gelehrte al-Chwārizmī (gest. ca. 850) führte das in ihr
geltende Zahlensystem von 1 bis 9 sowie das Nullzeichen in
Form eines Kreises in die arabische Mathematik ein,
wodurch er eine der bedeutendsten Leistungen in der Geschichte der Wissenschaft erzielte, da das Rechnen nun viel
leichter fiel als mit römischen Zahlen.[48] Im christlichen Mittelalter zeigt sich hingegen bis ins 13. Jahrhundert eine lange

Zeit der Stagnation auf dem Niveau der Grundrechenarten, die zudem auch nur »von einer kleinen Elite in Kloster- und Kathedralschulen angewendet werden«⁴⁹.

Eine weitere wichtige Naturwissenschaft, die die Muslime in einem engen Zusammenhang mit der Philosophie sahen, war die Medizin, denn ein angesehener Mediziner galt in seiner Weisheit immer auch als Philosoph. Unter den griechischen Gelehrten, die den meisten Einfluss auf die sich im islamischen Reich entwickelnde Medizin hatten, befanden sich Hippokrates und Galen, die gemäß der griechisch-römischen Medizin davon ausgingen, dass »Körper, Geist und Seele auch beim Heilungsprozess eine Einheit bilden«⁵⁰. Ein Gedanke, der ebenfalls von den Muslimen adaptiert wurde. Besonders die Forschung Galens (gest. 216) prägte die frühe arabische Medizin, denn er versammelte im 2. Jahrhundert nicht nur alles Wissen, das es bis dahin in der Medizin gab, sondern erweiterte es um seine eigenen Gedanken und Erkenntnisse. Getreu diesem Vorbild machten es sich auch die Araber zur Aufgabe, neben der Medizin der klassischen Antike auch aus anderen Kulturkreisen die neuesten Erkenntnisse bzw. den aktuellen Stand der Forschung in die arabische Sprache zu übersetzen. Dabei spielte die persische Medizin eine wichtige Rolle, galt sie doch zum damaligen Zeitpunkt als die fortschrittlichste. Mit der Gründung des »Hauses der Weisheit« wurde das Spektrum noch durch Schriften aus Indien und Syrien angereichert, aber beim bloßen Übersetzen blieb es nicht. Die arabischen Gelehrten führten alle gesammelten Informationen zusammen, systematisierten das Material und erweiterten es mit eigenen neuen Erkenntnissen, sodass eine eigenständige arabische Medizin entstand, die das höchste Niveau der Zeit erreichte, aber ständiger Aktualisierung durch neue Forschung bedurfte.⁵¹ Und so beschäftigten sich die arabischen Mediziner, unter ihnen selbstverständlich der bereits genannte Avicenna, mit einer Vielzahl unterschiedlicher Fragen der Gesundheit, wie die gesunde Ernährung, das Zusammenspiel von Geist und Körper, die Diagnose und Therapie von Haut- und Augenkrankheiten, den Einfluss der Umwelt auf das menschliche Befinden etc. In allen größeren Städten des islamischen Reiches gab es zudem »Krankenhäuser mit verschiedenen, nach Fachrichtungen geordneten Stationen«[52]. Allein Córdoba besaß fünfzig solcher Krankenhäuser und galt als eine der am weitesten entwickelten medizinischen und kulturellen Hochburgen.[53] Diese Nähe zum christlichen Europa wirkte sich auch auf dessen Entwicklung positiv aus. Lange Zeit war die Medizin dort auf keinem guten Stand. Der Grund war, dass alle außer-christlichen Erkenntnisse als heidnisch galten und daher abzulehnen waren. Die Erkenntnisse der Medizin basierten auf dem Alten Testament und den »Lehren der frühen Kirchenväter Markion, Tatian und Tertullian, die Krankheit als von Gott gesandt betrachten und die Heilkunde als eine verwerfliche Tätigkeit bewerten, da sie in Gottes Heilsplan eingreifen«[54]. Krankheit wurde zudem als eine göttliche Strafe verstanden. Dementsprechend gestaltete sich die Medizin des christlichen Mittelalters, die gerade eine äußerst primitive Versorgung zuließe.[55] Schaut man sich heute die Entwicklungen in manchen islamischen Ländern an (man denke nur an den »IS«) und die Argumente einiger Muslime, die eine Öffnung den verschiedenen Wissensgebieten, vor allem den heutigen Geisteswissenschaften, gegenüber ablehnen, so erkennt man durchaus Parallelen. Und es verwundert nicht, dass der muslimische wissenschaftliche Ertrag sowohl in der Natur- als auch in der Geisteswissenschaft heute eher bescheiden ausfällt. Die Diskrepanz zwischen dem islamischen Reich und dem christlichen Europa im Mittelalter war gravierend; im muslimischen al-Andalus lebte man auf höchstem Standard der Hygiene und Gesundheit, im christlichen Europa versanken die Straßen in Schlamm.[56] Der Zustand der Medizin änderte sich jedoch, als immer mehr Übersetzungen arabischer Werke in die lateinische Sprache entstanden, unter ihnen z. B. der »Kanon der Medizin« von Avicenna, eines seiner wichtigsten Werke. Die hohen Lebensstandards der Zivilisation gerade von al-Andalus wirkten positiv auf die Entwicklung der christlichen Gebiete.

Die Diskrepanz zwischen dem islamischen Reich und dem christlichen Europa im Mittelalter zeigt deutlich, welche Konsequenzen eine Haltung des »Sich-Öffnens« und eine des »Sich-Verschließens« mit sich bringen können. Der Wissensdurst der Muslime, ihr Drang, von den Erkenntnissen anderer Völker und Kulturen zu profitieren, ja ihre grundsätzlich offene Haltung gegenüber dem anderen, ermöglichte es ihnen, zu einer Hochkultur zu werden. Diese Haltung des »Sich-Öffnens« zeigte sich auch innerislamisch deutlich, denn Meinungen wie die der Gelehrten Avicenna oder al-Fārābī, die sogar von einigen Glaubensgrundsätzen abwichen, wurden zwar von sunnitischen Gelehrten zum Teil kritisiert, sie durften aber frei geäußert werden. Auf der anderen Seite zeigt sich im Christentum des Mittelalters eine Haltung des »Sich-Verschließens« gegenüber allem Außerchristlichen und somit Heidnischen, was zu einer Verkümmerung aller Wissenschaften, der Bildung und des Lebensstandards führte. Gleichzeitig erstreckt sich diese Haltung auch auf die Freiheit des Menschen, denn auch vor dieser verschloss sich die Kirche, indem sie den Menschen zu einem unmündigen Wesen machte, dem es verwehrt war, selbstständig über Glaubensfragen zu reflektieren, und dem auferlegt war, gehorsam den Autoritäten zu folgen. Während in Europa lange Zeit dieses Ungleichgewicht zwischen muslimischen und christlichen Gebieten herrschte, fand hier ab dem 11. Jahrhundert schrittweise eine Verlagerung des Gefüges statt. Diese Verlagerung wurde auf der muslimischen Seite dadurch ausgelöst, dass sich langsam eine Haltung des »Sich-Verschließens« auf verschiedenen Ebenen etablierte. Diese wurde vor allem durch die konservativen Almoraviden (reg. 1046–1147) und Almohaden (reg. 1147–1269), die große Teile von al-Andalus einnahmen und sich als »Beschützer der Religion« bezeichneten, vorangetrieben. Mit ihnen begann die Diskriminierung der anderen Religionen. Kunst und Kultur galten als verpönt und als Zeitverschwendung, und Meinungen, die nicht der sunnitischen Standardmeinung entsprachen, wurden zur Häresie erklärt. Dieses Schicksal traf nicht nur den großen Philosophen Averroes, der sogar all seiner Ämter enthoben und verbannt wurde, sondern eine Vielzahl von Freidenkern. Den Höhepunkt erreicht diese Haltung des »Sich-Verschließens« im »14. Jahrhundert mit dem ›Sieg‹ der Theologie über die Philosophie [...]: Der Intellekt, erklärt der hoch angesehene Kairoer Historiker Ibn Haldun (gest. 1406), habe nichts mit dem religiösen Gesetz und seinen Einsichten zu tun«[57]. Während nun im islamischen Raum eine Erstarkung der sich verschließenden Haltung erfolgte und damit die Dekadenz[58] einsetzte, öffnete sich das christliche Europa immer mehr den Errungenschaften der islamischen Welt und adaptierte sie auf allen Ebenen. Dabei profitierte man mit der zunehmenden Annexion der islamischen Gebiete vom hohen Lebensstandard, der zum einen durch die hervorragende Infrastruktur, den Städtebau und die öffentlichen Badeanstalten, zum anderen aber durch die Integration und Weiterentwicklungen wissenschaftlicher Erkenntnisse in allen wichtigen Bereichen des Lebens gesichert wurde. Gerade durch die Anfang des 12. Jahrhunderts in Toledo gegründete Übersetzerschule konnten unzählige Werke aus den unterschiedlichsten Wissenschaftsdisziplinen ins Lateinische und später in die spanische Sprache übersetzt werden und somit das christliche Europa bereichern.

Die Geschichte macht deutlich: Immer dort, wo eine Haltung des »Sich-Öffnens« eingenommen wird, wo der Mensch die Freiheit des anderen anerkennt und somit selbst frei wird, überall dort eröffnen sich Räume, in denen der Mensch sich in eine konstruktive Richtung entwickeln kann. Sobald diese Haltung zugunsten einer Haltung des »Sich-Verschließens« aufgegeben wird, verändert sich die Dynamik und der Mensch wird zu einem unfreien und unmündigen Wesen. Und genau das ist das Problem vieler Muslime heute.

6. Warum wir Antihumanisten sind

Humanismus als Haltung des »Sich-Öffnens« bedeutet, sich mit dem »Anderen« auseinanderzusetzen, sich darauf einzulassen, sich eventuell andere, neue Elemente aus ihm anzueignen und sich davon berühren, womöglich sogar bereichern zu lassen. Dieses »Andere« kann, wie schon erwähnt, eine Idee sein, eine Kritik, ein Mensch, eine Meinung, es kann eine Weltanschauung sein oder eine Gesellschaftsordnung, eine neue Perspektive, eine andere Option, eine andere Freiheit, ein anderes Anliegen als das eigene, es kann ein anderes Gefühl sein oder Mitleid mit dem Leid des anderen. Wenn man sich einer neuen oder anderen Idee verschließt und sich von vornherein weigert, sich mit dieser auseinanderzusetzen, dann ist man gefangen und nicht frei. Dies gilt auch für die Auseinandersetzung mit allen Elementen und Dimensionen, die zum »Anderen«, zum »Neuen« gehören. Frei-Sein ist in diesem Sinne eine Haltung der Empathie und Offenheit mit kritischer Reflexion sowohl seinem Selbst wie dem Anderen gegenüber. Ob wir Humanisten sind oder nicht, hängt nach diesem Verständnis nicht nur davon ab, inwieweit wir bereit sind, uns zu öffnen, sondern auch, inwiefern wir unser Leben tatsächlich entsprechend gestalten.

Die Überschrift dieses Kapitels mag etwas zugespitzt klingen, denn jeder von uns kann in einigen Bereichen seines Lebensentwurfes eine Haltung des »Sich-Öffnens« entfalten, während er in anderen Bereichen zurückhaltender ist, und das kann sich ständig ändern. Man ist also nie gänzlich Humanist oder Antihumanist, bei manchen überwiegt die eine Haltung, bei anderen die andere, und auch in unterschiedlichen Lebenssituationen kann die Haltung changieren. Wenn ich aber schreibe »Warum wir Antihumanisten sind«, habe ich an erster Stelle die generelle Situation der Menschheit heute im Blick, die nur gewinnen könnte, wenn der Humanismus im Sinne des »Sich-Einlassens« auf den »Anderen« und des »Sich-Auseinandersetzens« mit ihm stärker zu einer Volksmentalität würde. Wenn der Humanismus eine Haltung ist, dann kann man die Menschen auch nicht in Humanisten und Nicht-Humanisten teilen, denn Haltungen unterliegen, wie gesagt, einer Dynamik, die unter anderem situationsabhängig ist. Als »Antihumanist« bezeichne ich die Person, die sich bewusst weigert, sich zu öffnen und auf das »Andere« einzulassen.

Im Zuge der Recherche für dieses Kapitel wollte ich möglichst viel Material sammeln, das Defizite in den herrschenden Strukturen unserer sozialen und politischen Welt aufdeckt. Am Ende der Recherche kam ich zu dem Schluss, dass es im Grunde keine sozialen oder politischen Defizite gibt, die uns nicht längst schon bekannt sind. Ich habe viel Datenmaterial zu Hungersnöten, zu ungerechten Kriegen, zu politischen und wirtschaftlichen Defiziten gesammelt, zu Machenschaften von Lobbyisten, zur Ausbeutung der »Dritten Welt« und vieles mehr. Aber nichts von all dem ist ein Geheimnis. Ich habe auch noch nie in Gesprächen mit Politikern feststellen müssen, dass sie diese Defizite nicht längst erkannt hätten. Fakt ist jedoch, dass wir die Defizite zwar zur Kenntnis nehmen, aber dabei bleibt es meist auch. Und genau darin erkenne ich eine antihumanistische Haltung, die sich dem »Anderen« nicht wirklich öffnet. Unsere Situation ähnelt der eines Nachrichtensprechers: Beim Vorlesen einer Nachricht über eine tragische Entwicklung in der Welt ist sein Blick ernst, dann kommt der nächste Bericht, der etwas entspannter ist, entsprechend wandelt sich sein Blick, und wenn die nächste Nachricht gar für etwas Heiterkeit sorgt, wird auch gelächelt und im Anschluss an die Nachrichten der spannende Film für die Unterhaltung der Zuschauer angekündigt. Wer denkt noch an die erste Nachricht und hinterfragt, ob Tragödien in der Welt einfach so hinzunehmen sind, wer überlegt, was man selbst leisten kann und auch soll, um die Welt ein wenig besser zu gestalten? Ich kritisiere selbstverständlich nicht die Nachrichtensprecher, die nur ihre Aufgabe erfüllen. Ich kritisiere unsere passive Haltung, die uns zu bloßen Zuschauern degradiert mit dem Drang des »Sich-Unterhalten-Lassens« – als würde uns die Welt nichts angehen: »Wenn es mir gut geht, dann ist die Welt in Ordnung.« Diese Passivität macht uns zu Antihumanisten, anstatt Lenker in der Welt zu werden.

Ich möchte im Folgenden dem Leser nichts erzählen, was er im Grunde nicht schon weiß. Was ich beabsichtige, ist, den Blick des Lesers dafür zu schärfen, dass sich die Welt nicht von allein lenkt. Es sind immer Akteure, die sich einbringen, die ihre Agenden haben und entsprechend in der Welt agieren. Die Passiven unter uns sind diejenigen, die glauben, sie seien Akteure, die in Freiheit Entscheidungen treffen und ihre Lebensentwürfe als souveräne Subjekte gestalten, in Wirklichkeit aber sich nur dem fügen, was andere wollen. Nein, ich verfolge keinen verschwörungstheoretischen Ansatz, ich verstehe aber den Humanismus als Haltung, in der der Mensch das aktive Subjekt ist, das die Autorschaft seiner Geschichte besitzt und diese bewusst und reflektiert lebt.

Der Mensch ist nicht veräußerlich

Zur Zeit der Sklaverei war ein Sklave so viel wert, wie er Leistung erbringen konnte. Ein starker Sklave war viel mehr wert als ein schwacher, ein gesunder mehr als ein kranker. Eine jüngere Sklavin war mehr wert als eine ältere, eine hübschere kostete mehr als eine weniger hübsche. Es wäre natürlich sehr übertrieben, unsere heutige Leistungsgesellschaft mit der Situation der Sklaverei zu vergleichen. Dennoch ist die Aussage, dass der Wert des Menschen in unserer heutigen Gesellschaft stark von seiner Leistungsfähigkeit abhängt, keine falsche.

In Deutschland leben wir in einer Gesellschaft, die ihren Bürgern in vielen Lebensbereichen einen hohen Standard bietet. Dazu dienen hervorragend organisierte Strukturen wie das Gesundheitssystem, das Bildungssystem, die soziale Marktwirtschaft, das demokratische System und das Sozialsystem.[1] Trotzdem ist bei den Bürgern unserer Gesellschaft zunehmend eine innerliche Unruhe und Unzufriedenheit auszumachen, die oft in Depressionen oder Burn-outs ihren Höhepunkt finden. So zeigen Studien, dass »etwa vier Millionen Menschen, d. h. 5 % unserer Bevölkerung, aktuell depressiv sind, dass etwa 10 % der Männer und 20 % der Frauen in ihrem Leben zumindest vorübergehend an Depression leiden«[2]. Außerdem zeigt sich eine starke Zunahme an Burnout-Fällen, »laut der Allgemeinen Ortskrankenkasse (AOK) sind mittlerweile 10 Prozent aller Fehltage [im Beruf] auf Burnout zurückzuführen«[3]. Diese psychosomatischen Erkrankungen beruhen meist darauf, dass die Menschen sich mit einem immer höheren Leistungsdruck in vielen Lebensbereichen konfrontiert sehen. Die Gesellschaft wirkt, als wäre sie in ständiger Bewegung – am Puls der Zeit, der immer schneller schlägt. Wer nicht mehr mitkommt und aufhört zu funktionieren, bleibt auf der Strecke. Es gilt also, in Bewegung zu bleiben und stets das Optimum an Leistung zu bieten, bis zur maximalen Erschöpfung. Leistung bedeutet die »Bewertung von menschlicher Tätigkeit und dann bei Ausweitung des Leistungsprinzips aller Lebensvollzüge, [...] eine Bewertung quantitativer Art«[4]. Dabei steht vor allem die Effizienz im Mittelpunkt: Wie lange dauert der Vollzug der Leistung, und welche Mittel sind nötig? Dieses Prinzip und der mit ihm einhergehende Druck erzeugt selbstredend das wohl deutlichste Phänomen gesellschaftlichen Leidens: Stress. Dieser Stress hat wiederum viele Auslöser: »Termindruck oder Hetze, [...] als Folge der Organisation von Arbeit und Studium [sowie der] Überlastung durch Informationsmedien. Hierhin gehörte wohl auch die Überlastung durch Angebote im Konsum«[5]. Daneben werden Lärm im Straßenverkehr, das Punktesystem auf schulischer und universitärer Ebene, das Quantum des Zu-Erledigenden, die Doppelbelastung vieler Frauen durch Beruf und Haushalt/Kindererziehung, aber auch Freizeit, Urlaub und Körperkult als weitere Stressfaktoren genannt.[6] An dieser Auflistung zeigt sich schnell: Die Anwendung des Leistungsprinzips ist schon lange nicht mehr nur »auf den Bereich von Arbeit, Produktion und Verwaltung«[7] beschränkt, sondern erstreckt sich auf viele weitere Lebensbereiche. Leistungsdenken ist regelrecht zu einer Mentalität geworden,[8] von der wir alle mehr oder weniger betroffen sind.

Ich möchte dies anhand einiger Beispiele aus unterschiedlichen Bereichen aufzeigen, die alle deutlich machen, dass die Gründe für die Entwicklung dieser Mentalität die gleichen sind. Der erste Bereich, der neben Schule und Studium als Stressursache Nummer eins in Deutschland gilt, ist der Beruf.[9] Unternehmer und Arbeitnehmer befinden sich in einem Teufelskreis: Der Unternehmer sieht der Bedrohung der Marktverdrängung und Phänomenen wie der Wirtschaftskrise entgegen, was zur Folge hat, dass er zur »Rationalisierung und zum Wachstum gezwungen«[10] ist. Er fordert mehr Effizienz und Flexibilität vom Arbeitnehmer, der diesem Leistungsdruck standhalten, unbezahlte Überstunden ableisten und einen hohen Grad an Erschöpfung und Stress aushalten muss. Sonst droht er, in der geschäftigen Überbetriebsamkeit unterzugehen.[11] Krisengespenster machen nicht nur Unternehmern und Arbeitgebern Angst, sondern auch den Arbeitnehmern, die befürchten, ihren Job in den schweren Zeiten der Wirtschafts- und Finanzkrise zu verlieren und so in Verhältnisse zu geraten, die sie nicht mehr kontrollieren können. Die Angst vor dieser Situation der Ohnmacht führt zu der bereits erwähnten Unruhe und dem Bedürfnis, immer in Bewegung zu sein, bloß nicht stehen zu bleiben und stets maximale Leistung zu erbringen. Die Angst vor Verlust und Knappheit kommt der Wirtschaft aber auch auf einem anderen Feld zugute: auf dem Feld des Konsums. Denn »wer sowieso fürchtet, dass die abstrakten Geldwerte, die er über die Jahre und Jahrzehnte gehortet hat, sich irgendwann in Luft auflösen [...], verwandelt sie lieber in handfeste Werte. So investieren die Deutschen fleißig in Häuser und Wohnungen, kaufen Autos, Flachbildschirme oder Sofas.«[12] Gleichzeitig heizt die Wirtschaft dieses Bedürfnis nach Konsumgütern an, indem sie immer schneller neue technische Innovationen auf den Markt bringt. Um das erfüllen zu können, muss sie ihre Mitarbeiter mit immer neuen Appellen zur Leistungssteigerung bewegen. Der Wirtschaft ist dabei durchaus bewusst, dass sie mit dem Feuer spielt, denn die steigende Anzahl von psychosomatischen Erkrankungen zeigt, dass die Gesellschaft immer mehr ausbrennt. Mit verschiedenen Maßnahmen versucht sie daher gegenzusteuern, etwa mit »Home-Office-Regelungen, firmeneigenen Kindergärten, Fitness-Studios auf dem Werksgelände oder Zeitmanagement- und Entspannungsseminaren«[13], jedoch steckt auch hier wieder der Gedanke dahinter, die Leistung der Mitarbeiter zu maximieren. Daher ist es fragwürdig, ob diese Maßnahmen eine dauerhafte Lösung gegen die innere Unruhe sein können.

Ein weiterer Bereich, in dem die Leistung eine entscheidende Rolle spielt, ist die Bildung. Junge Schüler sehen sich schon sehr früh damit konfrontiert, nicht versetzt werden zu können. In der vierten Klasse wird eine folgenschwere Entscheidung getroffen, nämlich die Schullaufbahnempfehlung, von der abhängt, welche Schulform die Schüler nach der Grundschule besuchen dürfen. Dabei zeigt sich oft in der Leistungsbewertung durch die Lehrpersonen eine Undurchsichtigkeit, weil nicht klar definiert ist, wie gewisse Dinge zu beurteilen sind, z. B. die mündliche Mitarbeit. Auch das Punktesystem in höheren Schulformen und veraltete Unterrichtsmethoden, wie der Frontalunterricht, sorgen dafür, dass der Schüler in vielen Schulen nur nach seinen Leistungen, nicht aber nach seinen erworbenen Kompetenzen beurteilt wird. Das Individuum mit seinen Bedürfnissen und seinem Lebenskontext geht oft verloren.

Ähnliche Probleme zeigen sich in den neuesten Entwicklungen der universitären Strukturen, denn durch die Modularisierung wird auch hier alles nach Punkten bewertet. Gernot Böhme schreibt: »Darüber wird vergessen, dass das Wort Schule [...] ursprünglich Muße heißt. Welch ein Hohn! Heute sind Schule und Universität zu Orten geworden, an denen man sich als Lernender nicht etwa bildet, sondern Punkte sammelt.«[14] Der Leistungs- und Konkurrenzdruck ist groß, denn wer die erforderlichen Punkte trotz maximaler Anstrengung nicht erreicht, droht aus dem Studium exmatrikuliert zu werden. Wie dramatisch die Auswirkungen dieses Systems sind, soll das folgende Beispiel zeigen: Eine Studentin kam in meine Sprechstunde und erzählte mir in Tränen aufgelöst, dass sie ihr Studium nicht mehr fortsetzen könne. Sie habe zwar alle Leistungsnachweise bis zum sechsten Semester mit guten Noten erhalten, doch eine Prüfung in ihrem Zweitfach habe sie nun zum dritten Mal nicht bestanden. Es handelte sich um eine Klausur, in der sie einen Text von der deutschen in eine Fremdsprache übersetzen musste. Das Korrekturverfahren des Dozenten war so rigide, dass er ganze Sätze nicht gewertet

hatte, wenn ein Komma oder ein Akzent auf einem Wort
fehlte. Was der Dozent mit diesem Korrekturverfahren be-
zweckte, machte er selbst in seiner ersten Veranstaltung
deutlich, als er zu den Studierenden sagte: »Zwei Drittel
von Ihnen werden am Ende des Semesters nicht mehr hier
sitzen.« Mit anderen Worten: Nur diejenigen, die maximale
Effizienz erbringen, kommen weiter, alle anderen werden
selektiert. Man kann sich vorstellen, wie hoch der Druck
auf den Studierenden lastet, vor allem auf denjenigen, die
von finanziellen Mitteln wie BAföG oder einem Studienkre-
dit abhängig sind und daher das Studium in einem festen
Zeitrahmen absolvieren müssen. Viele sind diesem Druck
nicht gewachsen und wechseln das Studienfach bzw. bre-
chen das Studium ganz für eine Ausbildung ab, obwohl sie
im Grunde begabte und begeisterte Studierende sind.

Neben Beruf und Bildung herrscht auch im Gesundheitswesen eine Mentalität des Leistungsdenkens, was zwangsläufig mit der Verwirtschaftlichung des Gesundheitswesens
zusammenhängt und zu verschiedenen Folgen führt,[15] vor
allem aber den Menschen verstärkt entweder nach seiner
Leistung oder nach seinem Wert beurteilt und behandelt.
Das zeigt sich u. a. an fragwürdigen Behandlungsformen,
die entweder dem behandelnden Arzt oder aber der Phar-
maindustrie großen Profit einbringen und bei denen es
zwar scheinbar um den Menschen, letztendlich aber um die
maximale Leistungserzielung geht. Dabei steht für die an-
bietende Seite der maximale Gewinn im Mittelpunkt, für
die konsumierende Seite oftmals aber die Absicht, dem Leistungsdruck der Gesellschaft standzuhalten. Ein sehr geläu-
figes Beispiel sind die zahlreichen Formen der Schönheits-
operationen, die mittlerweile »immer mehr auch von
Krankenhäusern der Allgemeinversorgung angeboten werden«[16]. Der Kult um Körper und Schönheit setzt besonders
Frauen, aber auch Männer unter einen sehr starken sozialen

Druck. Dabei spielen vor allem die medialen Schönheits-
ideale eine große Rolle, die den Schönheitskult stetig weiter
anheizen. Der Mensch muss also nicht mehr nur durch sein
Handwerk dem Leistungsdruck standhalten, sondern ebenfalls durch sein äußeres Erscheinungsbild. Ute Gahling bezeichnet dies sehr passend als »Körper-Sein als Leistung«[17].
Ein Phänomen, das selbstredend auch im Bereich Fitness
und Sport starken Anklang findet. Es gibt sicherlich noch
eine ganze Reihe weiterer Behandlungsmethoden, die einen
ebenso zweifelhaften Hintergrund haben, doch ich will es
bei diesem Beispiel belassen und auf einen weiteren Bereich
im Gesundheitswesen eingehen, der eine ähnliche Problematik aufzeigt: der Umgang von Ärzten bzw. Pflegeper-
sonal mit Patienten in Krankenhäusern. Es ist bekannt,
dass gerade im Bereich der Pflege hohe Erschöpfungs-
erscheinungen entstehen, da eine starke Überbelastung
durch das hohe Arbeitspensum herrscht und die Menschlichkeit gleichzeitig oft auf der Strecke bleibt. Letztendlich
geht es um Leistung, weil das Krankenhaus mit maximaler
Effizienz funktionieren muss. Ein Beispiel, das dies sehr
schön illustriert, führt die Psychologin Sibylle Riffel aus ihrer praktischen Erfahrung an. Sie erzählt von einer Medizinstudentin und ihren Erfahrungen im Krankenhaus. Diese
hatte in ihrer Anfangszeit die Aufgabe, morgens den Patienten Blut abzunehmen. Dabei kam es immer wieder dazu,
dass Patientinnen ihr von ihren Sorgen berichteten und es
dabei sehr emotional wurde. Die Medizinstudentin hatte
ein offenes Ohr dafür, was aber zu unerwarteten Folgen
führte: »Da sie es in ihrer ersten Woche an keinem Morgen
geschafft hatte, das Blut innerhalb einer bestimmten Zeit
abgenommen zu haben, bekam sie Schwierigkeiten. Ihr wurde erklärt, dass das Blut bis halb neun im Labor sein müsse.
Sie kam in Druck und wusste nicht, was sie machen sollte,
da die Arbeitsabläufe auf der Station sogar für sie derart

strukturiert waren, dass es keine ausreichenden zeitlichen
Spielräume gab, um sich um das Ergehen einzelner Patienten zu kümmern. Der Assistenzarzt verstand zwar ihr Problem, konnte ihr aber auch nicht weiterhelfen. Das Blut
musste bis halb neun im Labor sein. Der Studentin ging es
schlecht. Es war für sie unerträglich zu erleben, dass wichtige Bedürfnisse der Patienten auf Kosten eines durchorgani-
sierten Klinikablaufs dauerhaft unerfüllt blieben.«[18] Das Di-
lemma, in dem sich das Gesundheitswesen befindet, wird
deutlich: Um die maximale Effizienz in der von Leistungsdruck geprägten Wirtschaft zu erreichen, müssen alle Dinge,
die für diese Effizienz nicht nutzbar sind, weil sie keinen
Profit erzielen, so knapp wie möglich gehalten werden. Dabei verliert das System die Menschen aus den Augen, und
zwar sowohl diejenigen, die die Leistung erbringen müssen,
als auch diejenigen, die die Leistung in Anspruch nehmen.
Erstere sehen sich als rein funktionierende Systeme, und
Letztere fühlen sich in ihren Anliegen oftmals nicht gehört.

Menschen nach Leistung und ihrer Effizienz zu messen,
also ihren Wert danach zu bestimmen, was sie in welcher
Zeit und mit welchen Mitteln leisten können, ist eine Mentalität, die sich auch im Bereich Sport und Freizeit nieder-
schlägt. Gerade wer im Hochleistungssport tätig ist, weiß,
dass seine Person an den Leistungen, die er erzielt, gemessen
wird. Heute ein gefeierter Champion, morgen von der Gesellschaft wegen eines Scheiterns fallengelassen. Man denke nur
an den Fußball zu Zeiten der Welt- und Europameisterschaf-
ten! Wie schnell können sich die Schlagzeilen in den Zeitun-
gen ins Negative verkehren, sobald eine Niederlage die Sie-
gesstimmung zerstört. Mag der Zusammenhang zwischen
Leistung und Sport sehr naheliegen, erscheint der von Leistung und Freizeit nicht direkt schlüssig. Inwiefern zeichnet
sich in unserem Privatleben die Mentalität des Leistungsdenkens ab? Ein Beispiel dafür ist sicherlich die Gestaltung der

Freizeit durch Extremsportarten oder exzessiven Sport, um dem Körperkult gerecht zu werden. Immer neue Herausforderungen, immer höhere Leistungsziele stecken sich die Menschen auch in ihrem privaten Umfeld. Man denke nur an den steigenden Trend, einen Marathon zu bewältigen oder immer gewagtere Ziele zu erreichen.[19] Die Gesellschaft leidet also größtenteils darunter, sich ständig auf vielen Ebenen ihre eigene Effizienz beweisen zu müssen, in ständiger Bewegung zu sein. Dabei befinden sich viele in einem Zustand der inneren Unruhe, denn die Angst davor, stehen zu bleiben und unterzugehen, ist gerade in den letzten Jahren durch die Wirtschafts- und Finanzkrise stark angestiegen.

Nun könnte man argumentieren, dass an sich nichts daran auszusetzen ist, dass Menschen Leistung erbringen, denn nur so kann eine Gesellschaft mit ihrer Wirtschaft vorankommen, und schließlich steht gerade Deutschland im internationalen Vergleich ökonomisch ziemlich gut da. Doch das Problem fängt dann an, wenn sich die Mentalität des Leistungsdenkens auf sämtliche Bereiche des Lebens auswirkt und entscheidende Werte wie Nächstenliebe, Zivilcourage, Ehrenamt oder Spiritualität sehr stark in den Hintergrund rückt, da der Mensch zum einen selbst nur noch nach Leistung gemessen wird, er selbst aber andere auch nach Leistung und Nutzen misst. Gleichzeitig führen diese Mentalität und die dadurch ausgelöste Überbetriebsamkeit der Gesellschaft zunehmend dazu, dass sich die Menschen leer fühlen und ihnen etwas auf der geistigen bzw. spirituellen Ebene fehlt. So zeigen auf der einen Seite psychosomatische Erkrankungen, gerade das Burn-out, einen rapiden Anstieg, auf der anderen Seite wächst der Bedarf der Menschen an einem spirituellen Ausgleich. Nicht zu Unrecht steigt gerade in den letzten Jahren der Bedarf an Sachbüchern, die sich z. B. mit den Lehren des Buddhismus oder mit Lebenshilfe auseinandersetzen.

Mehr Spiritualität bringt einen Ausgleich

Die Beseitigung der oben angesprochenen und auch vieler weiterer gesellschaftlicher Defizite braucht entsprechende Expertisen. Es wäre eine Anmaßung von einem Theologen wie mir zu behaupten, die Lösung für all diese Probleme zu haben. Für jeden dieser gesellschaftlichen, wirtschaftlichen und politischen Bereiche gibt es Fachleute, die nach konstruktiven und vor allem realistischen Lösungen suchen. Mir geht es darum, die Menschen, jeden in seinem Bereich und in seiner Verantwortung, dazu zu bewegen, eine Haltung des kritischen Hinterfragens einzunehmen. Es mangelt sicher nicht an klugen Köpfen in unseren Gesellschaften, woran es aber oft mangelt, ist der Mut auszubrechen, um die Strukturen, in die wir hineinsozialisiert wurden und die wir inzwischen als gegeben hinnehmen, aus der Vogelperspektive zu analysieren und sie einer stetigen kritischen Überprüfung zu unterziehen. Nur eine ständige dialektische Bewegung zwischen dem Inneren und dem Äußeren des Systems schützt vor blinder Unterwerfung durch das System und so vor einer passiven Haltung des Hinnehmens. Das ständige »Ausbrechen« aus dem System, um es von außen kritisch zu überprüfen und danach wieder in das System hineinzugehen, um es entsprechend von innen zu bereichern und für einen konstruktiven Wandel zu sorgen, bevor man wieder ausbricht usw., nur dieses »Ausbrechen« ist ein Garant dafür, dass der Mensch nicht zum Sklaven von Strukturen wird, in denen er lediglich annimmt, frei zu sein. In Wirklichkeit ist seine passive Haltung das eigentliche Problem der Stagnation seiner Gesellschaft.

Und genau diese stetige dialektische Bewegung des »Aussich-Ausbrechens« und wieder »In-sich-Hineingehens« bezeichne ich als Spiritualität. Diese kann unterschiedlich begründet werden.

Spiritualität im islamischen Kontext bedeutet, »das Göttliche« im Menschen hervorzuheben. Dieses Göttliche im Menschen (arab. *rūh*) begründet sich dadurch, dass Gott dem Menschen von seinem Geiste einhauchte. Der Mensch hat demnach Sehnsucht nach diesem Göttlichen, das sich in absoluten Eigenschaften der Liebe, Barmherzigkeit, Gnade, Verantwortlichkeit, Fürsorge usw. ausdrückt. Das Hervorheben des Göttlichen im Menschen bedeutet somit die Suche nach diesen Eigenschaften, und es bedeutet das Hervorheben dieser Eigenschaften in einem selbst und deren Umwandlung im eigenen Handeln. Dies verlangt eine ständige Reflexion seines Selbst.

Die Existenz dieses Mediums (*rūh*) im Menschen begründet seine Sehnsucht nach dem Unbedingten. Nach der islamischen Vorstellung ist diese Sehnsucht ein anthropologischer Zustand, sein Leben auf Gott hin ausrichten zu wollen (arab.: *fitra*). Die Sehnsucht nach dem Ausbrechen aus sich, nach dem Transzendenten, nach dem Göttlichen ist nach dieser Vorstellung ein Grundbedürfnis des Menschen. Spiritualität als Wert bezeichnet alle Prozesse der Erfüllung dieses Bedürfnisses.

Spiritualität, verstanden als Hervorhebung des Göttlichen im Menschen, ist keineswegs vom gelebten Leben zu trennen, sie kann sich nur in der Konfrontation im Alltag entfalten. Die Potenziale im Menschen konstruktiv zu lenken, ist keine rein kognitive Aufgabe, sondern eine Auseinandersetzung mit sich selbst in verschiedenen Lebenssituationen. Ob man freigebig ist oder nicht, wird man nur dann feststellen, wenn es etwa darauf ankommt, Geld gerade dann zu spenden, wenn man selbst nur über knappe Ressourcen verfügt. Es ist keine ehrliche Behauptung, sich für ein friedliches Miteinander der Menschen einzusetzen, wenn man nicht einmal regelmäßig nach den eigenen Verwandten fragt und ihnen dort hilft, wo Hilfe benötigt wird.

Es ist keine aufrichtige Behauptung, ein lieber Mensch zu
sein, wenn die eigenen Eltern auf Hilfe angewiesen sind,
man aber nicht an deren Seite zu finden ist. Wir neigen dazu, die Welt verändern zu wollen – was aber haben wir zuerst an uns selbst verändert? Wir wollen für alle das Beste –
aber finden uns unsere Nächsten an ihrer Seite, wenn sie uns
brauchen?

Der Mensch muss nüchtern und realistisch sein, wenn er
das Gute anstrebt. Es geht nicht um schöne Parolen, sondern um aufrichtige Absichten und ehrliche Arbeit. Wer einfach im Glauben vor sich hinlebt, ein aufrichtiges Leben zu
führen, läuft Gefahr, verblendet zu sein.

Spiritualität in diesem Sinne ist keineswegs ein speziell islamischer Wert, aber die Betonung des Stellenwerts der Spiritualität im Islam kann einen Beitrag dafür leisten, dass Europa spiritueller wird. Das soll keineswegs so missverstanden
werden, dass ich der Meinung bin, Europa solle spirituell ho-
mogen werden. Jede Konfession und jede Weltanschauung
kann ihren eigenen Weg zu Spiritualität entwickeln. Diese
Vielfalt der Angebote zur Erfüllung spiritueller Bedürfnisse
muss geschützt werden.

Auch wir tragen Mitverantwortung am Terror

Zwei Stunden vor einem vereinbarten Termin mit zwei Jugendlichen in Beirut, die von Europa aus auf dem Weg
nach Syrien waren, um an dem dort tobenden Krieg teil-
zunehmen, rief mich ein Bekannter, der das Treffen während
meines Aufenthalts in Beirut im Sommer 2014 organisierte,
mit der Bitte an, das Treffen auf Punkt Mitternacht zu verschieben. Er selbst hatte den Termin mit den Jugendlichen in
Beirut in der Hamra-Straße vereinbart, ihn dann aber unter
die Brücke an einem bekannten Platz namens Alkola ver-

legt. Dieser Platz gleicht einem großen Busbahnhof, wo Busse von benachbarten Orten ihre Endstation haben, um von dort aus wieder weiter in andere Städte zu fahren. Zu jeder Tages- und Nachtzeit stehen dort Menschen aus allen Orten und Städten des Libanon und warten entweder auf ihre Busse oder auf Sammeltaxen, die sie zu ihren Endzielen bringen. Meinen Weg nach Alkola trat ich in einem Taxi an, das ich um 22.30 Uhr nahm, denn ich wollte um spätestens 23 Uhr vor Ort sein, damit ich für den Fall, dass sich das Treffen doch noch vorverlegen würde, einen Zeitpuffer von einer Stunde hätte. Wie erwartet dauerte es nur wenige Sekunden, bis die Frage des Taxifahrers nach meiner Herkunft kam, denn als Palästinenser, der seit seinem achtzehnten Lebensjahr in Europa lebt und berufsbedingt eher mit dem Hocharabischen als mit den Dialekten zu tun hat, spreche ich keinen leicht zuordenbaren Dialekt. Ich sagte ihm, dass ich Sohn palästinensischer Eltern sei, aber in Deutschland lebte. Zugegeben, es fällt mir im Libanon schwer, zu sagen, dass ich in Europa lebe, denn das ist so, als würde ein vermögender Mensch, der sein Mittagessen in einem teuren Restaurant zu sich genommen hat, von einem armen, Hunger leidenden Menschen gefragt, wo er denn gegessen habe. Man hat das Gefühl, dass schon die Antwort allein verletzend sein könnte. Aus diesem Grund empfinde ich jedes Mal ein gewisses Gefühl von Schuld und Scham, wenn ich einem Taxifahrer davon erzähle, und auch dieses Mal war es nicht anders. Schnell aber schloss ich den nächsten Satz an, um den ersten zu relativieren: »Wir Palästinenser haben es nicht leicht, wir sind überall in der Welt zerstreut, da wir keine Heimat mehr haben, man kennt seine Verwandten kaum.« Daraufhin fragte er: »Und wo leben Ihre Eltern?« In dem Moment dachte ich nur: »O nein! Nicht auch das noch«, denn meine Eltern leben in Saudi-Arabien, aber für die meisten Menschen im Libanon sind die Saudis wie auch die Kataris »Verräter«, die im Ölrausch leben und andere islamische Länder im Stich gelassen haben. Daher dachte ich weiter: »Wenn ich ihm jetzt erzähle, dass meine Eltern in Saudi-Arabien leben, komme ich womöglich nicht mehr heil nach Hause.« Ich beschloss also, ihm zu sagen, dass meine Eltern auch in Deutschland lebten, immerhin war das viel harmloser als Saudi-Arabien. Zu meinem Erstaunen fing er an, mich zu bemitleiden: »Möge Gott bei euch sein, das ist ein hartes Leben im Westen unter den Nichtmuslimen. Diese Menschen hassen den Islam, sie hassen uns Muslime. Sie haben es nicht leicht.« »Im Gegenteil, wir genießen in den dortigen demokratischen Gesellschaften viele Rechte, von denen die Menschen hier in der arabischen Welt nicht einmal träumen können«, erwiderte ich. Der Mann wurde sofort rot im Gesicht, und es sprudelte aufgeregt aus ihm heraus: »Diese große Lüge namens Demokratie! Sie lügen euch an. Der Westen kennt keine Demokratie! Diese Leute heucheln nur. Was haben sie in Afghanistan gemacht?! Wo gibt es heute nach dem Krieg in Afghanistan Demokratie?! Was haben die Amerikaner dort gemacht?! Wer hat die Taliban bewaffnet?! Waren es nicht die Amerikaner selbst, um den Krieg gegen die Sowjetunion zu gewinnen?! Und was war da im Irak los?! Sie kamen mit den anderen Staaten, um den Irak von den angeblichen Massenwaffen zu befreien und ihn zu demokratisieren, später gaben sie selbst zu, dass das alles nur eine Lüge war, das war nur eine Ausrede, um Fuß in der Region zu fassen. Wo ist bitte heute Demokratie im Irak?! Wir haben heute ein Kalifat, das viel schlimmer ist als Saddam Hussain. Ist das die Demokratie, von der sie euch erzählen?! Und apropos Saddam Hussain, war er nicht jahrzehntelang ein enger Freund des Westens?! Alle wussten, dass er ein Diktator war, aber das hat niemanden von den Leuten im Westen gestört. Genauso wie Gaddafi und Mubarak, beide waren große Diktatoren, die ihre Völker ausgebeutet haben und zugleich willkommene Gäste im Weißen Haus und in Europa waren. Ist das Demokratie?! Die Saudis und die Kataris sind heute noch immer die besten Freunde des Westens, obwohl diese Regime keine Demokratie kennen! Über die Politik des Westens im israelisch-palästinensischen Konflikt brauche ich Ihnen nichts zu erzählen, Sie sind selbst Palästinenser und wissen Bescheid. Sie lügen euch an, wenn sie euch von Demokratie erzählen. Der Westen kennt keine Demokratie.« Von dem Redeschwall angespornt, fragte ich provozierend: »Ja, aber bei uns in der arabischen Welt ist es auch nicht besser, wo gibt es da wirklich funktionierende Demokratien?« Der Taxifahrer erwiderte: »Der Westen wird nie zulassen, dass die arabischen Völker über ihr eigenes politisches und wirtschaftliches Schicksal bestimmen. Wie sollen sich da Demokratien etablieren, wo diktatorische Regime über Jahrzehnte vom Westen unterstützt und geschützt wurden und noch immer werden?!« Ich habe es dabei belassen, denn inzwischen waren wir schon an der besagten Brücke angekommen. Ich verabschiedete mich mit den Worten: »Hoffen wir auf bessere Zeiten für uns alle.« Der Taxifahrer zum letzten Mal: »Solange der Westen mit uns spielt und uns als Vieh behandelt, werden nie bessere Zeiten kommen.«

Fünf Minuten nach Mitternacht erschien mein Bekannter allein und bat mich, mit zu seinem Auto zu kommen, wo das Gespräch stattfinden sollte. Im Auto saßen zwei junge Männer, deren Herkunft und ursprüngliches Aufenthaltsland hier keine Rolle spielen. Nur so viel: Beide kamen aus europäischen Ländern und wollten unbedingt in den Krieg nach Syrien. Ich erwartete, zwei junge Männer im Alter zwischen 16 und 19 Jahren anzutreffen, die in Europa als soziale Verlierer gelten und deshalb in den Krieg ziehen wollen. Die meisten jungen Männer, die aus Europa in den Krieg Richtung Syrien oder den Irak gefahren sind und über deren

Hintergrund man mehr weiß, kommen aus sozial benachtei-
ligten Schichten, haben meist eine kriminelle Vergangenheit
oder sind sozial marginalisiert, sodass sie mit einem Gefühl
von Ohnmacht aufgewachsen sind und nun durch ihre Zugehörigkeit zum sogenannten Islamischen Staat ein Gefühl
von Macht und Anerkennung zu bekommen glauben. Ges-
tern noch zu den Verlierern gehörend, entscheiden sie heute
über Leben und Tod von Menschen, unter anderem von Angehörigen der Weltmacht, den USA. Dieses Bild traf auch
bei einem der beiden jungen Männer zu. Sein Name war
Samir, und er war gerade 17 Jahre alt. Er hatte die Schule
abgebrochen, lebte bis zu seiner Ausreise bei seinen Eltern,
die selbst aus armen Verhältnissen stammten: der Vater ein
Maler und die Mutter eine Hausfrau mit Grundschul-
abschluss. Samir jobbte da und dort, verkaufte gestohlene
Ware für wenig Geld. Bevor er sich einer salafistischen Sze-
ne angeschlossen hatte, konnte er mit seinem Leben nicht
viel anfangen. Er trank regelmäßig Alkohol, nahm die eine
oder andere Droge zu sich, um für ein paar Momente seine
aussichtslose Situation zu vergessen und ein wenig das Gefühl des Glücklichseins zu genießen. Die salafistische Gemeinde konnte ihm letztendlich das bieten, wonach er sich
sehnte: Anerkennung und das Gefühl, wichtig zu sein. Dort
fand er eine Bedeutung für sein Leben. Dort zählten andere
Werte, jenseits von Erfolg und Karriere. Der andere junge
Mann, sein Name ist Ahmed, entsprach diesem Bild überhaupt nicht. Zu meiner großen Verwunderung war er ein
24-jähriger Student im letzten Jahr seines Informatikstudi-
ums. Er lebte in einer bescheidenen Wohnung und konnte
sein Leben durch kleine Programmieraufträge für PC-Fir-
men und Privatpersonen finanzieren. Warum zieht so jemand in den Krieg nach Syrien? Das erklärte mir Ahmed
so: »Mir geht es gut in Europa, ich studiere und arbeite,
habe genug zu essen und kann meinen Hobbys nachgehen.

Die grausamen Bilder des Gaza-Krieges und die aus Syrien, die ich auf Youtube gesehen habe, waren für mich ein Wendepunkt. Ich kann nicht mehr in diesem Luxus leben, während meine Glaubensgeschwister Tag für Tag von den Amerikanern und deren Verbündeten so erniedrigt werden. Ich kann das nicht mehr ertragen. Was sage ich Allah später am Gerichtstag, warum ich meine Glaubensgeschwister so im Stich gelassen habe? Und warum das Ganze, nur wegen etwas Karriere und Geld in Europa? Im Paradies gibt es viel mehr als das.« Samir und Ahmed haben sich auf unterschiedlichen Wegen radikalisiert. Während Samir von einer salafistischen Gruppe auf der Straße angesprochen wurde, der er sich später angeschlossen hat, suchte Ahmed gezielt im Internet nach Ansprechpartnern, die ihm seine Reise nach Syrien ermöglichten. Anders als Samir, der von einer Gruppenzugehörigkeit und deren Dynamik getrieben war, ist Ahmed ein Einzelgänger, der individuell handelte. Im Gespräch wurde immer deutlicher: Ahmed war überzeugt von dem, was er macht. Ihm ging es nicht um die Suche nach Identität, um Anerkennung oder um Entfaltung seines Selbst, sondern um einen in seinen Augen wichtigen Kampf gegen Ungerechtigkeit. Das war sein Motiv von Anfang an. Samir hingegen wusste im Grunde nicht viel darüber, worum es in seinem bevorstehenden Einsatz im Krieg geht. Das war zweitrangig. Die Hauptsache war, dass er dem Gefühl der Ohnmacht entkommen und sich endlich selbst entfalten konnte. Er war auf der Suche nach sich selbst. Mit der Überzeugung, er kämpfe für die Befreiung seiner Glaubensgeschwister von Unterdrückung und Ungerechtigkeiten, nahm er die Rolle eines Retters ein. Diese Rolle ließ ihn aufblühen, denn nun war er nicht mehr der soziale Verlierer seiner europäischen Gesellschaft, in der Erfolg primär durch die erbrachte Leistung im Bildungssystem und später am Arbeitsmarkt definiert wird. Im salafistischen Milieu, dem er sich angeschlossen hatte, zählen andere Werte. Da zählen die Bindung an Gott, die Selbstopferung für die Gemeinschaft und die Selbstlosigkeit viel stärker als in der europäischen Mehrheitsgesellschaft, in der er aufgewachsen ist.

Wenn es aber um die religiöse Begründung ihres angestrebten Einsatzes im Krieg geht, dann treffen sich beide, Ahmed und Samir, in ihrer Argumentation: »Der Dschihad gegen Ungläubige ist im Islam Pflicht. Unsere muslimischen Gelehrten haben gesagt, dass ein Muslim anstreben soll, als Märtyrer zu sterben«, meinte Ahmed. Samir ging einen Schritt weiter: »Der Islam verpflichtet uns, alle Ungläubigen zu bekämpfen, bis sie den Islam annehmen oder sterben.« »Nicht alle Nichtmuslime führen aber Krieg gegen die Muslime«, wandte ich ein. »Ich weiß, worauf Sie hinauswollen, Sie wollen sagen, dass Dschihad nur als Verteidigungskampf legitim ist«, antwortete Ahmed. Ich: »Ja, unter anderem verstehe ich genau das unter Dschihad.« Ahmed: »Das stimmt aber nicht. Unsere Gelehrten sehen Dschihad nicht lediglich als Verteidigungskrieg. Der Prophet Muhammad sagte: ›Führt Krieg gegen sie, bis sie bezeugen, es gibt keine Gottheit außer Allah, und Muhammad ist sein Prophet.‹ Alle Nichtmuslime sind die Feinde Allahs, wer sich nicht zum Islam bekennen will, der muss getötet werden, das will Allah so. Wir wollen gegen die Ungläubigen kämpfen, um für Allah die Erde von ihnen zu reinigen.« Ich erwiderte: »Aber Ahmed, Sie leben in Europa, und Ihnen geht es dort doch gut, Sie konnten dort die Schule besuchen, studieren und arbeiten. Die Nichtmuslime haben Ihnen nichts angetan.« Ahmed wurde rot im Gesicht vor Wut: »Was heißt, sie haben mir nichts angetan? Sie bringen unsere Geschwister im Irak und in Palästina jeden Tag um, und niemand sagt etwas. Sie unterstützen Diktatoren wie Saddam Hussain und Gaddafi, weil sie das ganze Öl, das uns gehört, für sich haben wollen. Und dann, wenn sie sehen, dass die muslimischen Völker gegen diese Diktaturen Revolutionen machen, werden die gestrigen Freunde Feinde und die Feinde Freunde! Der Westen heuchelt. Sie hassen den Islam. In Europa verbieten sie den muslimischen Frauen, Kopftuch zu tragen, und dann reden sie von Menschenrechten. Sie unterstützen Diktatoren in der islamischen Welt, und dann reden sie von Demokratie. Das sind alles nur Lügen!« Samir ging zurück zur Theologie: »Wer nicht an Allah glaubt, ist es ohnehin nicht wert zu leben. Allah ist zornig über die Menschen, die nicht an ihn glauben, die ihn nicht anbeten. Er befiehlt uns, sie zu ermahnen, und wenn sie nicht folgen, sie dann zu töten.« Ich fragte ihn abtastend: »Also interessiert sich Allah lediglich dafür, dass er angebetet wird?« Samir: »Ja, was sonst?« Ich: »Was ist aber mit den vielen Menschen, die nur ein verzerrtes Bild von Gott haben und deshalb meinen, nicht an ihn zu glauben? Was ist mit diesen Menschen, die ein Gottesbild ablehnen, das nichts mit Gott zu tun hat?« Samir: »Das ist deren Problem. Jeder muss sich selbst über den Islam informieren und an den wahren Islam glauben.« Nach eineinhalb Stunden beendeten wir das Gespräch. Beide stiegen aus dem Auto aus und machten sich auf dem Weg zu einer Moschee, in der sie übernachten wollten. Später erfuhr ich, dass es gelungen war, beide rechtzeitig an der Einreise nach Syrien zu hindern. Sie sind inzwischen zur Vernunft gekommen und leben wieder bei ihren Familien.

Ich habe diese Begegnung angeführt, damit sich der Leser mit der Perspektive des »Anderen« konfrontiert. Es geht dabei nicht um richtig oder falsch, es geht nicht darum, wer Recht hat oder nicht, sondern es geht darum, empathisch zu sein, um den »Anderen« in seiner Welt zu verstehen und sich selbst in der Wahrnehmung des »Anderen« neu zu sehen. Ich bin nicht nur das, was ich selbst meine zu sein, ich bin auch nicht nur das, was ich gerne sein möchte, ich bin auch das, was meine Umwelt in mir sieht. Sich der Perspek-

tive des »Anderen« zu verschließen, nimmt einem die Chance, sich selbst besser kennenzulernen und sich kritisch zu reflektieren. Wenn ich meinen Bekannten im Nahen Osten
von westlichen Demokratien und Menschenrechten erzähle,
dann reagieren sie meist wie der Taxifahrer, der den Westen
keineswegs mit demokratischen und menschlichen Werten
assoziiert, sondern vielmehr mit Krieg, Unterstützung von
diktatorischen Regimen im Nahen Osten und mit der Ausbeutung dieser Länder.

Und in der Tat, es ist mehrfach zu beobachten, dass, sobald politische oder wirtschaftliche Interessen betroffen
sind, Werte wie die Menschenrechte in den Hintergrund geraten. Sie gelten dann schlichtweg nicht als universal und
für jeden. So werden jahrelang diktatorische Regime mit
Waffen unterstützt und zu Freunden erklärt, und das Fol-
tern von Menschen wird legitim, sobald es der angeblichen
Bekämpfung des Terrorismus dient. Dabei ist besonders in
Fällen wie dem Irak-Krieg schon lange klar, dass es hier
nicht darum ging, den Menschen die Demokratie zu bringen, es ging vielmehr um wirtschaftliche Interessen. Heute
fällt es den USA sehr schwer, dies zu bestreiten. Man kann
lange über die folgende Analyse von Jürgen Todenhöfer diskutieren oder sogar streiten, aber wir müssen diese Perspektive, die ich von sehr vielen Menschen im Nahen Osten kenne, auch zur Kenntnis nehmen und kritisch überprüfen, was
daran stimmt und was nicht: »Doch dieser [›islamistische‹]
Terrorismus, so schrecklich er für seine Opfer in Ost und
West war, störte die amerikanischen Weltstrategien nie
wirklich. Im Gegenteil, er lieferte wichtige Vorwände, um
mit Zustimmung der US-Wähler immer wieder auf der Achse des Öls und Erdgases, der sogenannten Achse des Bösen,
zu intervenieren. Öl war nun mal laut Ex-Außenminister
Henry Kissinger viel zu wertvoll, als dass man es den Ara-
bern überlassen konnte [...]. Vieles über die aggressive ame-

rikanische Erdöl- und Erdgasstrategie kann man in offiziellen Dokumenten nachlesen. Im Mai 1977 etwa erklärte die US-Regierung, sie sei zu militärischen Interventionen verpflichtet, wenn es um die ›Sicherung des uneingeschränkten Zugangs zu den Schlüsselmärkten, Energievorräten und strategischen Ressourcen‹ gehe.«[20] Auch ist der Öffentlichkeit mittlerweile bekannt, dass es eine Reihe von Foltergefängnissen gab, die zum großen Teil bis heute noch existieren. Die bekanntesten unter ihnen sind sicherlich die Gefängnisse von Bagram und Guantanamo, in denen menschenverachtende Methoden an der Tagesordnung waren. Dabei spielt der sexuelle Missbrauch der Gefangenen nicht nur durch die US-Beamten und -Beamtinnen, sondern selbst durch Kampfhunde eine entscheidende Rolle.[21] Trotz des Wissens, dass diese grausamen Methoden in den amerikanischen Gefängnissen angewandt wurden, unterstützten einige westliche Staaten die Verfolgung von angeblichen Terroristen, die dann in diese Gefängnisse gebracht wurden. Ein Beispiel dafür ist die Etablierung von Geheimgefängnissen außerhalb der USA durch den Logistikchef der CIA Kyle Foggo, der im Jahr 2001 nach Frankfurt versetzt wurde. Von hier aus startete er 2003 die Planung der sogenannten »black sites« und machte dadurch »Frankfurt und damit auch Deutschland zum Zentrum einer spektakulären Geheimoperation der CIA«[22]. So konnte Foggo von Deutschland aus Geheimgefängnisse in Rumänien, Polen, Afghanistan, Irak, Bosnien und im Kosovo errichten.

Diese Foltergefängnisse sind aber nur die Spitze des Eisbergs, wenn man sich etwa die Situation im Irak und in Afghanistan anschaut. Denn was musste die Bevölkerung in den letzten Jahrzehnten alles erleiden, nur damit sie angeblich eine Demokratie bekommt? Immer wieder sterben Frauen, Kinder und Männer durch die Angriffe der westlichen Mächte, der Terrorismus ist dabei nicht weniger geworden, im Gegenteil, die Welt sieht sich mittlerweile mit einer neuen Welle extremistischer Gewalt im Nahen Osten konfrontiert, wie es sie vorher noch nicht gegeben hat: dem IS. Diese barbarische Bewegung erstarkte zunächst in Syrien und konnte dann einige Gebiete im Irak einnehmen, wo sie bis heute Angst und Schrecken verbreitet. Ihr Ziel ist die Errichtung eines weiträumigen islamischen Kalifats, Nährboden ihrer Propaganda sind die menschenrechtlichen Verfehlungen des Westens seit der Kolonialzeit, die vor allem bei den Menschen der arabischen Länder für viel Frustration gesorgt haben, denn von der versprochenen Demokratie, die der Westen bringen wollte, haben sie nicht viel gesehen. Stattdessen ist es die Bevölkerung in Syrien und im Irak, die tagtäglich unter den gewalttätigen Ausbrüchen aller Kriegsparteien zu leiden hat.

Ich will aber nicht dahingehend missverstanden werden, dass alles Üble im Nahen Osten dem Westen zuzuschreiben wäre. Das würde nicht stimmen. Ich will lediglich den Blick auf diese andere Perspektive schärfen. Die genannten Punkte sollen dies nur exemplarisch darstellen, es lassen sich unzählige ähnliche Beispiele finden. Die Geschichte zeigt bis heute, dass sich diesbezüglich nicht viel geändert hat, egal wie fortschrittlich wir sind, egal wie inbrünstig wir den Begriff »Menschenrechte« in die Welt hinausschreien. Es ist daher nicht schwer nachzuvollziehen, dass die westlichen Länder bei der Bevölkerung vieler islamischer Länder keinen besonders guten Stand haben. Verschärft wird das Ganze zudem durch den Nahost-Konflikt zwischen Israel und Palästina. Als höchstproblematisch wird von vielen in der islamischen Welt der Umgang mit den zahlreichen palästinensischen Opfern vor allem durch westliche Medien empfunden, da der Konflikt oftmals sehr einseitig im Sinne von »die palästinensischen Terroristen und die israelischen Verteidiger, die sich gegen den Terror schützen müssen« dargestellt wird. Dabei ist die israelische Siedlungspolitik im Konflikt sicherlich nicht sehr hilfreich. Zwar wird sie vom Westen kritisiert, aber es folgen keine entscheidenden Konsequenzen daraus zum Schutze des palästinensischen Volkes. Und dass dieses durchaus des Schutzes bedarf, zeigen die Anschläge von Siedlern auf palästinensische Häuser und Wohnungen, bei denen Menschen ums Leben kommen, aber auch das Vorgehen des Militärs in den palästinensischen Gebieten außerhalb des Kriegszustandes. Die Organisation »Breaking the silence« will gerade auf diese Umstände aufmerksam machen. Es handelt sich dabei um eine Gruppe von ehemaligen israelischen Soldaten, die es sich zur Aufgabe gemacht hat, über die Menschenrechtsverletzungen der israelischen Armee zu berichten. Dafür sammelte sie zahlreiche Zeugnisse von Soldaten und veröffentlichte diese jüngst in einem Buch. Dort sind die verschiedensten Gräueltaten zu finden, von Gewaltausschreitungen gegenüber unbeteiligten Zivilisten, seien es Frauen, Kinder oder Männer, über verschiedene Foltermethoden und Demütigungen bis hin zur Erschießung von Unbeteiligten, auch Kindern. Auch berichten die Soldaten über verschiedene Vergehen der Siedler gegenüber der palästinensischen Bevölkerung, die nicht geahndet werden. So beschreibt ein Soldat die folgende Situation in Hebron: »Ich hatte Wachdienst, und ein Posten weiter unten hat über Funk einen Sanitäter gerufen. Jemand hat mich am Wachposten ersetzt, und ich bin hinuntergelaufen, um nachzusehen, was dort los ist, und ich sehe ein sechsjähriges palästinensisches Mädchen, ihr gesamter Kopf eine offene Wunde. [...] Der extrem süße Junge, der uns regelmäßig in unserem Stützpunkt besucht hat, hatte entschieden, dass es ihm nicht passt, wenn genau unter seinem Haus die Palästinenserin vorbeiläuft, also hat er sich einen Ziegelstein genommen und dem Mädchen den Kopf aufgeschlagen. Die Kinder machen dort, was

ihnen gefällt. Niemand tut etwas dagegen. Niemanden interessiert das. Hinterher haben die Eltern ihn dafür gelobt.
Die Eltern dort ermutigen ihre Kinder, sich so zu benehmen.
Es gab viele solcher Fälle. Elf- oder zwölfjährige jüdische
Kinder schlagen Palästinenser zusammen, und ihre Eltern
kommen und unterstützen sie, hetzen ihre Hunde auf sie –
es gibt tausend und eine Geschichte.«[23]

Das alles bedeutet selbstverständlich nicht, dass nicht
auch eine Bedrohung durch palästinensische Extremisten
existiert und die israelische Bevölkerung nicht unter dem
Terror dieser Extremisten leidet. Ich appelliere hier nur für
eine Haltung, die es wagt, sich mehr zu öffnen und die unterschiedlichen Perspektiven wahrzunehmen. Mir ist auch
bewusst, dass dies nicht leicht ist, gerade deshalb, weil die
Bilder, die wir in unseren Köpfen haben, stark von den Medien geprägt sind. Eine humanistische Haltung ist jedoch
eine Haltung des stetigen kritischen Hinterfragens – auch
der Medien und ihrer Berichte. Gerade wenn ich die unterschiedliche Berichterstattung über den Nahen Osten unserer
Medien im Westen und denen in der arabischen Welt sehe,
wie zum Beispiel durch »Al-Jazeera« oder »Al-Arabiyya«,
dann zeigt sich ein deutliches mediales Ungleichgewicht auf
beiden Seiten, das stärker nicht sein könnte. Während zum
Beispiel in den arabischen Nachrichten fast ausschließlich
über Menschenrechtsverletzungen der israelischen Seite berichtet wird, wird hier bei uns fast ausschließlich über die
Menschenrechtsverletzungen der Palästinenser berichtet.

Dies alles macht die Argumentation gegen Islamisten und
Extremisten nicht gerade leicht, denn wenn wir von Demokratie und Menschenrechten sprechen und diese von den
Muslimen fordern, uns jedoch nicht gleichzeitig als Vorbild
präsentieren, rüttelt dies an der Glaubwürdigkeit demokra-
tischer Regime. Die Demokratie verliert dadurch ihren uni-
versellen Anspruch. Dies eröffnet den Extremisten die Mög-

lichkeit, mit dem Versagen von Demokratie und Menschenrechten zu argumentieren und darin eine Legitimation ihrer Verbrechen zu finden. Aber wir sind es, die ihnen Argumente gegen uns selbst liefern. Wir benötigen daher dringend ein kritisches Hinterfragen unserer Werte, die wir »exportieren«. Für die Menschen im Nahen Osten sind wir im Westen in deren kollektivem Gedächtnis Exporteure von Kreuzzügen, Kolonialmächten, Waffen, Kriegen, Diktatoren, Ausbeutung usw. Damit will ich nicht sagen, dass diese Wahrnehmung stimmt oder nicht, ich fordere nur zum Perspektivenwechsel auf, um den »Anderen« zu verstehen. Sollte seine Wahrnehmung eine verzerrte sein, dann ist ein Dialog dringend notwendig, in dem alle aufeinander zugehen und die Perspektiven objektiv mit den entsprechenden Konsequenzen für die Politik und die Praxis diskutieren. Das Problem, das ich allerdings sehe, ist, dass meist die Situation und die Perspektive des »Anderen«, auch des ausgebeuteten »Anderen«, wohl längst wahrgenommen wurde, sie jedoch ignoriert werden, weil nicht Werte der Empathie, der Menschlichkeit, der Zuvorkommenheit zählen, sondern überwiegend Werte der Nützlichkeit sowie der wirtschaftlichen und politischen Interessen. Eine humanistische Haltung muss hier dringend als Korrektiv eingreifen.

7. Warum Gewalt mit dem Islam zu tun hat, der Islam aber nichts mit Gewalt zu tun haben will

Seit dem 11. September 2001 sehen sich viele Muslime dazu veranlasst, sich von den Anschlägen und Terrorakten im Namen des Islams zu distanzieren. Mit dem rasanten Aufstieg des sogenannten Islamischen Staates (IS) in jüngster Zeit, begleitet von Gräueltaten und schrecklichen Bildern von Enthauptungen und öffentlichen Hinrichtungen, haben sich die terroristischen Anschläge im Namen des Islams erheblich vermehrt, was den Druck auf viele Muslime, sich von den Attentaten und Attentätern zu distanzieren, noch mehr verstärkt. Dabei lassen sich bei den Muslimen zwei unterschiedliche Haltungen ausmachen: Auf der einen Seite ist ein »Sich-Öffnen« erkennbar, das sich der Herausforderung stellt, nach dem Verhältnis zwischen Islam und Gewalt zu fragen, und das zu innerislamischen Reformen aufruft, und zwar im Sinne einer Forderung nach kritischer Reflexion vorhandener und zum Teil längst etablierter gewaltbejahender Positionen innerhalb der islamischen Tradition. Viele Gelehrte bieten inzwischen Ansätze an, wie man heute mit dem Thema Religion und Gewalt konstruktiv umgehen kann. Die zweite Haltung ist eine des »Sich-Verschließens«. Sie sieht keine Notwendigkeit für einen innerislamischen Diskurs, in dem die Frage nach dem Verhältnis zwischen Islam und Gewalt ernsthaft diskutiert würde. Und sie begründet dies damit, dass Terror und Gewalt nichts mit dem Islam zu tun hätten. Damit macht man sich die Sache allerdings zu einfach. Ein Blick auf die islamische Tradition genügt, um zu erkennen, dass Positionen, die Gewalt nicht nur ansprechen, sondern sie klar bejahen und zum Teil sogar vorschreiben (z. B. Lehrmeinungen, die Dschihad als Angriffskrieg gegen Nichtmuslime sehen, oder die Forderung einiger etablierter Rechtsschulen, Apostaten mit dem Tod zu bestrafen), Teil der islamischen Tradition sind. Von Islamkritikern werden solche Positionen gerne als Beleg dafür herangezogen, dass der Islam eben doch eine an sich gewalttätige Religion sei und dass der Islam nicht etwa ein Problem habe, sondern selbst das Problem sei.

Mir geht es in diesem Kapitel nicht allein darum, zu zeigen, wo die Probleme in der islamischen klassischen Tradition liegen, wenn religiös motivierte Gewalt diskutiert wird. Ich möchte zudem Alternativlesarten des Islams darstellen, um mich auf diese Weise für eine gewaltlose Interpretation des Islams stark zu machen. Davor muss aber angemerkt werden, dass ein Großteil der Kriege im Namen des Islams, sowohl in der Geschichte als auch in der Gegenwart, ein Komplex an Ursachen politischer, wirtschaftlicher und religiöser Natur ist. Eine Verkürzung der Ursachen auf eine theologische Dimension verkennt diese Komplexität der realen Verhältnisse. Religionen, auch der Islam, werden für Gewaltakte instrumentalisiert, um diese in ihren Namen zu legitimieren, daher ist es Aufgabe der Theologien, die theologischen Argumente derer, die ihre Religionen im Sinne von Gewalt und Terror missbrauchen ernst zu nehmen, um sie durch Gegenargumente zu entschärfen und so ihre Religionen möglichst zu schützen.

Dschihad: Der Koran erlaubt Selbstverteidigung, verbietet aber einen Angriffskrieg

Nach muslimischem Glauben wurde der Koran nicht auf einmal verkündet, sondern durch den Propheten Muhammad über einen Zeitraum von 23 Jahren. 13 Jahre davon lebte Muhammad in Mekka (zwischen 610 und 622 n. Chr.), zehn in Medina (zwischen 622 und 632 n. Chr.). Wichtig dabei: Die mekkanische Phase unterscheidet sich stark von der medinensischen. In Mekka wurden die Muslime verfolgt und zum Teil getötet. Da man jedoch einen Bürgerkrieg vermeiden wollte, war den Muslimen in Mekka jegliche Form der militärischen Verteidigung untersagt. Der erste Vers[1], der ihnen dies erlaubte, wurde Ende des ersten Jahres bzw. Anfang des zweiten Jahres nach der Auswanderung Muhammads nach Medina[2], also etwa im Jahre 623 verkündet. Er lautet: »Denjenigen, die kämpfen, ist die Erlaubnis (zum Kämpfen) erteilt worden, weil ihnen (vorher) Unrecht geschehen ist. – Gott hat die Macht, ihnen zu helfen. (Ihnen) die unberechtigterweise aus ihren Wohnungen vertrieben worden sind, nur weil sie sagen: Unser Herr ist Gott. – Und wenn Gott nicht die einen Menschen durch die anderen zurückgehalten hätte, wären Einsiedlerklausen, Kirchen, Synagogen und Moscheen, in denen (allen) der Name Gottes unablässig erwähnt wird, zerstört worden [...].«[3]

Den Muslimen wurde also gestattet, sich zu wehren. Aber dieser Vers ist keineswegs eine Erlaubnis oder gar ein Aufruf zum Angriff. Dies wird anhand der Begründung deutlich, warum es den Muslimen erlaubt wurde, Krieg zu führen:

– weil ihnen Unrecht getan wurde,
– weil sie vertrieben wurden,
– um die Vielfalt zu schützen und den Exklusivismus zu bekämpfen.

Sucht man im Koran nach dem Begriff Dschihad, dann stellt man fest, dass er dennoch bereits in den mekkanischen Suren zu finden ist (z. B.: 16:110, 29:6, 29:69, 25:51–52), allerdings nicht im Zusammenhang mit Krieg, denn Krieg war, wie schon erwähnt, den Muslimen in dieser Phase untersagt. Zu finden ist er vielmehr in seiner ursprünglichen Bedeutung: sich anstrengen, das Beste von sich geben, vor allem aber als Bezeichnung für die Auseinandersetzung mit seinem Inneren, um sich selbst zu läutern. So sagte der Prophet Muhammad: »Derjenige, der Dschihad betreibt (arabisch: *al-Mudschāhid*), ist, wer sich um Gottes Willen mit sich selbst auseinandersetzt.«[4]

Muhammad nannte dies den großen oder eigentlichen Dschihad. Als er einmal mit seinen Soldaten von einem Krieg zurückkehrte, sagte er zu ihnen: »Nun sind wir vom kleinen zum großen Dschihad zurückgekommen.« Sie wunderten sich, was er damit meinte, und er sagte: »Der Kampf gegen das Schlechte in einem selbst, das ist der eigentliche Dschihad.«[5] Der eigentliche Ort des Dschihad ist also das Herz, und es geht dabei um einen inneren, spirituellen Kampf gegen Hochmut und Untugend, gegen die Verlockung zu moralisch verwerflichen Taten, gegen Ignoranz und andere schlechte Charaktereigenschaften.

Sprechen der Koran oder der Prophet Muhammad das Thema Krieg an, wird zudem oft übersehen, dass sie dies meist im Sinne einer Einführung von Regeln tun, die in einem Verteidigungskrieg eingehalten werden müssen. So verbot Muhammad unmissverständlich, im Krieg Frauen, Kinder und alle Unbeteiligten anzugreifen, auch wenn es sich dabei um Soldaten handelte.[6] Er verbot jegliche Art der Verstümmelung von Leichen. Nach der Schlacht von Badr (624), in der er die Mekkaner besiegte, beerdigte er deren gefallene Soldaten würdevoll.[7] Der Prophet verbot sogar, selbst im Kriegszustand seine Gegner zu verfluchen. Nach der Schlacht von Uhud (625), die er verlor und in der sein Onkel Hamza und weitere siebzig seiner Gefährten getötet wurden, verlangte einer seiner Gefährten von ihm, er möge die Mekkaner verfluchen. Seine Antwort, trotz bitterer Niederlage durch die Mekkaner, lautete: »Ich wurde nicht als Flucher entsandt, sondern als Verkünder und Barmherzigkeit. Möge Gott mein Volk [die Mekkaner] rechtleiten, denn sie wissen nicht.«[8]

Koranische Aussagen, die Dschihad und Krieg thematisieren, lassen unmissverständlich erkennen, dass es sich um historisch bedingte Situationen handelt, um kriegerische Auseinandersetzungen zwischen den Muslimen und den Mekkanern bzw. anderen Gruppen, bei denen die Muslime angegriffen wurden und sich wehren mussten. Eine zentrale Aussage, die sich in diesen Versen immer wiederholt, ist der Hinweis darauf, dass die Muslime den Krieg sofort beenden müssen, wenn der Angriff gegen sie endet. Diese Schlüsselaussagen im Koran machen deutlich, dass es keineswegs darum ging, den Muslimen die Legitimation zu erteilen oder gar von ihnen zu verlangen, Kriege zu führen, um Nichtmuslime zum Islam zu zwingen. Wäre dies der Fall gewesen, wäre es Muslimen nicht erlaubt, den Krieg zu beenden, wenn die gegnerische Seite ebenfalls die Kampfhandlungen einstellt, sondern erst dann, wenn die Gegner sich zum Islam bekennen. Davon ist allerdings im Koran nicht die Rede, im Gegenteil: Es gibt Verse, die die Muslime dazu auffordern, den Krieg zu beenden, wenn die andere Seite Schutzgeld zahlt, auch wenn sie Nichtmuslime bleiben. Es geht also offensichtlich um politische Auseinandersetzungen, die der Koran kommentiert und zum Teil regelt, und zwar mit den Erkenntnissen und den Erfahrungen von Menschen aus dem 7. Jahrhundert auf der arabischen Halbinsel. Heute haben wir detaillierte und für alle Staaten gültige Kriegsregelungen, die auch für Muslime gelten. Dass einige Muslime in der Geschichte und zum Teil in der Gegenwart (Beispiel »IS«) mit dem Dschihad einen Deckmantel gefunden haben, der ihnen die Möglichkeit bietet, Expansionskriege zu führen und Machtansprüche zu legitimieren (z. B. unter umayyadischer oder abbasidischer Herrschaft), ist unbestritten. Die meisten dieser Expansionskriege waren politisch motiviert und dienten dazu, Machtansprüche zu befriedigen. Auch wenn viele von uns Muslimen auf diese

Eroberungen stolz sind, müssten wir im Grunde – wenn wir ehrlich zu uns und zu unserer Religion sein wollen – diese Haltung überdenken. Erst so zeigen wir ein ehrliches Selbstbewusstsein und Stärke im Sinne des Geistes des Korans, der jede Form religiösen Zwangs ablehnt und mehrfach zur Selbstkritik aufruft.

Wenn der Koran dem Propheten Muhammad nach der Aufforderung zum Aufrüsten für den Krieg (Koran 8:60) sagt: »Wenn sie Frieden wollen, dann erkläre ihnen den Frieden und vertraue auf Gott! Er ist der, der hört und weiß«[9], dann macht er damit unmissverständlich klar, dass es sich nicht um einen Angriffs- oder religiös motivierten Krieg handelt, sondern um einen politischen Verteidigungskrieg. Und wenn die Muslime in der zweiten Sure, Vers 190, zum Krieg aufgefordert werden: »Und kämpft«, dann erklärt der Rest des Verses, um welche Art Krieg es sich dabei handelt: »Und kämpft um Gottes willen gegen diejenigen, die gegen euch kämpfen! Aber begeht keine Übertretung! Gott liebt die nicht, die Übertretungen begehen.« Und wenn sich der nächste Vers weiter mit dem Töten befasst, wird klar, dass es hier um Selbstverteidigung von Muslimen geht, die von ihren Häusern mit Gewalt vertrieben und militärisch verfolgt wurden, weil sie Muslime sind: »Und tötet sie, wo ihr sie zu fassen bekommt, und vertreibt sie, von wo sie euch vertrieben haben! Der Versuch (Gläubige zum Abfall vom Islam) zu zwingen ist schlimmer als Töten. Jedoch kämpft nicht bei der heiligen Kultstätte (von Mekka) gegen sie, solange sie nicht (ihrerseits) dort gegen euch kämpfen! Aber wenn sie (dort) gegen euch kämpfen, dann tötet sie! Derart ist der Lohn der Leugner«[10]. Der anschließende Vers (192) erklärt noch einmal: »Wenn sie jedoch aufhören, so ist Gott barmherzig und bereit zu vergeben«. Dies wiederholt sich in Vers 193: »Wenn sie jedoch aufhören, darf es keine Übertretung geben«.

Der Islam strebt den Frieden an

Frieden ist im Koran nicht nur ein Eigenname Gottes, sondern auch eine Bezeichnung des Paradieses, das »Haus des Friedens«[11] genannt wird. Das Streben eines jeden Gläubigen nach Gottes Gegenwart und nach der ewigen Glückseligkeit im Paradies müsste also ein Streben nach Frieden sein. Sich dem Attribut Gottes – »der Friede« – zu öffnen, bedeutet, den eigenen Lebensentwurf in all seinen Dimensionen als direkten und indirekten Beitrag zum Frieden zu gestalten. Dazu gehören u. a. auch das Vergeben-Können und -Wollen, die Herstellung psychologischer, sozialer, wirtschaftlicher und politischer Rahmenbedingungen zum Friedenschaffen sowie das Schlechte mit dem Guten zu erwidern, wozu der Koran mit folgenden Worten einlädt: »Die gute Tat ist nicht der schlechten gleich(zusetzen). Weise (die Übeltat) mit etwas zurück, was besser ist (als sie), und gleich wird derjenige, mit dem du (bis dahin) verfeindet warst, wie ein warmer Freund (zu dir) sein.«[12]

Der Begriff »Friede« wiederholt sich im Koran in allen seinen Bedeutungen 133-mal[13] als Bekräftigung dafür, dass es dem Koran um die Schaffung von Frieden sowohl auf individueller Ebene – im Sinne eines im Innern des Menschen stattfindenden Friedensprozesses – als auch auf gesellschaftlicher Ebene geht. Eine Schlüsselaussage trifft der Koran in diesem Zusammenhang mit Vers 208 der zweiten Sure, der alle Gläubigen zum Eintreten in den Frieden einlädt: »Ihr Gläubigen! Tretet allesamt ein in den Frieden! Und tretet nicht in die Fußstapfen des Satans! Er ist euch ein ausgemachter Feind.« Es ist keine Frage, dass es auch andere Aussagen im Koran gibt, die zum Krieg aufrufen; liest man sie aber in ihren historischen Kontexten, entschärft sich deren Gewaltpotenzial.[14] Eine Aussage wie in Vers 2:208 ist hingegen an keine bestimmten historischen

Ereignisse gebunden und hat daher eine überzeitliche Gültigkeit.

An dieser Stelle muss auch an die überlieferte Reaktion Muhammads erinnert werden, als er im Jahre 630 Mekka fast ohne Blutvergießen zurückerobert hat. Er erteilte den Mekkanern eine allgemeine Amnestie, als er ihnen die rhetorische Frage stellte: »O ihr Quraisch, was erwartet ihr nun von mir, was werde ich mit euch machen?« Sie antworteten: »Nur Gutes, du bist ein edler, großzügiger Bruder und Vetter!« Da erwiderte er: »Geht! Ihr seid frei!« Diese Reaktion Muhammads erfolgte am Höhepunkt seiner politischen und militärischen Macht, da er sich an den Mekkanern hätte rächen bzw. sie zum Islam hätte zwingen können, nachdem sie ihn und seine Anhänger all die Jahre verfolgt hatten.

Islamkritiker wollen allerdings in Muhammad einen Kriegsherren sehen und beziehen sich dabei auf vereinzelte Erzählungen, die seiner Biographie zugeschrieben werden. Hochproblematisch ist in diesem Zusammenhang allerdings, dass viele Details der Biographie des Propheten Muhammad erst mehrere Generationen nach seinem Tod festgehalten wurden. Der bekannteste Biograph des Propheten ist Ibn Ishāq (gest. um 767), dessen Prophetenbiographie uns nicht direkt erreicht hat, sondern durch Ibn Hishām (gest. um 833) überliefert ist, der die Biographie allerdings nicht direkt von Ibn Ishāq, sondern von einem seiner Schüler übermittelt bekommen hat. Ibn Ishāq selbst ist in der islamischen Tradition nicht unumstritten, so bezeichneten der Gelehrte Mālik ibn Anas sowie der bekannte Biograph adh-Dhahabī (gest. um 1348) ihn als unglaubwürdig. Ibn Ishāq wie einige andere neigten dazu, das Leben des Propheten Muhammad zu glorifizieren, und zwar gemäß ihren eigenen Idealen, und so neigten sie gerade, wenn es um Krieg oder um Männlichkeitssymbole ging, stark zu Übertreibungen. Ibn Ishāq stand damit in der literarischen Tradition der sogenannten »Welt-Chroniken«, die die Geschichte weiterhin als Eroberungsgeschichte interpretierten. Ein weiteres Problem im Vorgehen vieler Islamkritiker, das sich übrigens kaum von dem der muslimischen Extremisten unterscheidet, ist deren selektive Weise im Umgang mit den Erzählungen über Muhammad. Sie vernachlässigen viele positive und differenzierte Erzählungen, um sich einem bestimmten Narrativ zu bedienen, das Muhammad als brutalen Kriegsherren darstellt. Ein Beispiel dafür ist die wiederholte Kritik des Islamkritikers Hamed Abdel-Samad am Propheten Muhammad, er habe in der Auseinandersetzung mit dem jüdischen Stamm Banū Qurayza 600 Juden an einem Tag enthauptet. Es bestehen in der islamischen Tradition mehrere Varianten dieser Erzählung. Die Erwähnung von mehreren hundert Toten ist zwar in biographischen Werken über den Propheten zu finden, wie eben bei Ibn Ishāq, allerdings sind die Überlieferungsketten zweifelhaft. In all diesen Überlieferungsketten tauchen Personen auf, die selbst zum Stamm Qurayza gehörten, damals aber noch Kinder waren und später zum Islam übergetreten sind. Laut diesen Erzählungen habe Muhammad 5000 Gefangene in der Wohnung einer Frau gesammelt (wie groß muss diese Wohnung gewesen sein?!), um anschließend mehrere hundert töten zu lassen. Die authentische Erzählung über diesen Vorfall sowohl bei Buchārī (gest. 870) als auch bei Muslim ibn al-Hadschdschādsch (gest. 875) erwähnt keine Zahlen und besagt, dass lediglich die »muqātila«, also diejenigen, die am Krieg teilgenommen haben, getötet wurden. Eine authentische Überlieferung der Geschichte findet im Buch »Die Gelder« (arab. *Al-Amwāl*) von Humayd Ibn Zindschawayh (gest. 865), der die Geschichte durch eine authentische Überlieferungskette anführt. Dort ist von 40 getöteten Personen die Rede.[15] Warum wird nirgends auf dieses Narrativ hingewiesen und nur das Negative hervorgehoben? Letztendlich wissen wir wenig über die Details der Biographie Muhammads. Überlieferungen über mögliche gewaltverherrlichende Handlungen des Propheten sind sehr rar. Was Muslime definitiv wissen, ist die koranische Bestimmung der Verkündung Muhammads, die lautet: »Wir [Gott] haben dich [Muhammad] lediglich als Barmherzigkeit für alle Welten entsandt.«[16] Diese Schlüsselaussage des Korans gilt als Maxime, die für Muslime als klare Orientierung für jede Lesart der Biographie und des Schaffens Muhammads dient. Alle Details seines Lebens und Wirkens, die im Widerspruch zu dieser Maxime stehen, müssen von Muslimen mit viel Mut einfach verworfen werden. Dabei geht es keineswegs um Geschichtsverfälschung, denn die Aussagekraft der Quellen über das Leben Muhammads ist umstritten. Worum es mir eigentlich geht, ist, das positive Narrativ hervorzuheben und mich dafür stark zu machen, da gerade Muhammad als Vorbild für Muslime gilt.

Wie ich später zeigen werde, sind innerhalb der klassischen islamischen Theologie durchaus Positionen zu finden, die den Dschihad als Angriffskrieg gegenüber Nichtmuslimen rechtfertigen. Denn da es sich bei ihnen nicht um Muslime handele, dürfe man sie angreifen, wenn sie den Islam nicht annehmen wollen. Das heißt natürlich nicht, dass solche Positionen heute zu akzeptieren wären. Eine ganze Reihe zeitgenössischer muslimischer Gelehrter lehnt viele dieser gewaltbejahenden Ansätze strikt ab. So richten sich die meisten Gelehrten von drei der vier sunnitischen Rechtsschulen (hanafitische, malikitische und hanbalitische) gegen ein Verständnis des Dschihad im Sinne eines Angriffskrieges[17], den sie nur als Verteidigung muslimischer Gebiete legitimiert sehen, die angegriffen werden und nur durch einen Krieg verteidigt werden können. Der Gelehrte asch-Schafiʿī, nach dem die vierte sunnitische Rechtsschule benannt wurde, sah allerdings, wie übrigens ein paar wenige Anhänger der drei anderen Schulen, im Dschihad auch einen Angriffs-krieg, um Nichtmuslime zum Islam zu bekehren. Demnach legitimiere der Unglaube an sich den Krieg.

Gelehrte, die im Dschihad nur einen Verteidigungskrieg sehen, haben aber in meinen Augen definitiv die stärkeren Argumente. Im Folgenden gehe ich kurz auf sie ein:

– Diejenigen, die die Position vertreten, dass der Unglau-be an sich der Grund sei, warum Muslime Nichtmuslime angreifen dürfen, berufen sich auf die koranische Aussage: »Und wenn nun die heiligen Monate abgelaufen sind, dann tötet die Heiden, wo ihr sie findet, greift sie, umzingelt sie und lauert ihnen überall auf! Wenn sie sich aber bekehren, das Gebet verrichten und die Almosensteuer geben, dann lasst sie ihres Weges ziehen! Gott ist barmherzig und bereit zu vergeben.«[18] Gegner dieser Position argumentieren hin-gegen, dass dieser Vers durch andere koranische Verse seine Einschränkung findet, die unmissverständlich zum Aus-druck bringen, dass Dschihad nur zur Selbstverteidigung le-gitimiert wird (vor allem 2:190, 9:36, 8:39).

– Auch die Aussage: »Tötet auch die alten von den Poly-theisten«, die dem Propheten von Schafiiten und anderen in den Mund gelegt wird, ist laut den Hadith-Gelehrten keine authentische Aussage und wird daher verworfen.[19]

– Die koranische Aussage: »Kämpft gegen diejenigen, die nicht an Gott und den jüngsten Tag glauben und nicht ver-bieten, was Gott und sein Gesandter verboten haben, und nicht der wahren Religion angehören – von denen, die die Schrift erhalten haben – (kämpft gegen sie), bis sie kleinlaut aus der Hand Tribut entrichten!«[20], macht das Ziel der Kriegsführung deutlich: das Erreichen eines Abkommens, das früher in Form des Schutzgeldes zum Ausdruck gebracht wurde.[21] Das heißt aber nicht, dass dies auch heute noch die einzige verbindliche Form eines Friedensabkommens wäre. Wäre die Bekehrung zum Islam der Grund des Krieges, würde der Koran es nicht erlauben, den Krieg zu beenden, sobald ein Abkommen erzielt ist, wenn die Nichtmuslime bei ihrer religiösen Überzeugung bleiben. Er wäre darauf bestanden worden, den Krieg so lange weiterzuführen, bis alle zu Muslimen geworden sind.

– Sogar der Gelehrte Ibn Qayyim al-Dschawziyya (gest. 1350), auf den sich viele der heutigen Salafisten berufen, vertrat die Position, dass Dschihad nur Verteidigungskampf bedeutet.[22]

– Gegen diejenigen, die mit der Abrogation, also dem Aufheben des Verses 2:190 »Und kämpft um Gottes willen gegen diejenigen, die gegen euch kämpfen!« durch den Vers 9:5: »Und wenn nun die heiligen Monate abgelaufen sind, dann tötet die Heiden, wo ihr sie findet [...]« argumentieren, sagt der besonders bei Salafisten hoch angesehene Gelehrte und Lehrer von Ibn Qayyim al-Dschawziyya, Ibn Taymiyya (gest. 1328): »Wer von Abrogation spricht, muss dies belegen. Im Koran gibt es nichts, was dieser Aussage [2:190] widerspricht, im Gegenteil, er beinhaltet vieles, was sie bestätigt. Wo ist dann die Abrogation?«[23]

– Das koranische Verbot von Übertretungen beim Kriegsgeschehen ist allgemein gültig, da es ein Verbot von Ungerechtigkeit impliziert und daher dem Geist des Korans entspricht. Ein Verbot von Übertretungen und damit ein Gebot der Gerechtigkeit kann nicht abrogiert werden, da Gerechtigkeit ein überzeitliches, nicht an einen bestimmten Kontext gebundenes koranisches Prinzip ist.

– Wenn Kriege legitimiert wären, um Menschen zum Islam zu zwingen, dann wäre Zwang im Islam erlaubt, doch dies widerspricht der eindeutigen koranischen Aussage, wonach es keinen Zwang im Glauben geben darf (2:256). Es ist auch mehrfach überliefert, dass der Prophet Muhammad Kriegsgefangene wieder freigelassen hat, auch ohne dass sie den Islam angenommen hatten.[24] Auch der Koran beschreibt, was mit den Kriegsgefangenen zu tun ist, und verweist im folgenden Vers u. a. auf die Freilassung: »[...] Wenn ihr sie schließlich vollständig niedergekämpft habt, dann legt (sie) in Fesseln, (um sie) später entweder auf dem Gnadenweg oder gegen Lösegeld (freizugeben)! [...]«[25]

Befürwortung von Gewalt ist Teil der klassischen islamischen Tradition

Mir ist bewusst, dass die Überschrift dieses Kapitels gerade für etliche Muslime provokant wirkt, scheint sie doch viele Vorurteile gegenüber dem Islam zu bestätigen. Ich bin selbst Muslim und sehe meine Religion keineswegs als eine gewalttätige Religion. Ich habe also nicht die Absicht, den Islam als gewaltverherrlichende Religion darzustellen. Das kann mir niemand vorwerfen. Ausgehend von meinem Verständnis des Korans und von den historischen Entwicklungen im 7. Jahrhundert zu Lebzeiten des Propheten Muhammad auf der arabischen Halbinsel, lese ich den Koran so, dass er Krieg nur dann legitimiert, wenn es um Abwehr von Gewalt, wenn es also um die Selbstverteidigung der Muslime geht, keineswegs aber, wenn es sich um einen Angriff handelt, ob nun aus politischen, religiösen oder anderen Gründen.

Dies bedeutet aber nicht, dass gewaltbejahende Positionen in der islamischen Tradition, also bei einigen Gelehrten und Kalifen, nicht anzutreffen wären. Die Position der heutigen muslimischen Extremisten, Angriffskriege religiös zu begründen, um Menschen den Islam aufzuzwingen, ist eine Position, die in der islamischen Tradition bei hoch anerkannten Theologen wiederzufinden ist. Einer dieser muslimischen Gelehrten ist asch-Schaybānī (gest. um 805), ein bekannter Schüler des großen Gelehrten Abū Hanīfa (gest.

767), nach dem die hanafitische Schule benannt wurde.
Asch-Schaybānī gilt als einer der anerkanntesten muslimischen Gelehrten vor allem der hanafitischen Schule. In
seinem »Buch der großen Kriege« (arab. *Kitāb as-siyar al-
kabīr*) kritisiert er die Haltung derjenigen Gelehrten, die im
Dschihad lediglich einen Verteidigungskampf sehen und
sich dabei auf die folgenden beiden koranischen Aussagen
berufen: »[...] Aber wenn sie (dort) gegen euch kämpfen,
dann tötet sie! Derart ist der Lohn der Leugner.«[26] »[...]
Und kämpft allesamt gegen die Heiden, so wie sie (ihrerseits) allesamt gegen euch kämpfen! [...]«[27].[28] Er sieht im
Dschihad das religiöse Gebot, gegen Nichtmuslime zu
kämpfen, auch wenn sie die Muslime nicht angreifen, und
beruft sich dabei auf folgende koranische Aussagen: »Ihr
Gläubigen! Kämpft gegen diejenigen von den Leugnern, die
euch nahe sind! Sie sollen merken, dass ihr hart sein könnt.
Ihr müsst wissen, dass Gott mit denen ist, die (ihn) fürchten.«[29] Und: »Kämpft gegen diejenigen, die nicht an Gott
und den jüngsten Tag glauben und nicht verbieten, was
Gott und sein Gesandter verboten haben, und nicht der
wahren Religion angehören – von denen, die die Schrift erhalten haben – (kämpft gegen sie), bis sie kleinlaut aus der
Hand Tribut entrichten!«[30].[31] Der Gelehrte Mohammad
ibn Ahmad as-Sarachsī (gest. 1096) kommentiert diese Aussage wie folgt: »Der Befehl zum Dschihad und Kampf wurde in Etappen verkündet: Anfangs wurde der Prophet beauf-
tragt, die Botschaft zu verkünden und die Polytheisten zu
ignorieren: ›Und gib bekannt, was dir befohlen wird, und
wende dich von den Heiden ab!‹[32] [...], danach wurde ihm
befohlen, [gegenüber den Mekkanern] auf gute Weise zu argumentieren: ›Ruf (die Menschen) mit Weisheit und einer
guten Ermahnung auf den Weg deines Herrn und streite
mit ihnen auf eine möglichst gute Art! Dein Herr weiß sehr
wohl, wer von seinem Weg abirrt, und wer rechtgeleitet

ist.‹[33], dann wurde ihnen [den Muslimen] erlaubt, sich zu
wehren (Koran 22:39), danach wurde ihnen befohlen, Krieg
gegen sie [die Mekkaner] zu führen, wenn sie angegriffen
wurden [as-Sarachsī verweist hier auf die Suren 2:191 und
9:36], anschließend wurde ihnen [den Muslimen] befohlen,
mit dem Krieg zu beginnen, aber nur außerhalb der vier heiligen Monate: ›Und wenn nun die heiligen Monate abgelaufen sind, dann tötet die Heiden, wo ihr sie findet, greift sie,
umzingelt sie und lauert ihnen überall auf! […]‹[34], und
schließlich wurde ihnen vorbehaltslos [auch innerhalb der
heiligen Monate] befohlen, Krieg zu führen: ›Und kämpft
um Gottes willen! Ihr müsst wissen, dass Gott (alles) hört
und weiß‹[35]. Dabei bleibt es generell. Das Gebot des Kampfes hat das Ziel, die Religion zu würdigen und die Polytheisten zu bezwingen […]. Jeder Muslim muss sich an dem Gesandten, Gottes Friede sei mit ihm, ein Vorbild nehmen.
Dieser wurde als Verkünder entsandt und ihm wurde befohlen, Krieg gegen denjenigen zu führen, der sich der Annahme seiner Verkündung verweigert.«[36] As-Sarachsī sieht im
Dschihad ein Gebot, Nichtmuslimen den Krieg zu erklären,
bis sie den Islam annehmen oder Schutzgeld zahlen, ansonsten müssen sie getötet werden. Asch-Schaybānī stellt dann
fest: »Und wenn sie [die Nichtmuslime] den Muslimen sagen: ›Schließt Frieden mit uns, dass weder wir euch bekriegen noch ihr uns‹, dürfen die Muslime sich darauf nicht ein-
lassen, denn Gott der Erhabene sagt: ›Und lasst (in eurem
Kampfwillen) nicht nach und seid nicht traurig (wegen der
Schlappe, die ihr erlitten habt), wo ihr doch (letzten Endes)
die Oberhand haben werdet, wenn (anderes) ihr gläubig
seid!‹[37], ausgenommen sie [die Nichtmuslime] sind stärker
als die Muslime.«[38] As-Sarachsī unterstreicht in seiner Erläuterung dieser Position, die er ebenfalls vertritt, dass selbst
dann, wenn die Nichtmuslime friedlich mit den Muslimen
leben wollten, das Gebot zum Kampf gegen sie aufrecht-

zuerhalten bliebe, da es nicht um die Selbstverteidigung der
Muslime gehe, sondern um den Kampf gegen Nichtmuslime
an sich, eben weil sie Nichtmuslime seien. As-Sarachsī er-
läutert im Sinne von asch-Schaybānī weiter, dass, für den
Fall der militärischen Unterlegenheit, die Muslime den
Kampf gegen die Nichtmuslime, die die Muslime nicht angegriffen haben, unterlassen sollten, »bis sie später stärker
geworden sind, dann können sie angreifen«[39]. Diese Positionen von As-Sarachsī sind auch in seinem dreißigbändigen
Werk »Das Ausführliche« (arab. *Al-Mabsūt*) wiederzufinden. Schon in der Einleitung zum zehnten Band, in dem es
um den Umgang mit Nichtmuslimen geht, bekräftigt er,
dass das Gebot, Krieg gegen Nichtmuslime zu führen, auch
wenn sie die Muslime nicht angegriffen haben, ein allgemein gültiges Gebot sei, und zitiert aus dem Koran: »[...]
tötet die Polytheisten wo immer ihr sie antrefft«[40] sowie die
Aussage des Propheten Muhammad: »Mir wurde befohlen,
die Menschen so lange zu bekriegen, bis sie bezeugen, dass
es keine Gottheit gibt außer dem einen Gott«[41]. An einer anderen Stelle schreibt as-Sarachsī: »[...] der Unglaube an sich
erlaubt die Tötung. Wenn nun diejenigen, die beim Krieg
nicht getötet werden dürfen, wie Frauen und Kinder, dennoch von jemandem getötet werden, muss derjenige dafür
keine Buße leisten, da die Erlaubnis zum Töten schon durch
den Unglauben sowie den Hinweis darauf, dass uns befohlen wurde, die Ungläubigen wegen ihres Unglaubens zu töten, vorhanden ist. Gott sagt im Koran: ›und kämpft gegen
sie, bis es keine Verführung mehr gibt‹[42], und die Verführung ist der Unglaube [...].«[43] Auch der große hanafitische
Gelehrte Kamāl ibn al-Humām (gest. 1457) vertritt in seinem Buch »Die Gabe des Allmächtigen« (arab. *Fath al-Qadīr*) eine ähnliche Meinung.[44] Der bekannte malikitische
Gelehrte Ibn 'Abd al-Barr (gest. 1070) schreibt in seinem
Buch »Das Ausreichende über das malikitische Recht der

Medinenser« (arab. *Kitāb al-kāfī fī fiqh ahl al-madīna*):
»Krieg muss gegen alle Nichtmuslime geführt werden, ob
Angehörige der Leute der Schrift [Juden und Christen] oder
andere […], bis sie Muslime werden oder das Schutzgeld
kleinlaut leisten […], dabei sollen alle Männer, die kämpfen
und die nicht kämpfen, getötet werden, sobald sie den
Stimmbruch erreicht haben. Frauen, Kinder, Alte und geistig
Behinderte sollen nicht getötet werden […], auch nicht die
Geistlichen.«[45] In seinem Buch »Der kleine Kommentar«
(arab. *Asch-Scharh as-saghīr*) schreibt Abū l-Barakāt ad-
Dardīr (gest. 1786): »Der Dschihad auf dem Wege Gottes
muss wie die Pilgerfahrt jedes Jahr stattfinden, um das
Wort Gottes zu erhöhen [gemeint ist hier: zu verbreiten].«[46]
Ibn Ruschd (gest. 1126), der Großvater des bekannten Philosophen Averroes, schrieb: »Der Krieg gegen die Ungläubigen wird wegen der Religion geführt, damit sie vom Unglauben zum Islam konvertieren, nicht des Sieges wegen. Der
Prophet, Gottes Segen auf ihn, sagte: ›Mir wurde befohlen,
die Menschen so lange zu bekriegen bis sie bezeugen, dass es
keine Gottheit gibt außer dem einen Gott‹.«[47] Der große
malikitische Gelehrte Ibn al-'Arabī (gest. 1148) schrieb in
seinem Buch »Die Normen des Korans« (arab. *Ahkām al-
Qur'ān*) als Kommentar zum Vers 193 der zweiten Sure
»Und kämpft gegen sie, bis niemand (mehr) versucht,
(Gläubige zum Abfall vom Islam) zu verführen *(fitna),* und
bis nur noch Gott verehrt wird!« Folgendes: »Der Grund
des Tötens ist entsprechend diesem Vers der Unglaube an
sich, weil Gott der Erhabene sagt: ›damit es keine Verführung (Fitna) bleibt‹, und so setzte er [Gott] das klare Ziel,
den Unglauben auszulöschen, und erläuterte darin, dass der
den Krieg legitimierende Grund des Tötens der Unglaube an
sich sei«[48]. Er interpretiert den koranischen Begriff »*fitna*«
mit Unglaube, statt mit Zwang bzw. Verführung der Gläubigen zum Abfall vom Islam. Zugleich übt er scharfe Kritik an

einigen Anhängern Abū Hanīfas, die Vers 2:190 »Und
kämpft um Gottes willen gegen diejenigen, die gegen euch
kämpfen!« als Argument sahen, um den Dschihad ausschließlich auf die Verteidigung zu reduzieren: »Dieser Vers
ist aufgehoben durch den nächsten Vers [Und tötet sie, wo
ihr sie zu fassen bekommt ...]. Dies ist so, weil er [Gott] zuerst befohlen hat, Krieg gegen diejenigen zu führen, die
selbst Krieg [gegen die Muslime] führen, dann hat er [Gott]
erklärt, dass der Grund, warum diese bekämpft und getötet
werden sollen, in ihrem Unglauben liege, der sie ja zum
Krieg gegen die Muslime veranlasst habe, und so befahl er
[Gott], sie ohne weiteres zu bekämpfen, auch wenn sie
selbst nicht angegriffen haben.«[49] Dann formuliert Ibn al-
'Arabī einen Einwand: »Wenn aber der Grund, der das Töten erlaubt, der Unglaube wäre, dann müsste jeder Ungläubige getötet werden, aber du lässt ja [nichtmuslimische]
Frauen und andere am Leben?«[50] Dagegen argumentiert er
dann, dass diese doch von Nutzen seien, man nehme die
Frauen zu Sklavinnen, und durch die Gefangennahme anderer, die man am Leben lässt, schüchtere man den Feind ein.[51]

Al-Qurtubī (gest. 1272) schreibt in seinem Korankom-
mentar zu folgendem Vers: »Und kämpft gegen sie, bis niemand (mehr) versucht, (Gläubige zum Abfall vom Islam) zu
verführen, und bis nur noch Gott verehrt wird!«[52]: »›Tötet
sie‹ ist ein Befehl, jeden Heiden an jedem Ort zu töten [...].
Darin ist der allgemeine Befehl enthalten, Krieg gegen sie zu
führen, auch wenn sie nicht damit begonnen haben, denn
Gott sagt im Koran ›und die Religion Gottes siegt‹[53].«[54]

Der Gelehrte al-Māwardī (gest. 1058) beschäftigt sich in
seinem Buch »Die sultanischen Normen« (arab. *Al-Ahkām
as-sultāniyya*) unter anderem mit der Frage nach dem
Schicksal von Kriegsgefangenen im Islam und führt dazu
Meinungen verschiedener sunnitischer Rechtsschulen an.
Demnach unterscheiden alle Schulen zwischen dem Umgang

mit gefangenen Männern und Frauen. Der Kalif bzw. sein Vertreter im Krieg hat bei den Männern folgende Optionen: Nach schafi'itischer Schule kann er zwischen Tötung, Versklavung, Gefangenenaustausch gegen Geld oder muslimische Gefangenen oder der Freilassung wählen; nach malikitischer Schule zwischen Tötung, Versklavung oder Gefangenenaustausch; nach hanafitischer Schule zwischen Tötung oder Versklavung.[55] Was aber die gefangenen Frauen betrifft, so darf man sie nach den Rechtsschulen nicht töten, wenn sie zu den Leuten der Schrift (Juden oder Christen) gehören. Sie sind Teil der Kriegsbeute und werden als Sklavinnen genommen. Gehören sie aber nicht zu den Leuten der Schrift und verweigern sie den Übertritt zum Islam, werden sie nach schafi'itischer Schule getötet, nach hanafitischer versklavt.[56] Der Kalif darf die gefangenen Frauen aber gegen Geld austauschen. »Sind Frauen und Kinder aber am Krieg durch kriegerische Handlungen oder durch ihre Haltung aktiv beteiligt, darf man sie während des Krieges und auch nach der Gefangennahme töten [nur die Hanafiten widersprechen der Tötung im Falle der Gefangennahme].«[57]

Ich habe hier bewusst keine Gelehrten zitiert, die üblicherweise von Salafisten und Extremisten herangezogen werden, sondern solche, die weder als radikal noch als fundamentalistisch gelten. Damit möchte ich zeigen, dass in der islamischen Tradition, die zum Teil als »Mainstream« gilt, nicht nur gewaltbejahende Haltungen verbreitet sind, sondern auch solche, die Kriegsgefangene zur Sklaverei freigeben, ja sogar die Vergewaltigung von Frauen unter dem Vorwand der Sklaverei religiös legitimieren. Haltungen also, die wir heute wegen ihrer menschenverachtenden Grundhaltung in keiner Weise mehr vertreten können. Zu finden sind solche Haltungen gegenwärtig bei Gruppierungen wie dem »IS«, von dem sich Muslime zwar mit der Aussage distanzieren, das habe alles nichts mit dem Islam zu tun, sich aber kaum ernsthaft mit den Argumenten des »IS« und anderer Extremisten auseinandersetzen, sodass sie gar nicht erkennen können, dass das Problem viel tiefer innerhalb der islamischen Tradition verwurzelt ist, als die meisten glauben oder es gerne hätten. Ich führe diese Positionen der klassischen Gelehrten – und das sind hier nur einige Beispiele, die Liste ist leider viel länger – weder an, um zu behaupten, dies sei die heute gültige islamische Haltung, noch um die klassischen Gelehrten, die sie vertraten, zu disqualifizieren bzw. den Islam bloßzustellen. Ich erwähne diese Positionen, um auf zwei Dinge hinzuweisen. Erstens: Wir Muslime müssen uns dringend und mit viel Mut mit der eigenen Tradition kritisch auseinandersetzen und erneut überprüfen, welche Positionen darin heute noch vertretbar und welche einfach zu verwerfen sind. Das ist es, was ich unter einer innerislamischen Reform verstehe. Und zweitens: Das Problem des Islams heute sind längst nicht allein die Extremisten, sondern ein in sich verkapselter Diskurs, der sich zu öffnen weigert und keine Reformen zulässt. Damit will ich keineswegs behaupten, Reformverweigerer seien mit Extremisten gleichzusetzen, sie alle aber bedienen sich desselben längst ins Stocken geratenen Diskurses des »Sich-Verschließens«.

Ein apologetischer Diskurs, der so verblendet ist, die Reformdringlichkeit im heutigen islamischen Denken nicht sehen zu wollen, ist das eigentliche Problem. Ich möchte dem Leser ein typisches Beispiel geben: Ein anerkannter zeitgenössischer Gelehrter Namens Wahba az-Zuhaylī kritisiert in seinem Buch »Die Einflüsse des Krieges auf die islamische Jurisprudenz« (arab. *Āthār al-harb fī l-fiqh al-islāmī*) die, wie er sie an dieser Stelle nennt, fanatischen Gegner des Islams (an einer anderen Stelle im Buch spricht er von den Feinden des Islams). Diese würden unter Dschihad einen Krieg gegen alle Nichtmuslime verstehen, der dazu diene, sie alle zum Islam zu zwingen, und das sei »eine glatte

Lüge und Verleumdung des Islams«[58]. Genau drei Zeilen darunter zitiert er dann eine hanafitische Definition von Dschihad: »Dschihad ist nach islamischer Gesetzgebung hauptsächlich der Dschihad gegen die Nichtmuslime, und er besteht darin, sie zu der wahren Religion einzuladen und dann Krieg gegen sie zu führen, sollten sie diese ablehnen [...].«[59] Statt sich mit der eigenen Tradition kritisch auseinanderzusetzen und in der Kritik von außen eine Motivation dazu zu sehen, wird die Kritik als Form von Islamophobie niedergemacht, die eigenen Schwächen werden einfach übersehen.

Exkurs I: Reformverweigerer sind Teil des Problems

Die oben exemplarisch gezeigten theologischen Positionen mancher klassischer muslimischer Gelehrter, heute längst überholt, sind in dem Kontext entstanden, in dem die Gelehrten gewirkt und geschrieben haben. In jenem Lebenskontext waren sie weniger umstritten, denn weder kannte man Menschenrechte noch sprach man von der Würde des Menschen, wie wir dies heute tun und vertreten. Meine Kritik gilt daher nicht den Gelehrten als Personen. Sie gilt vielmehr denjenigen, die noch heute, im 21. Jahrhundert, auf eine pauschale Verherrlichung der klassischen islamischen Tradition bestehen und jede kritische Haltung gegenüber klassischen Positionen, wie die oben im Zusammenhang mit dem Thema Dschihad exemplarisch angeführten, als unerwünschte Reform oder Erneuerung ablehnen. Wie wollen diejenigen, die sich gegen jegliche Reformbestrebungen im Islam stellen, mit solchen Positionen innerhalb des klassischen Islams umgehen, die den Dschihad als Angriffskrieg gegen alle Nichtmuslime sehen, auch gegen solche, die friedlich mit den Muslimen leben wollen? Vertreten sie diese Po-

sitionen? Vertreten sie die Meinung aller klassischen Rechtsschulen, dass kriegsgefangene Männer und Frauen versklavt
werden dürfen, dass Frauen sogar versklavt werden sollen?
Vertreten sie die klassische Haltung fast aller Schulen, dass
das, was wir heute Vergewaltigung von kriegsgefangenen
Frauen nennen, für sie eine legitime Form der Versklavung
ist, in der die gefangenen Frauen nicht mehr ihren Männern,
sondern den Eroberern gehören, und zwar als Eigentum?
Wenn ja, worin unterscheiden sie sich dann vom »IS«? Warum argumentieren sie dann, dass der »IS« nichts mit dem
Islam zu tun habe, wo doch vieles von dem, was wir vom
»IS« kennen, in der klassischen islamischen Tradition zu
finden ist, und zwar nicht bei als radikal eingestuften Gelehrten, sondern bei großen und anerkannten Vertretern
der Rechtsschulen? Oder vertreten diese angeblichen Reformverweigerer diese Haltungen doch nicht und sehen sie
in ihrem historischen Kontext behaftet und als heute überholt an? Wenn dem so ist, dann betreiben sie in dieser ihrer
neuen Haltung sehr wohl Reformen. Warum aber bekämpfen sie dann das, was sie selbst tun?

Es gibt tatsächlich zwei Typen von Reformverweigerern:
solche, die Reformen bewusst ablehnen, weil sie sich mehr
oder weniger bedingungslos zu den klassischen theologischen Positionen bekennen und diese bewusst verteidigen,
auch wenn es um die Tötung von unschuldigen Nichtmuslimen bzw. deren Versklavung geht. Das sind diejenigen, die
in einer ideologischen Erstarrung stehengeblieben sind und
sich völlig verschließen. Bei ihnen besteht die Gefahr, dass
sie in den Fundamentalismus oder sogar in den Extremis-
mus geraten. Den anderen Typus von Reformverweigerern
bilden Muslime, die unter einem Unterlegenheitsgefühl gegenüber dem Westen leiden. Sie unterstellen, dass alles,
was das Etikett »Erneuerung«, »Reform« und dergleichen
trägt, vom »Westen« angeordnet ist, um den Islam zu be-

kämpfen. In einigen Gesprächen mit solchen Menschen musste ich feststellen, dass, sobald es um Inhalte geht, also um die Frage: »Welche Positionen genau störten Sie an reformorientierten Muslimen?«, Antworten kommen wie: »Sie wollen dem Westen gefallen«, »Sie wollen den Islam verwässern«, »Sie vertreten einen Islam-Light«. Dann fragt man vergeblich: »Aber was vertreten reformorientierte Menschen genau an Positionen, die den Islam verwässern wollen?« Denn es wird nie wirklich auf Inhalte eingegangen. Und der Grund liegt auf der Hand: Es geht ja eigentlich nicht um Inhalte. Ohne jemandem nahetreten zu wollen: Aus Erfahrung kann ich sagen, dass die meisten dieser Reformverweigerer, die nichts von »Reformen« wissen wollen, ein grundsätzliches intellektuelles Problem haben. Wer von ihnen setzt sich wirklich ausführlich mit islamischen Primärquellen auseinander, wer macht sich die Mühe, sich mehrere Jahre seines Lebens in theologische Diskurse einzulesen, um zu wissen, wovon er/sie eigentlich redet, wenn er/sie meint, wir Muslime bräuchten keine Aktualisierung unseres Verständnisses vom Islam? Sogenannte Reformverweigerer lehnen im Grunde nicht die Inhalte der Reformen ab, sondern die Tatsache, dass sie glauben, der Westen erwarte von uns Muslimen dieses oder jenes gewaltfreie Verständnis vom Islam, er wolle uns also vorschreiben, welchen Islam wir zu vertreten haben. Abgesehen davon, dass dieser »Westen« säkular ist und sich nicht in die Inhalte der Religionen einmischt, steht es selbstverständlich jedem Staat zu, radikale Diskurse (egal ob religiöse oder nichtreligiöse), die die Sicherheit des Staates gefährden, im Auge zu behalten. Da geht es dem »Westen« nicht um den Islam, sondern um seine innere Sicherheit, genauso wie sich islamische Länder viel mehr als der »Westen« erlauben, um ihre innere Sicherheit zu schützen. Schlagworte wie Meinungs- und Pressefreiheit oder Rechte von Minderheiten in

den meisten islamischen Ländern sollten hier genügen. Aber
noch einmal: In diesem Opferdiskurs »Der Westen will uns
kontrollieren, will den Islam niedermachen, ist islamophob« geht es eigentlich um die eigene Unsicherheit. Wieso
hört man von diesen Reformverweigerern nie das Wort
»Staatsislam« im Zusammenhang mit ausländischen Staaten, die ihre Imame und Funktionäre hier in Deutschland
kontrollieren und ihnen den Kurs vorgeben? Aber wenn
der deutsche Staat zum Beispiel Zentren für islamische
Theologie einrichtet, um der islamischen Theologie ebenso
wie den christlichen Theologien einen Platz an seinen Universitäten zu öffnen, ist der Weg zu Vorwürfen wie »Staatsislam«, »Kontrolle« nicht weit. In welchem islamischen
Land gibt es keine staatlichen Universitäten, an denen theologische Studiengänge eingerichtet sind? In welchem islamischen Land sind die Imame nicht an staatliche Institutionen und Vorschriften gebunden? Wieso ist da nie die Rede
vom »Staatsislam«? Vieles von dem, was wir Muslime heute für *den* Islam halten, ist nichts anderes als umayyadischer
und abbasidischer Staatsislam. Wer spricht aber heute davon? Aber dem deutschen säkularen Staat sei an einem
»Staatsislam« gelegen(!). Dieser westophobe Diskurs hat
an sich kein Problem mit islamischen Reformen und Reformern, er hat aber ein großes Problem mit dem Westen. Seine Akteure fühlen sich dem Westen unterlegen, er ist der
vermeintliche Feind. Daher werden sie alles ablehnen, von
dem sie glauben, der Westen wolle es so. Das ist im Grunde
pubertär: »Ich sage links, weil der Westen rechts sagt.« Mir
ist aber auch klar, dass der Westen nicht ganz unschuldig
daran ist. Eine Zeigefingermentalität, die von einigen Muslimen als kulturelle und geistige Belehrung empfunden
wird, bedient den Opferdiskurs, der letztendlich in einen
westophoben Diskurs mündet.

Exkurs II: Identitätsunsicherheit ist ein Reformhindernis

Nur wenn ich weiß, wer ich bin, und mir meiner Identität sicher bin, habe ich keine Angst, mich dem »Anderen« zu öffnen, in ihm das »Neue« zu sehen. Die Begegnung des Islams mit Europa im Zuge der Arbeitermigration führte jedoch zu Identitätsverunsicherungen auf beiden Seiten, was statt Nähe Distanz hervorrief. Sprach man in den 1960er- und 1970er-Jahren in Deutschland noch von »Gastarbeitern«, begann man in den 1980er- und 1990er-Jahren, als die Arbeitermigration durch die Familienzusammenführung sichtbar geworden war, von den »Ausländern« zu sprechen. Spätestens seit dem 11. September spricht man von den »Muslimen«, gemeint sind aber noch immer die ehemaligen Gastarbeiter und deren Nachkommen. Mit dieser Verschiebung der Wahrnehmung wurden aus den »Gastarbeitern« »Muslime« und aus den typischen sozialen Problemen einer Gastarbeiterschaft religiöse Probleme. Man hört nicht selten Aussagen wie: »Sie sprechen schlecht Deutsch, weil sie Muslime sind«, oder: »Sie steigen im Schulsystem und am Arbeitsplatz nicht schnell auf, weil sie Muslime sind.« Die Kategorie »Muslim-Sein« rückt immer stärker als Erklärungsmuster für soziale Defizite der Gastarbeiterschaft in den Vordergrund. Die Religion sei das Problem, sie sei das Integrationshindernis, heißt es. Und entsprechend finden sich Muslime in einer Rechtfertigungsposition wieder. Betrachtet man die Debatten der letzten Jahre um das Thema Islam, dann sind diese entweder von sicherheitspolitischen Fragen überschattet, oder es geht um Moscheebauten, Minarette und das Kopftuch. Und wer die Ankunft der Muslime in Europa als Sicherheitsproblematik begreift, wird voraussichtlich früher oder später auch der eigenen Angst erliegen und im Islam und in den Muslimen nur noch eine Gefahr und Bedrohung sehen. Dadurch, dass sich Muslime

in einer Rechtfertigungsposition wiederfinden, kommen sie
kaum dazu, sich die wichtige Frage zu stellen: Wie kann der
Islam die europäischen Gesellschaften bereichern?

Gerade Muslime der sogenannten zweiten und dritten
Generation fühlen sich mit der hiesigen Gesellschaft stark
verbunden, ihre Distanz zur Heimatkultur ihrer Großeltern
ist groß. Je stärker sie sich integriert fühlen, desto größer
sind auch ihre Erwartungen an das Aufnahmeland; das zeigt
sich vor allem im Anspruch auf Gleichbehandlung und
Chancengleichheit in allen gesellschaftlichen Institutionen
(Bildung, Arbeits- und Wohnungsmarkt), aber auch in der
Erwartung, anerkannt und akzeptiert zu sein.

Die sogenannte erste Generation der Gastarbeiterinnen
und Gastarbeiter aus muslimischen Ländern kam primär aus
der Türkei und Nordafrika, war also in einem islamischen
Land aufgewachsen. Die Angehörigen dieser Generation
wurden in ihren Heimatländern sozialisiert, sie internalisier-
ten dort Werte und Normen. Für sie war Religion nicht mehr
als ein Teil ihrer Herkunftsidentität. Eine reflexive Zuwendung zur eigenen Kultur und zur eigenen Religion setzte vor
allem mit dem Familiennachzug ein. Die Bedeutung der Religion in der zweiten und dritten Generation differenziert sich
stärker aus. Das begründet sich dadurch, dass diese Generationen in ihrer Sozialisation, Sprache und Identitätsentwick-
lung stärker einer Spannung zwischen den Orientierungen
der Herkunfts- und der Aufnahmegesellschaft ausgesetzt
sind und ihnen Religion als (mögliche) Bewältigungsstrategie
dient. Die Erwartungen der Jugendlichen an die europäischen
Gesellschaften sind hoch. Hier, wo sie geboren und aufgewachsen sind, wünschen sie sich eine Heimat, die ihnen
nicht nur Chancengleichheit im Bildungssektor, am Arbeitsmarkt und am Wohnungsmarkt bietet, sondern auch eine innere Heimat, in der sie sich als anerkannte Menschen entfalten können. Werden diese Erwartungen nicht erfüllt und

haben die Jugendlichen das Gefühl, diskriminiert zu werden, kommt es zu verschiedenen Reaktionen. Manche kapseln sich ab, sie gehen zu beiden Systemen auf Distanz – zur Kultur der Eltern wie zur Mehrheitsgesellschaft. In der Literatur werden sie meist als »Marginalisierte« bezeichnet, die anfällig sind für fundamentalistische Milieus. Viele Jugendliche greifen aber auch bei der Suche nach einem sicheren »Wir-Gefühl« reaktiv auf die Religion zurück. Für die Konstruktion einer kollektiven Identität bedienen sich diese Personen eines Islams »ohne Inhalt«; es geht nicht primär um eine reflexive Zuwendung zum Islam auf der Suche nach spirituellen Erfahrungen und Gottesnähe, sondern um Identität. Und gerade das Gefühl, nicht anerkannt zu sein, obwohl die Erwartungen an die Gesellschaft hoch sind, beschäftigt viele Muslime. Sie suchen hier eine Heimat statt Debatten darüber, ob der Islam zu Deutschland gehört oder nicht. Sie fühlen sich von nationalen Kategorien sowohl der Herkunftsländer der Eltern bzw. der Großeltern als auch der europäischen Gesellschaften im Stich gelassen. Halt finden einige von ihnen in einem konstruierten Opferdiskurs gepaart mit dem Gefühl des Unterlegenseins gegenüber dem Westen, also der Gesellschaft, in der man lebt. Fundamentalisten kapseln sich völlig ab und konstruieren ihre eigene religiös angehauchte Gemeinschaft. Menschen im Opferdiskurs schotten sich auf eine andere Weise ab, denn sie gehen auf Konfrontation mit der Gesellschaft, in der sie leben, und wollen in ihr nur das Monster sehen, das sie zu verschlucken droht. Daher müssen sie sich erst recht behaupten. Ich rede hier bewusst von Westophobie. Das soll nicht heißen, dass alles, was der Westen für gut heißt, auch von allen gutgeheißen werden muss. Es ist aber ein Unterschied, ob ich mich konstruktiv und sachlich in gesellschaftliche Debatten einbringe, um die deutsche Gesellschaft als meine Gesellschaft zu bereichern, ja konstruktiv verändern zu wollen, oder ob ich in ihr die andere als die meinige Gesellschaft sehe und mich vor ihr in Schutz nehmen muss.

Neben den Salafisten bzw. muslimischen Fundamentalisten sind genau diese Westophoben die Hauptkritiker von innerislamischen Reformen. Aber wie schon gesagt: nicht weil es ihnen wirklich um Inhalte ginge, sondern wegen der unbegründeten Angst, der Westen würde den Islam kontrollieren, verändern, verwässern wollen.

Ich möchte dem Leser ein Beispiel dafür geben, wie in meinen Augen ein Opferdiskurs krampfhaft, ja sogar durch unwahre Behauptungen zu bedienen versucht wird, um diese subtile Westophobie – vielleicht unbewusst – zu unterstützen. In einem Aufsatz eines promovierten und an einer Universität tätigen muslimischen Politikwissenschaftlers über die islamische Theologie an deutschen Universitäten vertritt der Autor ernsthaft die These[60], dass es durch die Etablierung der islamischen Theologie an europäischen Universitäten den europäischen Staaten erlaubt sein wird, Kontrolle über den Islam und die Muslime auszuüben. Hier ein Zitat aus dem Aufsatz: »Ich argumentiere, dass die politische Eingliederung ein Werkzeug des deutschen Staates und des Sicherheitsdienstes ist, die Muslime zu disziplinieren und zu beherrschen. Der Staat hat das Ziel, einen idealen deutschen Muslim zu erschaffen, der politisch gehorsam, loyal und unterwürfig ist.«[61] So würden sich viele Muslime wie »die neuen Juden« in Deutschland vorkommen.[62] In diesem Kontext zitiert er ein Mitglied eines islamischen Verbandes, das behauptete, der deutsche Verfassungsschutz verdächtige jeden als Terroristen, der sich auf den Koran und die Sunna beziehe. Der Verfasser des Aufsatzes schlussfolgert, dies treffe dann ja auf die Mehrheit der Muslime zu. Nach seiner Interpretation der Definition des Verfassungsschutzes folgert er, der ideale deutsche Muslim sei ein Muslim, der seine Interessen nicht formuliere und sich dem Verfassungsschutz und seinen Interessen unterwerfe.[63] Außerdem liege der Grund dafür, dass an deutschen Universitäten islamische Theologie in deutscher Sprache unterrichtet werden soll, darin, dass der deutsche Staat verstehen wolle, was gelehrt und geforscht wird, damit er die maximale Kontrolle ausüben könne(!).[64] Das ist nur eines von vielen Beispielen, wie nicht etwa Salafisten, sondern akademische Muslime so sehr in einen Opfer- und Verschwörungsdiskurs verstrickt sind, dass der Bezug zur Realität zum Teil verlorengeht. Dabei argumentieren sie aber erstaunlicherweise sehr ähnlich, wie es die Salafisten tun. Ein Beispiel dafür ist ein bekannter, in Deutschland lebender Salafist, der sich, während er Korane in der Fußgängerzone verteilt, darüber echauffiert, dass die deutsche Gesellschaft die Muslime schrittweise einem Schicksal zuführen wolle, das dem der sechs Millionen ermordeten Juden aus dem Dritten Reich gleiche.

In den einleitenden Worten zu diesem Kapitel über das Verhältnis zwischen dem Islam und Gewalt habe ich unterstrichen, dass es mir darum geht, mich für eine Alternativlesart des Islams einzusetzen, die eine gewaltfreie Auslegung des Islams bietet. Von Kritikern ist allerdings immer wieder zu hören und zu lesen: »Der Islam ist der Islam, er ist vollkommen so wie er ist, wir brauchen keine andere Lesarten des Islams, wir brauchen keine Reformen, keine Aktualisierung unseres Verständnisses vom Islam.« Jegliche Aufforderung zum kritischen Hinterfragen bzw. zum Überprüfen der geläufigen Positionen und Argumente werden einfach als »liberal«, »verwestlicht« oder »häretisch« abgetan oder verteufelt. Bei diesen Kritikern, die übrigens in der Regel selten eine fundierte theologische Ausbildung haben, aber natürlich genau wissen, was *der* Islam und *die* einzig wahre Auslegung des Islams sind, stößt man kaum auf Argumente, die mit den Positionen zu tun haben, die sie kritisieren wollen. Das Hauptargument meiner Kritiker lautet: »Wer zu

Reformen im Islam auffordert, will dem Westen gefallen.«
Dieses Argument sagt viel über die Kritiker aus und ziemlich
wenig darüber, was sie kritisieren wollen. Es sagt nämlich,
dass sie sich – bewusst oder unbewusst – in der Opposition
zu den westlichen Gesellschaften, in denen sie leben (und
meist auch geboren und aufgewachsen sind), sehen. Wie
oft wurde mir von diesen Kritikern vorgeworfen: »Deine
Bücher und Thesen kommen bei der Mehrheitsgesellschaft
gut an.« Ja, und?! Für die Kritiker bedeutet dies aber, dass
man auf der anderen Seite steht, auf der Seite des »Feindes«,
denn wie kann es sein, dass ausgerechnet dieser einen lobt.
Und noch einmal: Ja, und?! Was ich damit sagen will: Es
geht bei den Reformverweigerern nicht wirklich um einen
inhaltlichen Diskurs, sondern um eine verunsicherte Identität, die sich mehr oder weniger vom »Westen« besiegt fühlt
und unter ihrer vermeintlichen Minderwertigkeit leidet. Daher wird jede Annäherung an den Westen als Verrat bewertet. Es geht sogar so weit, dass manche dieser Kritiker ein
Problem damit haben, bestimmte Parallelen zwischen den
heiligen Schriften der drei monotheistischen Religionen zu
sehen. Einer kritisierte öffentlich an meinem Buch »Islam
ist Barmherzigkeit«, ich ginge auf die zehn Gebote, wie sie
im Koran angesprochen werden und einen gemeinsamen
Kern der Religionen darstellen, nur deshalb ein, um den europäischen und christlichen Rezipienten meines Buches zu
gefallen. Der Koran aber habe ganz andere Kernbotschaf-
ten, die nicht mit deren Ansichten und Religion konform
gingen. Das zeigt, dass solche Kritiker auch ein Problem
mit der inklusivistischen Haltung des Korans an sich haben.
Würde der Prophet Muhammad ihnen heute verkünden,
was er im 7. Jahrhundert verkündet hat, nämlich dass die
zu den Muslimen »[...] in Liebe am nächsten stehen, die
sind, welche sagen: ›Wir sind Christen‹. Dies deshalb, weil
es unter ihnen Priester und Mönche gibt, und weil sie nicht

hochmütig sind«[65], wie würden sie sich zu dieser Annäherung des Propheten verhalten? Man kann heute als muslimischer Theologe der einen oder anderen Position in der klassischen islamischen Theologie durchaus widersprechen, viele würden dabei ein Auge zudrücken, solange man die klare Grenze zum »Anderen«, zum »Westen« gezogen hält.

Die Hölle ist kein Ort göttlicher Gewalt

Immer mehr Gelehrte, die zu den Salafisten gezählt werden, sogar saudische wie der zeitgenössische Gelehrte Hassan Farhān al-Mālikī,[66] stellen in Frage, ob die Hölle wirklich ein Ort ist, an dem sich Gott an allen rächt, die das falsche Etikett tragen. Geht es Gott wirklich um sich selbst? Problematisch am Glauben an ewige Höllenstrafen für alle Nichtmuslime, nur weil in ihrer Geburtsurkunde der Eintrag »Muslim« fehlt, ist, dass dieser Glaube eine Grundlage dafür liefert, religiös begründete Hierarchien unter den Menschen herzustellen. Menschen mit dem Etikett »Muslim« haben demnach einen höheren Wert als andere. Und die eigentliche Herausforderung lautet: Wenn Gott für sich das Recht in Anspruch nimmt, im Jenseits ewige Gewalt gegen Nichtmuslime auszuüben, dann steckt darin eine gewisse Legitimation für Extremisten, Gewalt gegen Nichtmuslime auch in diesem Leben auszuüben. Warum soll etwas verwerflich sein, das Gott sich selbst erlaubt und in Ordnung findet? Doch wie gesagt, selbst einige salafistische Gelehrte gehen hierzu auf Distanz. In einem Streitgespräch argumentiert al-Mālikī[67], dass Gott doch gerecht sei. Insofern werde er Menschen nur für ihre vorsätzlichen Verfehlungen zur Rechenschaft ziehen, nicht aber jemanden, der nie von Gott gehört oder nur ein verzerrtes Bild von ihm hat. Deshalb lehne Gott es ab, dass so jemand in der Hölle verewigt

werde, das wäre ungerecht. Al-Mālikī zitiert dabei die koranische Aussage: »Es geht nicht nach euren Wünschen, auch
nicht nach denen der Leute der Schrift. (Entscheidend sind
die Taten.) Wenn einer Böses tut, wird ihm (dereinst) dafür
vergolten. Er findet (dann) für sich außer Gott weder
Freund noch Helfer. Diejenigen aber, die handeln, wie es
recht ist, (gleichviel ob) männlich oder weiblich, und dabei
gläubig sind, werden (dereinst) in das Paradies eingehen,
und ihnen wird (bei der Abrechnung) nicht ein Dattelkern-
grübchen Unrecht getan.«[68]

Meine These lautet nicht, dass der Glaube an Gott obsolet ist und es nur auf das Handeln ankommt. Ich meine vielmehr, dass der Glaube ohne entsprechendes aufrichtiges
Handeln nicht viel nützt und dass ein aufrichtiges Handeln
einen Glauben an Gott bezeugt. Wir Muslime müssen aber
Positionen innerhalb der islamischen Tradition dringend
kritisch hinterfragen, die Gott als ungerecht hinstellen, indem sie behaupten, er ergreife Partei für Menschen, die
möglicherweise ungerecht sind, aber das »richtige« Etikett
tragen. Das gilt auch für solche Positionen, die durch angebliche Aussagen des Propheten Muhammad begründet werden, wie die folgende, die in dem von Sunniten als authentisch erachteten Hadith-Werk des Gelehrten Muslim
herausgebracht wurde: »Am Tage der Wiederauferstehung
werden Muslime mit Sünden groß wie die Berge kommen.
Gott wird ihnen diese vergeben und den Juden und den
Christen zuschreiben.«[69] Die Überschrift des Kapitels, in
dem Muslim diesen Hadith herausbringt, lautet: »Die Annahme [Gottes] der Reue des Mörders, auch wenn er viel ge-
mordet hat«. Man muss nicht viel interpretieren, um folgenden Schluss zu ziehen: »Egal wie oft ein Muslim Verbrechen
ausübt und Unschuldige ermordet, solange er mit dem richtigen Etikett (Muslim) stirbt, wird ihm alles vergeben und
den unschuldigen Juden und Christen zugeschrieben.« Ju-

den und Christen stehen also vor Gott und müssen Sünden verantworten, Massenmorde womöglich, die sie nie begangen haben. Wo bleibt hier die Gerechtigkeit? Und solche Aussagen, die auch al-Mālikī als erlogen kritisiert, werden dem Propheten Muhammad in den Mund gelegt. Und dann beharren noch immer einige Muslime darauf, dass wir keine Reformen brauchen und brandmarken Kritiker als islamophob, wenn sie auch nur andeuten, in der islamischen Tradition seien gewaltverherrlichende Positionen zu finden. Wieder eilen wir in den Opferdiskurs: »Sie hassen uns und wollen unsere Religion zerstören.« Und genau dies ist die Haltung der Unfreiheit, ja, der selbstverschuldeten Entmündigung des Menschen, wenn er Augen, Ohren und Herz verschließt und sich weigert, sich selbst zu entwickeln. Wir Muslime müssen den Mut haben, auch unseren Propheten Muhammad vor solchen unwürdigen Aussagen zu schützen, indem wir sie verwerfen. Gott oder dem Propheten solche Aussagen zuzuschreiben, in denen Ungerechtigkeiten und Menschenverachtung legitimiert werden, ist weder Gott noch dem Propheten würdig.

In meinem Buch »Islam ist Barmherzigkeit« habe ich mich für eine Lesart der Hölle stark gemacht, die sie im Sinne des Gelehrten al-Ghazālī metaphorisch versteht, und zwar als Ort der Transformation des Menschen, in dem der Mensch durch die Konfrontation mit seinen eigenen Verfehlungen und die daraus entstandene Einsicht und den entsprechenden inneren Wandel geläutert wird. Ein Prozess, der durchaus qualvoll ist, je nachdem, wie stark die eigenen Verfehlungen waren. Demnach wäre die Hölle keine Strafe, die von außen kommt, sondern die Konsequenz der eigenen Verfehlungen, die der Mensch nicht übergehen kann. Der muslimische Philosoph Muhammad Iqbāl (1877–1938) schreibt in diesem Sinne: »Himmel und Hölle sind Zustände, keine Orte. Ihre Beschreibungen im Koran sind visuelle

Darstellungen einer inneren Tatsache, das heißt, des Charakters. Die Hölle ist, den Worten des Korans zufolge, ›Gottes Feuer, das über den Herzen züngelt‹ (104:6–7), die schmerzhafte Erkenntnis, daß man als Mensch gescheitert ist. Der Himmel ist die Freude des Triumphes über die Kräfte der Auflösung. Im Islam gibt es so etwas wie ewige Verdammnis nicht. Das Wort ›Ewigkeit‹, das in einigen Versen in bezug auf die Hölle vorkommt, wird vom Koran selbst so erklärt, daß dies nur eine Zeitspanne bedeutet. Die Zeit kann für die Entwicklung der Persönlichkeit nicht gänzlich irrelevant sein. Der Charakter neigt dazu, beständig zu werden; für seine Umformung benötigt man notwendigerweise Zeit. Die Hölle, wie sie vom Koran verstanden wird, ist nicht eine Grube andauernder Folter, die von einem rachsüchtigen Gott auferlegt wird. Es handelt sich vielmehr um eine bessernde Erfahrung, die ein verhärtetes Ego vielleicht wieder für die lebendige Brise der göttlichen Gnade empfänglich macht.«[70]

Im Exklusivismus liegt eine Grundlage für Gewalt

Manche Muslime reagieren erstaunt bis irritiert und daher anfangs meist ablehnend, wenn sie mit koranischen Aussagen und Positionen konfrontiert werden, die dem widersprechen, was sie sonst zu hören gewohnt sind. Das betrifft vor allem die von vielen vertretene Position, Gottes Gnade und seine Zuwendung gälten exklusiv ihnen und niemandem sonst. Dabei ist der Koran in dieser Frage sehr differenziert. Würde er eine exklusivistische Position vertreten, dann würde er weder Vielfalt noch Religionsfreiheit dulden, sondern umgekehrt: Er würde dazu aufrufen, Vielfalt zu bekämpfen und die Menschen zur Annahme des Islams zu zwingen, wenn nötig mit Gewalt – eine Position, die von muslimischen Extremisten stark vertreten wird. Für einen Exklusivisten ist klar: Wenn ich ernsthaft daran glaube, dass meine Religion konfessionelle Vielfalt ablehnt, ich diese aber dennoch zulasse oder dulde, dann lasse ich etwas zu, was Gott nicht will. Ich sollte im Sinne meiner exklusivistischen Haltung die Vielfalt mit allen Mitteln zu verhindern suchen. Wobei ich hiermit keineswegs Muslime, die eine exklusivistische Haltung einnehmen, als potenzielle Gewalttätige hinstellen möchte. Ich will nur darauf hinweisen, dass im Exklusivismus an sich schon eine Grundlage für Gewalt steckt, denn Exklusivismus bedeutet nichts anderes als die Ablehnung des »Anderen«. Und wenn diese Ablehnung im Namen Gottes geschieht, dann nimmt sie absolute Züge an, und wir wären nicht mehr weit entfernt von dem, was man Religionskriege nennt. Die Geschichte der drei monotheistischen Religionen kennt das zur Genüge.

Ein Blick in die klassische islamische Theologie zeigt, dass die Mehrheit der traditionellen muslimischen Gelehrten die Meinung vertrat, das Verhältnis zwischen Muslimen und Nichtmuslimen sei vom Krieg und nicht vom Frieden bestimmt.[71] Und genau diese exklusivistische Haltung ist Grundlage für Gewalt und Krieg. Der Koran spricht jedoch eine andere Sprache, er ruft zu einer Haltung der Anerkennung von Religionsfreiheit auf. Daher sollten exklusivistische Auslegungen durch Gelehrte in ihren historischen Kontexten gelesen werden. Solche Positionen, die dem Geist des Korans widersprechen, müssen heute dringend hinterfragt werden. Gerade das Thema der Religionsfreiheit wird im Koran in verschiedenen Dimensionen angesprochen. Koranische Verse dazu lassen sich zu folgenden Aussagen zusammenfassen:

1. Die konfessionelle Vielfalt unter den Menschen ist gott-gewollt

Der Koran spricht sogar von einem Ziel der Schöpfung, dass es unterschiedliche Wege zur Wahrheit gibt: »Und wenn dein Herr gewollt hätte, hätte er die Menschen zu einer einzigen Gemeinschaft gemacht [...].«[72] Wenn nun die Vielfalt von Gott gewollt ist, dann ist der Islam nicht bestrebt, Vielfalt zu eliminieren, im Gegenteil, er würdigt die Vielfalt, auch die weltanschauliche und konfessionelle, und will sie fördern. Der Koran beschäftigt sich daher weniger mit einer Homogenisierung der Welt, sondern damit, die Menschen dahingehend zu erziehen, mit der Vielfalt konstruktiv, im Sinne von Empathie, Respekt und Würdigung des Anderen in seiner »Andersheit«, umzugehen. Der Koran betont zudem, dass das Streben nach Beseitigung von Vielfalt ein Streben nach Unheil auf der Erde ist: »[...] und wenn Gott nicht die einen Menschen durch die anderen zurückgehalten hätte, wäre die Erde dem Unheil verfallen [...]«[73]. Die Geschichte der Religionskriege legt mehrfach Zeugnis davon ab, dass die Bekämpfung von Vielfalt Unheil bedeutet. Der Koran lädt die Menschen daher dazu ein, konstruktive Wege zu suchen, wie sie ihre Interessen untereinander aushandeln, ohne einen Exklusivismus anzustreben. Die Vielfalt muss gewürdigt und geschützt bleiben.

Wie ich oben ausgeführt habe, ist die Wahrheit (*al-Haqq*) einer der Namen Gottes. Die absolute Wahrheit ist daher für uns unerreichbar, wir Menschen können uns ihr nur annähern. Exklusivistische Positionen begehen den Fehler, dass sie davon ausgehen, Gott begriffen und den alleinigen Anspruch auf ihn zu haben. Der Koran lehrt aber, dass es zum muslimischen Wahrheitsanspruch gehört, dass Gott Vielfalt will und sie auch schützen will. Darin ist keineswegs eine Relativierung des eigenen Wahrheitsweges zu erkennen, er muss aber nicht zwangsläufig der einzig richtige sein.

Der Mensch kann nur frei sein, wenn er die Freiheit des anderen bejaht, sich dem anderen öffnet. Verschließt er sich aber, beraubt er sich selbst seiner eigenen Freiheit.

2. *Gott allein richtet zwischen den Menschen, und zwar im Jenseits*

Der Koran spricht hier eine klare Sprache und unterstreicht, dass nur Gott die Kompetenz zukommt, unter den Menschen bezüglich ihrer weltanschaulichen und konfessionellen Zugehörigkeit am Tage des Gerichts zu richten. Daher wird das Jenseits im Koran als Tag der Entscheidung (*Yawm al-Fasl*) bezeichnet (Koran 37:21, 44:40, 77:11–15, 77:38). Dies impliziert eine klare Absage an all diejenigen, die sich selbst die Kompetenz zuschreiben, über die Menschen richten zu wollen und die einen ins Paradies, die anderen in die Hölle zu schicken. Meist steckt schlicht das Verlangen nach Überlegenheit dahinter. Und was verleiht mehr Überlegenheit, als sich zu einem Gott, zum Absoluten zu erheben und über Menschen zu richten. Wer sich anmaßt, diese Position einzunehmen, bringt damit zum Ausdruck: »Um mich mache ich mir keine Sorgen, denn ich bin schon längst errettet.« Sich zu einem Richtergott zu erheben, ist an Hochmut kaum zu übertreffen. Der Koran warnt, gerade dies sei die Haltung derer, die sich selbst verloren haben: »Sollen wir euch sagen, wer die richtigen Verlierer sind? Das sind jene, deren Bemühungen im diesseitigen Leben verfehlt sind, während sie meinen, sie täten Gutes. Das sind jene, die die Zeichen ihres Herren nicht ernst nehmen [...].«[74] Der Mensch soll sich lieber mit sich selbst auseinandersetzen und seine eigene Läuterung anstreben. Gerade wir Muslime und gerade diejenigen unter uns, die sich ihr Leben lang um die eigene Achse drehen und sich als überlegen fühlen, sollten ihre Zeit und Energie darin investieren, einen konstruktiven Beitrag für eine positive Entwicklung ihrer Gesell-

schaften zu leisten. Aber zuerst muss man sich selbst intel-
lektuell, geistig und spirituell bereichern, um andere bereichern zu können.

Der Koran unterstreicht die alleinige Befugnis Gottes,
über die Menschen zu richten u. a. in den folgenden beiden
Versen: »Wahrlich, zwischen den Muslimen, den Juden, den
Sabäern und den Christen und den Magiern und den Polytheisten wird Gott richten am Tag der Auferstehung. Wahrlich, Gott ist aller Dinge Zeuge.«[75] Und: »Dein Herr wird
am Tag der Auferstehung zwischen ihnen entscheiden über
das, worüber sie (in ihrem Erdenleben) uneins waren.«[76]
(Vgl. auch 2:113, 3:55, 4:140–141, 5:48, 6:61–62, 6:164,
10:93, 23:117, 39:46, 42:10.)

Wie ich oben angeführt habe, wenn der Koran sagt:
»Und die Juden sagen: ›Den Christen fehlt die Sachkunde‹,
und die Christen sagen: ›Den Juden fehlt die Sachkunde‹.
Dabei lesen sie doch die Schrift. Sie reden wie diejenigen,
die kein Wissen haben. Am Tag der Auferstehung wird
Gott zwischen ihnen richten, worüber sie uneins waren«[77],
dann will er damit die grundsätzliche Haltung, anderen die
ihnen gebührende Anerkennung absprechen, kritisieren. Am
Ende des Verses betont der Koran, dass es lediglich in der
Kompetenz Gottes liegt, zwischen den Menschen und den
Konfessionen zu richten.[78]

3. Der Koran verbietet Zwang in religiöser Hinsicht

Der Koran verbietet jeglichen Zwang im Glauben: »In der
Religion gibt es keinen Zwang.«[79] In diesem Zusammenhang kritisiert der Koran die Haltung des Zwangs als Haltung der Leugner, nicht jedoch der Propheten und der Gläubigen. Er führt viele Beispiele an, wie Propheten und deren
Anhänger wegen ihrer Religionszugehörigkeit verfolgt, ge-
foltert und zum Teil getötet worden sind. Und zur Erinnerung: Wenn der Koran Kritik an bestimmten Völkern aus-

übt, dann nicht, weil es ihm um diese Völker geht, die uns manchmal völlig unbekannt sind; der Koran übt vielmehr Kritik an bestimmten Haltungen. Hier wird religiöser Zwang als solcher scharf kritisiert. Adressat dieser Botschaft sind die Adressaten des Korans. Heute sind wir das, und muslimische Extremisten müssen verstehen, dass sich die koranische Kritik gegen jegliche Form von Zwang an sie direkt richtet. Hier einige Beispiele aus dem Koran:

- Der Koran verbietet dem Propheten Muhammad, Menschen zum Glauben zu zwingen: »Und wenn dein Herr wollte, würden die, die auf der Erde sind, alle zusammen gläubig werden. Willst nun du die Menschen (dazu) zwingen, dass sie glauben?«[80]

- Auch der Prophet Noah erklärte seinem Volk, dass er keine Befugnis hat, sie zum Glauben zu zwingen: »Er sagte: ›Ihr Leute! Was meint ihr wohl, wenn mir ein klarer Beweis von Seiten meines Herrn vorliegt und er mir Barmherzigkeit von sich hat zukommen lassen, während sie eurem Blick entzogen wurde, sollen wir sie euch gegen euren Willen aufnötigen?‹«[81]

- So wurde das Volk des Propheten Schu'ayb bedroht, sollte es muslimisch bleiben: »Die Vornehmen aus seinem Volk, die hochmütig waren, sagten: ›Schu'ayb! Wir werden dich und diejenigen, die mit dir glauben, gewiss aus unserer Stadt vertreiben, oder ihr müsst wieder unserer Religion beitreten [...]‹.«[82]

- Auch Abraham wurde von seinem Vater und seinem Volk bedroht: »Er sagte: ›Willst du denn meine Götter verschmähen, Abraham? Wenn du (damit) nicht aufhörst, werde ich dich bestimmt steinigen. Lass dich eine Zeitlang nicht mehr vor mir blicken!‹«[83] Und: »Sie sagten: ›Verbrennt ihn und helft (auf diese Weise) euren Göttern, wenn ihr (schon) vorhabt, etwas zu tun!‹«[84] Und: »Seine Leute wussten nichts anderes (darauf) zu erwidern, als dass sie (zueinander) sagten: ›Tötet ihn oder verbrennt ihn!‹ Da errettete ihn Gott vom Feuer. Darin liegen Zeichen für Leute, die glauben.«[85]

- Der Prophet Noah ebenfalls: »Sie sagten: ›Noah! wenn du (mit deinem Gerede) nicht aufhörst, wird man dich bestimmt steinigen.‹«[86]

- Der Pharao drohte Moses: »Er (Pharao) sagte: ›Wenn du dir einen anderen als mich zum Gott nimmst, werde ich dich gefangensetzen.‹«[87] Und er drohte dem Volk Mose, das seinem Ruf zum Monotheismus gefolgt war: »Und (damals) als wir euch von den Leuten Pharaos erretteten, während sie euch eine schlimme Qual auferlegten, indem sie eure Söhne abschlachteten und (nur) eure Frauen am Leben ließen! […].«[88]

- Das Volk Lots wurde verbannt: »Seine Leute wussten aber nichts anderes (darauf) zu erwidern, als dass sie (zueinander) sagten: ›Vertreibt die Familie Lots aus eurer Stadt! Das sind (ja) Menschen, die sich rein halten.‹«[89]

- Auch der Prophet Muhammad sah sich damit konfrontiert: »Und (damals) als die Leugner gegen dich Ränke schmiedeten, um dich festzunehmen oder zu töten oder (aus Mekka) zu vertreiben! […].«[90] Und: »Und sie hätten dich beinahe aus dem Land verscheucht, um dich (endgültig) daraus zu vertreiben […].«[91]

- Die Anhänger Muhammads wurden aus ihren Häusern vertrieben: »(Ihnen) die unberechtigterweise aus ihren Wohnungen vertrieben worden sind, nur weil sie sagen: Unser Herr ist Gott […].«[92] Sie werden aber auch verfolgt und getötet: »[…] Darum werde ich denen, die um meinetwillen ausgewandert und aus ihren Häusern vertrieben worden sind und Ungemach erlitten haben, und die gekämpft haben und (dabei) getötet worden sind, ihre schlechten Taten tilgen, und ich werde sie in

Gärten eingehen lassen, in deren Niederungen Bäche fließen [...].«[93]

4. Der Mensch ist ein freies Geschöpf, das Verantwortung für seine weltanschauliche Selbstbestimmung trägt

An vielen Stellen betont der Koran, dass es dem Menschen freisteht, seine Religion bzw. Weltanschauung zu bestimmen. Wenn jemand sich für den Ein-Gott-Glauben entscheidet, dann nur aus freier Selbstbestimmung, ohne Zwang oder Druck von außen. Daher obliegt den Propheten, auch dem Propheten Muhammad, nur die Verkündung eines Angebots, das sich an die Menschen richtet, das ihnen aber keineswegs aufgezwungen werden darf: »Und wenn sie mit dir (über den Inhalt der Offenbarung) streiten, dann sag: Ich ergebe mich Gott, (ich) und wer mir folgt! Und sag zu denen, die die Schrift erhalten haben und zu den Heiden: Wollt ihr (jetzt) den Islam annehmen? Wenn sie den Islam dann annehmen, sind sie rechtgeleitet. Wenn sie sich aber abwenden, so hast du nur die Botschaft auszurichten (und bist für ihren Unglauben nicht verantwortlich). Gott durchschaut die Menschen wohl.«[94] Oder: »Gehorchet Gott und dem Gesandten und nehmt euch in acht! Wenn ihr euch abwendet (und der Aufforderung nicht Folge leistet), müsst ihr wissen, dass unser Gesandter nur die Botschaft deutlich auszurichten hat.«[95] Oder: »Der Gesandte hat nur die Botschaft auszurichten. Und Gott weiß (gleichermaßen), was ihr kundgebt, und was ihr (in euch) verborgen haltet.«[96] Oder: »Und diejenigen, die (dem einen Gott andere Götter) beigesellen, sagen: ›Wenn Gott gewollt hätte, hätten weder wir noch unsere Väter an seiner Statt etwas verehrt, und wir hätten (auch) nichts an seiner Statt für verboten erklärt. Diejenigen, die vor ihnen lebten, haben ebenso gehandelt. Aber obliegt den Gesandten etwas anderes, als die Botschaft deutlich auszurichten?‹«[97] (Vgl. auch 16:82, 24:54, 29:18,

36:17, 42:48, 64:12, 6:48, 18:56, 7:184, 7:188, 11:12,
22:49, 26:115, 88:21, 6:104, 10:108, 27:92, 31:12,
31:22–23, 39:14–15, 91:7–10, 74:54, 81:27–28.)

Neben diesen Versen führt der Koran zahlreiche Aussagen an, die dem Propheten Muhammad unmissverständlich verbieten, seine Kompetenz als Verkünder, der lediglich
ein Angebot macht, zu überschreiten, auch dann nicht,
wenn ihm widersprochen wird: »Warne nun (deine Lands-
leute)! Du bist (ja) nur ein Warner«[98]. Oder: »Wir wissen
sehr wohl, was sie sagen. Und du hast keine Gewalt über
sie. Mahne nun mit dem Koran (alle) diejenigen, die meine
Drohung (mit dem Gericht) fürchten!«[99] Oder: »Und verstoß nicht (aus deiner Gemeinschaft), die morgens und
abends in frommer Hingabe zu ihrem Herrn beten! Du
brauchst sie nicht zur Rechenschaft zu ziehen – so wie sie
(ihrerseits) dich nicht zur Rechenschaft zu ziehen haben –
sodass du sie (etwa aus diesem Grund) verstoßen dürftest.
Sonst würdest du zu den Frevlern gehören.«[100] Oder: »Nunmehr sind sichtbare Hinweise von eurem Herrn zu euch gekommen (damit ihr einsichtig werdet). Wenn nun einer (die
Hinweise beachtet und) sieht, ist es zu seinem eigenen Vorteil, wenn einer blind ist, zu seinem eigenen Nachteil. Und
ich bin nicht Hüter über euch.«[101] Oder: »[...] Und wir haben dich nicht zum Hüter über sie gemacht. Du bist auch
nicht ihr Sachwalter.«[102] Oder: »Und wenn dein Herr wollte, würden die, die auf der Erde sind, alle zusammen gläubig
werden. Willst nun du die Menschen (dazu) zwingen, dass
sie glauben?«[103] Und: »Es ist nicht deine Aufgabe, sie (zum
Glauben) rechtzuleiten. Vielmehr leitet Gott recht, wen er
will [...]«[104] (Vgl. auch: 11:86, 4:80, 6:66, 10:108, 39:41,
42:6, 17:54, 25:43, 24:54, 10:41.)

5. Nicht jeder, der nicht an Gott oder an den Islam glaubt, ist ein Leugner (arab. kāfir)

Nicht jeder, der sich gegen Gott entscheidet, ist ein Leugner (arab. *kāfir*). Denn es gibt Menschen, die Gott ablehnen, weil sie nichts von ihm gehört bzw. nur ein verzerrtes Bild von ihm haben. Sie sind keine Leugner, denn das, was sie leugnen, ist nicht Gott, ist nicht der Islam. Ihnen muss Hoffnung gemacht werden, dass sie potenzielle Zugehörige der Gemeinschaft Gottes sind, denn ihre ablehnende Haltung dem Gottglauben gegenüber entspringt nicht einem bewussten Leugnen, sondern der Nichtüberzeugung bzw. Unwissenheit. Wir dürfen also Menschen nicht verdammen, nur weil sie meinen, nicht an Gott zu glauben, da sie womöglich nach der *fitra* (Grundzustand des Menschen, sein Leben auf das absolut Gütige, also auf Gott hin auszurichten) leben, ohne je von Gott gehört zu haben bzw. nur in einer verzerrten Form, sodass das, was sie ablehnen, nicht eigentlich Gott ist, sondern das, von dem sie glauben, es sei Gott. Es reicht nicht, dass jemand einfach irgendetwas von Gott bzw. vom Islam gehört hat, um dann von ihm zu erwarten, dass er daran glaubt, denn der Koran spricht davon, dass der Prophet so zu verkünden hat, dass sein Wissen mit dem Wissen seiner Adressaten, zu denen er die Verkündung bringt, auf derselben Stufe steht (vgl. Koran 21:109). Wem die Wahrheit ersichtlich ist und wer diese trotzdem verleugnet, der ist ein *kāfir*, ein Leugner. Menschen in der Hölle zu bestrafen, nur weil sie keinen Zugang zum objektiven Verstehen des Glaubens hatten und ihnen keine ausreichenden bzw. nur verzerrte Informationen zur Verfügung standen, wäre unvereinbar mit der Barmherzigkeit Gottes. Diese Problematik war den muslimischen Gelehrten bewusst, sie haben sie unter der Frage nach dem Ausgang für die sogenannten »*ahlu l-fatra*« behandelt, Menschen also, die keine Verkündung erreicht hat. Dabei besteht ein Konsens darüber, dass diese Menschen keineswegs bestraft werden, denn: »[...] Wir [Gott] bestrafen nicht, ohne einen Gesandten geschickt zu haben.«[105] Die Intention sollte sein, das Tor zu Gott offen zu halten, und zwar für alle Menschen, und ihnen das Angebot Gottes auf schönste Weise zu unterbreiten, auch wenn sie nicht bewusst an Gott glauben, denn Gott sucht nach Menschen, durch die er seine Intention, Liebe und Barmherzigkeit, verwirklichen kann; Menschen, die bereit sind, seine Angebote anzunehmen und zu verwirklichen. Und umgekehrt ist jeder, der lediglich mit der Zunge meint, an Gott zu glauben, jedoch Liebe und Barmherzigkeit nicht durch sein Handeln bezeugt, kein gläubiger Muslim. So sagte der Prophet Muhammad: »Keiner ist gläubig, wenn er seinem Bruder nicht das wünscht, was er sich selbst wünscht.«[106] Und: »Derjenige, der satt schläft, aber weiß, dass sein Nachbar hungert, der glaubt nicht an meine Botschaft.«[107]

An dieser Stelle muss angemerkt werden, dass der arabische Begriff »*kufr*«, der sich im Koran mehrfach wiederholt, in der Regel mit »Unglaube« übersetzt wird. Entsprechend wird »*kāfir*« (Plural: *kuffār* bzw. *kāfirūn*) mit »Ungläubiger« übersetzt. Betrachtet man diese koranischen Stellen genauer, dann sieht man, dass Unglaube ein höchst fragwürdiger Begriff ist. So wird der Erzteufel im Koran etwa als »*kāfir*« bezeichnet (vgl. Koran 38:74), obwohl er die Existenz Gottes keineswegs bestreitet; der Koran führt mehrere Dialoge zwischen ihm und Gott an. Der Koran bezeichnet auch keineswegs Juden, Christen oder sogar die Polytheisten pauschal als »*kāfirūn*« (vgl. Koran 2:105). In so gut wie jeder Koranübersetzung wird jedoch der Begriff »Ungläubige« für »*kāfirūn*« verwendet. Diese Übersetzung ist falsch. Vers 105 der zweiten Sure bezeichnet keineswegs alle Polytheisten (Mekkaner) bzw. alle Christen und Juden als »*kāfirūn*«, obwohl diese keine Muslime im engeren Sinne waren. Die richtige Übersetzung des Begriffs »*kufr*« wäre

»Leugnen«, also die Wahrheit erkennen und von ihr überzeugt sein, sie dann aber aus egal welchen persönlichen, sozialen oder politischen usw. Gründen ablehnen.

6. *Der Koran lehnt eine exklusivistische Position ab*

Wenn es um das Verhältnis zu anderen Religionen geht, legt
der Koran zwei Voraussetzungen als Grundlage für das Eintreten in Gottes Gemeinschaft, in die ewige Glückseligkeit
dar: eine theoretische und eine praktische. Bei der theoretischen Dimension geht es um den Glauben an den einen Gott
und an das Ablegen der Rechenschaft im Jenseits. Die praktische Dimension meint das aufrichtige und konstruktive
Handeln: »Die Muslime, und diejenigen, die dem Judentum
angehören, und die Christen und die Sabäer, – (alle) die, die
an Gott und den jüngsten Tag glauben und Rechtschaffenes
tun, denen steht bei ihrem Herrn ihr Lohn zu, und sie brauchen (wegen des Gerichts) keine Angst zu haben, und sie
werden (nach der Abrechnung am jüngsten Tag) nicht traurig sein.«[108] Und: »Sie sind (aber) nicht (alle) gleich. Unter
den Leuten der Schrift gibt es (auch) eine Gemeinschaft,
die (andächtig im Gebet) steht, (Leute) die zu (gewissen)
Zeiten der Nacht die Verse Gottes verlesen und sich dabei
niederwerfen. Sie glauben an Gott und den jüngsten Tag, gebieten, was recht ist, verbieten, was verwerflich ist, und
wetteifern (im Streben) nach den guten Dingen. Die gehören
(dereinst) zu den Rechtschaffenen. Für das, was sie an Gu-
tem tun, werden sie (dereinst) nicht Undank ernten. Und
Gott weiß Bescheid über die, die (ihn) fürchten.«[109] (Vgl.
auch 3:64, 4:123–125.)

Der Koran würdigt Thora und Bibel und ruft den Propheten auf, zwischen den Juden und den Christen gemäß deren Büchern zu richten: »Aber wie können sie dich zum
Schiedsrichter machen, wo sie doch die Thora haben, in
der die Entscheidung Gottes vorliegt [...].«[110] Der Koran

fordert die Juden und die Christen zudem auf, sich an die Thora und an die Bibel zu halten und diese in ihr Leben zu integrieren: »Sag: Ihr Leute der Schrift! Ihr entbehrt (in euren Glaubensanschauungen) der Grundlage, solange ihr nicht die Thora und das Evangelium, und was (sonst noch) von eurem Herrn (als Offenbarung) zu euch herabgesandt worden ist, haltet […].«[111] Sowie: »Und wenn die Leute der Schrift glauben würden und gottesfürchtig wären, würden wir ihnen ihre schlechten Taten tilgen und sie in Gärten der Wonne eingehen lassen. Und wenn sie die Thora und das Evangelium, und was (sonst noch) von ihrem Herrn (als Offenbarung) zu ihnen herabgesandt worden ist, halten würden, würden sie sicherlich über sich und zu ihren Füßen Nahrung finden. Unter ihnen gibt es eine Gruppe, die einen gemäßigten Standpunkt vertritt. Aber schlimm ist, was viele (andere) von ihnen tun.«[112]

Er würdigt auch die Anhänger Jesu und verspricht ihnen einen besonderen Stellenwert: »(Damals) als Gott sagte: ›Jesus! Ich werde dich (nunmehr) abberufen und zu mir (in den Himmel) erheben und rein machen, sodass du den Leugnern entrückt bist. Und ich werde bewirken, dass diejenigen, die dir folgen, den Leugnern bis zum Tag der Auferstehung überlegen sind. Dann (aber) werdet ihr (alle) zu mir zurückkehren. Und ich werde zwischen euch entscheiden über das, worüber ihr (im Erdenleben) uneins waret.‹«[113]

Der Koran versteht sich keineswegs als Abbruch, als Zäsur der heiligen Bücher vor ihm, im Gegenteil sieht er sich als deren Bestätigung: »Und wir haben die Schrift mit der Wahrheit zu dir herabgesandt, damit sie bestätigt, was von der Schrift vor ihr da war, und darüber Gewissheit gebe. […] Für jeden von euch haben wir ein (eigenes) Brauchtum und einen (eigenen) Weg bestimmt. Und wenn Gott gewollt hätte, hätte er euch zu einer einzigen Gemeinschaft gemacht. Aber er (teilte euch in verschiedene Gemeinschaften auf und) wollte euch (so) in dem, was er euch (von der Offenbarung) gegeben hat, auf die Probe stellen. Wetteifert nun nach den guten Dingen! Zu Gott werdet ihr (dereinst) allesamt zurückkehren. Und dann wird er euch Kunde geben über das, worüber ihr (im Diesseits) uneins wart.«[114] (Vgl. auch: 10:37, 12:111, 2:89, 2:101, 3:81, 6:92, 2:41, 46:12, 2:91, 2:97, 4:47.) Er würdigt die Thora als Rechtleitung, als Barmherzigkeit und Licht (Koran 5:44; 6:91; 6:154; 7:154), ebenso wird die Bibel als Rechtleitung und Licht gewürdigt (Koran 5:46).

Der Koran bezeichnet jeden, der sein Leben auf Gott hin ausrichtet als Muslim, daher werden zum Beispiel Abraham im Koran als Muslim bezeichnet (3:67 und 2:131–134) sowie auch Lot (51:36), Noah (10:72), Josef, der Sohn Jakobs (12:101), Moses (10:84), Salomon (27:91) und die Anhänger Jesu (5:111).

Sehr oft greifen Vertreter einer exklusivistischen Position, um ihre Ablehnung der anderen Religionen zu unterstreichen, auf folgenden koranischen Vers zurück: »Die Religion bei Gott ist der Islam […]«[115]. Sie übersehen dabei jedoch, dass der Begriff »Islam« im Koran keine bestimmte Religion bezeichnet, sondern den Glauben an den einen Gott.[116]

Muhammad sah seine Verkündigung in einer Linie mit Judentum und Christentum. Er begriff sich nie als Stifter einer neuen Religion, sondern als Verkünder des Monotheismus, zu dem alle anderen Propheten vor ihm aufgerufen hatten. Daher sind die Muslime angehalten, an die Botschaften aller Propheten Gottes zu glauben: »Sag: Wir glauben an Gott und (an das) was (als Offenbarung) auf uns, und was auf Abraham, Ismael, Isaak, Jakob und die Stämme (Israels) herabgesandt worden ist, und was Moses, Jesus und die Propheten von ihrem Herrn erhalten haben, ohne dass wir bei einem von ihnen (den anderen gegenüber) einen Unterschied machen. Ihm sind wir ergeben.«[117]

Der Koran sieht in der Vielfalt der Religionen eine Bereicherung und keineswegs eine Aufforderung sich abzugrenzen: »Gott verbietet euch nicht, gegen diejenigen pietätvoll und gerecht zu sein, die nicht der Religion wegen gegen euch gekämpft, und die euch nicht aus euren Wohnungen vertrieben haben. Gott liebt die, die gerecht handeln. Er verbietet euch nur, euch denen anzuschließen, die der Religion wegen gegen euch gekämpft, und die euch aus euren Wohnungen vertrieben oder bei eurer Vertreibung mitgeholfen haben. Diejenigen, die sich ihnen anschließen, sind die (wahren) Frevler.«[118] Er betont ausdrücklich, dass das Essen der Juden und Christen den Muslimen erlaubt ist (Koran 5:5).

Anstatt auf eine exklusivistische Haltung hinzuarbeiten, plädiert der Koran für ständige Aushandlungsprozesse von Interessen zwischen den Menschen und den Gesellschaften. Diese Aushandlungsprozesse sieht der Koran als Schutz, und zwar nicht für den Islam allein, sondern für die Vielfalt und somit als Schutz für die Interessen aller. Der Koran drückt dies auf eindrucksvolle Weise aus: »[...] Und wenn Gott nicht die einen Menschen durch die anderen abwehrt, zerstört wären Mönchsklausen, Kirchen, Gebetsstätten und Niederwerfungsstätten, in denen des Namens Gottes viel gedacht wird. Und Gott wird dem helfen, der Ihm hilft [...].«[119] Sogar wenn die eigenen Eltern Nichtmuslime sind und einen unter Druck setzen würden, den Islam zu verlassen, sollte man dennoch gütig zu ihnen sein: »Wenn sie dich aber bedrängen, du sollest mir (in meiner Göttlichkeit) etwas beigesellen, wovon du kein Wissen hast, dann gehorche ihnen nicht! Und verkehre im Diesseits auf gütige Weise mit ihnen, aber folge dem Wege derer, die sich mir (bußfertig) zuwenden! Hierauf werdet ihr (sterben und) zu mir zurückkehren. Und dann werde ich euch Kunde geben über das, was ihr (in eurem Erdenleben) getan habt.«[120]

7. Die exlusivistische Haltung ist eine Haltung der Selbstunsicherheit

Der zeitgenössische Reformer Adnan Ibrahim erkennt in seiner Doktorarbeit über Glaubensfreiheit im Islam in einer exklusivistischen Haltung, die den anderen ablehnt und ihn ausschließt, einen Ausdruck der Selbstunsicherheit, wie sie vor allem bei den Laien vorkommt, die Angst haben, die eigene Position nicht verteidigen oder nicht überzeugend begründen zu können.[121] Um sich eine ernste Auseinandersetzung mit dem »Anderen« zu ersparen, greift man einfach zu Ausschlussmechanismen. Man eliminiert ihn geistig. Viele sehen in der Pluralität eine Bedrohung, die das Eigene relativieren will. Aber ist das Gefühl der Bedrohung nicht Ausdruck dessen, dass ich mir meiner eigenen Überzeugungen nicht so ganz sicher bin, sodass ich mich verschließe und Vielfalt nicht zulassen kann? Wenn ich mir meiner Überzeugungen sicher bin, warum sollte mich Vielfalt so beunruhigen? Warum haben viele ein Problem damit, dass Gott nicht nur ihnen gnädig ist? Warum wollen sie Gott so vereinnahmen, dass sie es nicht aushalten können, dass er Menschen mit anderen Überzeugungen auch in seine ewige Glückseligkeit aufnehmen kann und will? Ich finde es sogar erstaunlich, wie oft muslimische Gelehrte, die eine offene Haltung der Anerkennung von Pluralität vertreten, angegriffen und angefeindet werden – und zwar von den eigenen Glaubensgenossen. Ein frommer Mensch müsste sich ja freuen, wenn er erfahren würde, dass Gott allen Menschen gnädig sein will. Es ist keine Frage, Gott ist gerecht, er lehnt daher jede Form von Ungerechtigkeit ab. Er lehnt die negative Handlung und Haltung ab, er lehnt die Sünde ab, nicht jedoch den Menschen, der sündigt, denn diesem macht er weiterhin Angebote, er möge zurückkehren und Einsicht zeigen.

Ibrahim erwähnt zusätzlich einen sozialen Aspekt, warum Menschen Angst vor Pluralität haben.[122] Exklusivität ist stark identitätsstiftend. Zum Mainstream zu gehören, einfach mitzumachen und das zu vertreten, was die Mehrheit vertritt, verleiht einem die Selbstvergewisserung, dazuzugehören. Dieses Zugehörigkeitsgefühl kann durch kritisches Hinterfragen der einen oder anderen Position des Mainstreams erschüttert werden, daher auch die Verweigerung jeglicher kritischer Haltung. Der Koran sieht, wie oben ausgeführt wurde, in einer kritischen Haltung, der ständigen Hinterfragung eigener Positionen, ein grundsätzliches religiöses Gebot. Es ist keineswegs verpönt, sich mit einem Kollektiv zu identifizieren, man darf aber das Bewusstsein nicht verlieren, dass letztendlich jeder für seine Einstellungen und Handlungen selbst verantwortlich ist. Die Selbstbestimmung ist ein Grundpfeiler des Menschseins, daher betont der Koran an mehreren Stellen, dass jeder, auch vor Gott, als Individuum für seine Haltungen Rechenschaft ablegen wird. Das Argument: »Ich habe dies oder jenes so gesehen oder so gemacht, weil alle es so gesehen haben oder weil alle es so gemacht haben« (Mainstream) gilt da nicht.

Die Hauptargumente der Extremisten und deren Wiederlegung

Diejenigen, die Gewalt und Krieg gegen Nichtmuslime damit legitimieren, dass diese keine Muslime seien, begründen ihre Haltung mit folgenden Aussagen des Korans und des Propheten Muhammads:

1. Der Schwertvers: Muslimische Extremisten vertreten die Position, der Islam gebiete, alle Nichtmuslime zu bekämpfen, egal ob sie gläubige Christen, Juden oder Atheisten bzw. Vertreter anderer Weltanschauungen sind, und unabhängig davon, ob sie sich im Krieg oder im Frieden mit den Muslimen befinden, bis sie entweder den Islam annehmen,

Schutzgeld zahlen oder getötet werden. Der Grund der Kriegserklärung an alle Nichtmuslime liege also schlicht darin, dass sie Nichtmuslime sind. Wie schon erwähnt, vertreten diese Haltung auch einige der klassischen islamischen Gelehrten. Extremisten und andere berufen sich dabei auf den sogenannten Schwertvers im Koran, der angeblich alle anderen koranischen Verse, die in irgendeiner Weise für Toleranz gegenüber den Nichtmuslimen plädieren, abrogiert (aufgehoben) haben soll. Es ist umstritten, welcher Vers der angebliche Schwertvers ist: entweder der fünfte Vers der neunten Sure: »Und wenn nun die heiligen Monate abgelaufen sind, dann tötet die Heiden, wo ihr sie findet, greift sie, umzingelt sie und lauert ihnen überall auf! Wenn sie sich aber bekehren, das Gebet verrichten und die Almosensteuer geben, dann lasst sie ihres Weges ziehen! Gott ist barmherzig und bereit zu vergeben.« Oder der 29. Vers der neunten Sure: »Kämpft gegen diejenigen, die nicht an Gott und den jüngsten Tag glauben und nicht verbieten, was Gott und sein Gesandter verboten haben, und nicht der wahren Religion angehören – von denen, die die Schrift erhalten haben – (kämpft gegen sie), bis sie kleinlaut aus der Hand Tribut entrichten!« Oder der 36. Vers der neunten Sure: »Zwölf gilt bei Gott als die (richtige) Zahl der Monate. (Das ist) in der Schrift Gottes (bereits) am Tag, da er Himmel und Erde schuf (festgelegt worden). Davon sind vier heilig. Das ist die richtige Religion. Frevelt nun in ihnen nicht gegen euch selber (indem ihr euch mit Sünde beladet)! Und kämpft allesamt gegen die Heiden, so wie sie (ihrerseits) allesamt gegen euch kämpfen! Ihr müsst wissen, dass Gott mit denen ist, die (ihn) fürchten.«

2. Der »Fitna-Vers«: Es handelt sich um Vers 193 der zweiten Sure, in dem die Rede davon ist, die Nichtmuslime solange zu bekämpfen, bis keine »*fitna*« mehr existiert. Der Begriff »*fitna*«, der Versuchung meint, wird von diesen Gelehrten mit »Unglaube« übersetzt, und so lautet für sie die

Aussage dieses Verses: Muslime sollten Nichtmuslime solange bekämpfen, bis es keine Nichtmuslime mehr gibt.

3. Das Loyalitätsverbot gegenüber den Nichtmuslimen: Darunter fallen mehrere koranische Verse, die scheinbar solche Loyalitäten verbieten: »Die Gläubigen sollen sich nicht die Leugner anstatt der Gläubigen zu Vertrauten nehmen. Wer das tut, hat keine Gemeinschaft (mehr) mit Gott [...].«[123] Oder: »Ihr Gläubigen! Nehmt euch nicht die Juden und die Christen zu Vertrauten! Sie sind untereinander Vertraute (aber nicht mit euch). Wenn einer von euch sich ihnen anschließt, gehört er zu ihnen (und nicht mehr zu der Gemeinschaft der Gläubigen). Gott leitet das Volk der Frevler nicht recht.«[124] Und: »Ihr Gläubigen! Nehmt euch nicht meine und eure Feinde zu Vertrauten, indem ihr ihnen (eure) Loyalität zu erkennen gebt, wo sie doch nicht an das glauben, was von der Wahrheit (der Offenbarung) zu euch gekommen ist, und den Gesandten und euch (nur darum aus Mekka) vertrieben haben, dass ihr an Gott, euren Herrn, glaubt! [...]«[125] In diesen Versen sehen Extremisten eine Legitimation zum Angriffskrieg gegen Nichtmuslime.

4. Die Aussage des Propheten Muhammad: »Mir wurde befohlen, die Menschen solange zu bekriegen, bis sie bezeugen, dass es keine Gottheit gibt außer dem einen Gott.«[126]

5. Die Aussage des Propheten Muhammad: »Ich wurde mit dem Schwert entsandt, bis nur Gott alleine ohne Beigesellen angebetet wird [...].«[127]

6. Sie argumentieren aber auch damit, dass die Kriege des Propheten Muhammad nicht nur Verteidigungs-, sondern auch Angriffskriege waren.

Die Erwiderung der Gegenseite, die im Dschihad lediglich einen Verteidigungskampf sieht und für Angriffskriege keine Legitimation im Islam findet, gestaltet sich wie folgt:

1. In der islamischen Lehre gilt die Regel, dass allgemeine Aussagen, wie die Verse 9:5, 9:29 und 9:36, die alle im Sinne

von »Tötet sie wo immer ihr sie findet« lauten, durch andere
koranische Verse, die genauere Gründe für den Krieg ange-
ben, spezifiziert werden und nicht umgekehrt. Man orientiert
das Allgemeine nach dem Spezifischen und nicht das Spezifische nach dem Allgemeinen. Spezifische Verse, die den Krieg
begründen, sind solche wie: »Und kämpft um Gottes willen
gegen diejenigen, die gegen euch kämpfen! Aber begeht keine
Übertretung (indem ihr den Kampf auf unrechtmäßige Weise
führt)! Gott liebt die nicht, die Übertretungen begehen.«[128]
Oder: »Denjenigen, die (gegen die Leugner) kämpfen, ist die
Erlaubnis (zum Kämpfen) erteilt worden, weil ihnen (vorher)
Unrecht geschehen ist. – Gott hat die Macht, ihnen zu helfen.«[129] Daher vertreten die sunnitischen Rechtsschulen, mit
Ausnahme einiger ihrer Vertreter und den schafi'itischen, die
Haltung, dass Kriege gegen Nichtmuslime nur als Verteidi-
gungskriege legitim sind.

Eine zeitgenössische Exegese, wie ich sie vertrete, argumentiert, dass der Koran historisch zu kontextualisieren
ist: Sämtliche Verse, die an historische Ereignisse gebunden
sind und somit einem gesellschaftlichen Wandel unterliegen,
müssen in ihrem historischen Kontext verstanden werden,
um in einem zweiten Schritt das jeweilige ethische Prinzip
des Verses zu eruieren. Dieses Prinzip wird dann in den heutigen Lebenskontext übertragen. Es geht also nicht darum,
diese Verse wörtlich in die heutige Zeit zu übertragen, sondern das Prinzip hinter ihnen zu verstehen. Das kann je nach
beschriebener Situation im Koran variieren, jedoch hängt es
in dem vorliegenden Fall immer, wie bereits betont, mit der
Verteidigung zusammen, niemals mit dem Angriff.

Was die Abrogation aller koranischen Verse, die zu Toleranz aufrufen, durch einen Vers aus der neunten Sure angeht,
so sehen viele Gelehrte keine Grundlage für die Annahme der
Abrogation, denn es gibt weder einen Hinweis im Koran
selbst noch in der Sunna des Propheten, dass diese Verse ab-

rogiert seien. Die Annahme der Abrogation, die manche Gelehrte vertreten, ist daher höchst spekulativ und geht auf die eigene Interpretation dieser Gelehrten zurück. Das ganze Konzept der Abrogation im Koran, dass also einige Verse andere aufheben, ist ohnehin stark umstritten. Bekannte Gelehrte wie Abū Muslim al-Isfahānī (gest. 934), Muhammad 'Abduh (1849–1905), Raschīd Ridā (1865–1935), Muhammad al-Ghazālī (1917–1996) u. a. lehnen die Annahme der Abrogation im Koran grundsätzlich ab.[130]

2. Bezüglich des »Fitna-Verses« 2:193, der sich auch in der achten Sure Vers 39 wiederholt, argumentieren diejenigen, die darin keine Aufforderung zum Angriffskrieg gegen Nichtmuslime sehen, dass das Wort »*fitna*«, wie es an vielen Stellen im Koran vorkommt, keineswegs »Unglaube« bedeutet, sondern Zwang zum Unglauben (zum Beispiel 4:101, 10:83, 5:49, 17:73, 16:110, 2:102, 2:191). Somit geht es in den beiden Versen nicht darum, Krieg zu führen, bis kein Unglaube mehr auf der Erde existiert, wie die Extremisten meinen, sondern der Kampf ist denen erlaubt, die durch Gewalt gezwungen werden, den Islam zu verlassen, um sich zu wehren.

3. Ein Loyalitätsverbot, wie immer das zu verstehen ist, als Legitimation zum Angriffskrieg hat keine religiöse Grundlage. Der Koran sagt: »Gott verbietet euch nicht, gegen diejenigen pietätvoll und gerecht zu sein, die nicht der Religion wegen gegen euch gekämpft, und die euch nicht aus euren Wohnungen vertrieben haben. Gott liebt die, die gerecht handeln.«[131] Das Loyalitätsverbot gegenüber Nichtmuslimen bezieht sich in den Versen 3:28, 5:51, 60:1 auf kriegerische Kontexte, wo Loyalität zum Feind im Sinne des Hochverrats verstanden wurde. Zur Bedeutung dieser Verse merkt der Exeget at-Tabarī Folgendes an: »Nehmt euch die Leugner nicht zu Helfern gegen die Muslime.«[132] Der Koran erlaubt den Muslimen die Speisen der Juden und Christen

(Koran 5:5), auch die Heirat mit ihnen (Koran 5:5) – wie will er dennoch ein loyales Verhältnis pauschal verbieten?

4. Die Aussage des Propheten Muhammad: »Mir wurde befohlen, die Menschen solange zu bekriegen bis sie bezeugen, dass es keine Gottheit gibt außer dem einen Gott«[133] widerspricht der koranischen Aussage, die das Ende des Kampfes mit der Zustimmung der Nichtmuslime, Schutzgeld zu zahlen, erklärt und nicht erst durch ihre Konversion zum Islam: »Kämpft gegen diejenigen, die nicht an Gott und den jüngsten Tag glauben [...], bis sie kleinlaut aus der Hand Tribut entrichten.«[134] Daher haben bekannte Gelehrte wie Ibn Hadschar al-'Asqalānī (gest. 1449) diesen Hadith so verstanden, dass mit »Menschen« die Mekkaner gemeint sind, die den Propheten und seine Anhänger bekämpft haben.[135] Sogar der Gelehrte Ibn Taymiyya, auf den sich gerade Salafisten stark berufen, sah in dieser Aussage des Propheten keineswegs ein Gebot, die Menschen pauschal zum Islam zu zwingen.[136]

5. Die Aussage des Propheten Muhammads: »Ich wurde mit dem Schwert entsandt, bis nur Gott alleine ohne Beigesellen angebetet wird«[137] wurde von vielen Gelehrten als unauthentisch eingestuft. Sie kommt weder im Werk von al-Buchārī noch in dem von Muslim ibn al-Hadschdschādsch vor, die beide im sunnitischen Islam die meisten authentischen Hadithe gesammelt haben. Der Hauptgrund, warum die Gelehrten diesen Hadith nicht angenommen haben, ist ein Problem in der Überlieferungskette dieses Hadiths. In dieser Kette wird ein Mann namens Abdurrahmān Ibn Thābit zitiert. Über diesen hat Ahmad ibn Hanbal, der das Hadith selbst überliefert hat, gesagt, dass seine Überlieferungen unglaubwürdig seien.[138] Zeitgenössische Gelehrte wie al-Qaradāwī haben diesen Hadith daher verworfen.[139]

Außerdem widerspricht diese Überlieferung der koranischen Schlüsselaussage: »Und wir haben dich nur als Barmherzigkeit für alle Welten entsandt.«[140]

6. Die stärkste Widerlegung der Aussage, wonach die Kriege, die der Prophet Muhammad geführt hat, Angriffskriege waren, liefern ausgerechnet die zwei bei den Salafisten am stärksten anerkannten Gelehrten: Ibn Taymiyya und sein Schüler Ibn Qayyim al-Dschawziyya.[141] Beide sehen in jedem Krieg, an dem der Prophet beteiligt war, lediglich einen Verteidigungskrieg.[142] Die zeitgenössischen Gelehrten Muhammad 'Abduh und Raschīd Ridā unterstreichen ebenfalls diese Tatsache.[143]

Wie der Leser merkt, ist die islamische Tradition reich an Positionen und Interpretationen. Da der Islam keine Institution wie die Kirche kennt, gibt es keine Instanz, die die Autorität besitzt, von oben zu bestimmen, welche Lesart gültig ist und welche nicht. Die Autorität entsteht vielmehr von »unten« durch den Diskurs. Das, was mehrheitlich gelesen, gepredigt, gelehrt, rezipiert, geschrieben, erzählt, überliefert und anerkannt wird, das bestimmt den Diskurs. Islamkritiker halten mir immer wieder vor, dass meine Lesart des Islams »Islam ist Barmherzigkeit« im Widerspruch zu vielem stehe, was Muslime selbst über den Islam erzählen, schreiben und wie sie ihn präsentieren. Kritiker führen in der Regel Stellen aus dem Koran, der Sunna oder aus Meinungen muslimischer Gelehrter an, die man heute als menschenfeindlich interpretieren kann, um zu belegen, dass ein barmherziger Islam kein authentischer Islam sei. Da es aber auf den Diskurs ankommt und nicht auf das, was X oder Y über den Islam sagt, ergibt es wenig Sinn, bei einer Momentaufnahme stehen zu bleiben und diese oder jene Interpretation als *den* wahren Islam zu sehen. Mir ist bewusst, dass es in der islamischen Tradition ausreichend Aussagen und Interpretationen muslimischer Gelehrter gibt, um den Islam aus anerkannten muslimischen Quellen völlig anders darzustellen, auch im Sinne von Gewalt, um damit Aussagen vieler Islamkritiker zu bestätigen. Es ist aber genauso gut möglich, einen barmherzigen, weltoffenen und humanistischen Islam aus der islamischen Tradition zu schöpfen. Es geht also nicht darum, wer wann was gesagt hat oder wo im Koran was steht, sondern entscheidend ist: Wofür machen wir uns heute stark, für welche Interpretation des Islams setzen wir uns stärker ein, wie entwickeln wir plausible und authentische Argumente für eine humanistische Lesart des Islams? Es kommt darauf an, einen islamisch-humanistischen Diskurs zu etablieren, der von möglichst vielen, vor allem intellektuellen Muslimen getragen wird, die ihn weitertragen, um damit die Basis zu erreichen und sie zu verändern. Reformverweigerer stellen sich gegen diese Diskursivität im islamischen Denken. Sie wollen auf dem Vorhandenen beharren. Damit schaden sie dem Islam, glauben aber, ihm einen Gefallen zu tun. Politische wie religiöse Autoritäten verhindern ebenfalls eine innerislamische Diskursivität.

Die islamische Lehre ist ein offener Prozess, der ständig auf inhaltliche Argumente und Gegenargumente angewiesen ist, um voranschreiten zu können. Autoritäten verhindern diese Prozesshaftigkeit und eines der stärksten Instrumente autoritärer Machtausübung ist im islamischen Kontext ein sowohl bei Laien als auch bei Gelehrten äußerst stark verbreiteter Diskurs des sogenannten »*takfīr*« (einen Muslim zum Ungläubigen zu erklären). Ein Blick in soziale Netzwerke reicht aus, um zu sehen, wie stark dieser Diskurs unter den Laien verbreitet ist. Reformer dürfen sich aber nicht einschüchtern lassen, denn gerade sie tragen große Verantwortung für ihre Religion, während die Reformverweigerer oftmals ein Hindernis für die Entfaltung des Islams darstellen. Ein Hindernis, das von Reformern getragen werden muss. Das war der Weg der Propheten und der Weg der Reformer in der Geschichte und das wird auch der Weg der muslimischen Reformer von heute und morgen sein.

8. Der Beitrag des Islams für den Humanismus heute

Ganz bewusst spreche ich hier nicht von einem »islamischen« Humanismus. Was ich anstrebe, ist kein Humanismus nur für Muslime, sondern für alle. Humanismus soll ja nicht an eine bestimmte Religion oder Weltanschauung gebunden sein, er geht uns alle gleichermaßen an, Gläubige, wie Agnostiker oder Atheisten. Jede Religion oder Weltanschauung kann ihren spezifischen Weg auf ihre je eigene Weise begründen. Ich verstehe Humanismus als Haltung; eine Haltung des Individuums und der Gesellschaft, und zwar als eine Haltung des »Sich-Öffnens«. Wie ich in diesem Buch ausgeführt habe, ist diese Haltung des »Sich-Öffnens« eine Haltung der Freiheit, in der die eigene, aber auch die »andere« Freiheit zugelassen wird. Eine Haltung des »Sich-Öffnens« bedeutet das »Aus-sich-Hinausgehen« des Menschen, er ist nicht sein eigener Bezugspunkt. Diese Haltung soll ihn von einer zum Teil selbst auferlegten inneren Gefangenschaft befreien. Es ist eine Haltung des ständigen »Ausbrechens«, eines unablässigen »Sich-neu-Bestimmens«. Mit dieser Haltung ist dem Menschen bewusst, dass er sich in einer stetigen Dynamik befindet. Diese Prozesshaftigkeit des eigenen Lebensentwurfs ist nicht determiniert, der Mensch ist selbst der Lenker seiner Geschichte. Daher ist er angehalten, sich zu engagieren, sich und seine Gesellschaft stets zu verändern. Verschließt er sich hingegen dieser Dynamik des Lebens, hat er seine Freiheit aufgegeben. Er ist dann nur mehr ein Getriebener, er ist nicht mehr der Kapitän auf seinem eigenen Boot.

Die Frage, die sich stellt, ist die nach dem Beitrag des Islams für diese Haltung des »Sich-Öffnens«. Wie kann der

Islam einen neuen globalen Humanismus begründen, der unser aller Leben, als Individuen und als Gesellschaften, bereichern kann?

Gottes absolute Eigenschaften als Bezugsgröße eines islamischen Weges zum Humanismus

Der Koran stellt, wie ich im dritten Kapitel ausgeführt habe, absolute Eigenschaften Gottes als Bezugsgröße für den Menschen bereit. Der Mensch ist angehalten, sich diesen Eigenschaften zu öffnen, um sie sich zu eigen zu machen, allerdings eben nicht in ihrer absoluten Form. Durch die Zuschreibung dieser Eigenschaften zu Gott bleiben sie vor einer Vereinnahmung durch den Menschen geschützt, und so bleibt der Mensch Mensch und Gott Gott. Diese sowohl göttlichen wie auch menschlichen Eigenschaften sprechen Dimensionen an, die der Entfaltung des Menschen als Subjekt seiner eigenen Geschichte, als selbstbestimmtes Individuum und zugleich als verantwortliches soziales Mitglied seiner Gesellschaft dienen:

1. die Souveränität, die Mündigkeit und Einzigartigkeit des Menschen;
2. die Erkenntnisfähigkeit des Menschen;
3. die Zuvorkommenheit, Empathie und Demut des Menschen;
4. die Selbstreflexion des Menschen;
5. die Fähigkeit des Menschen, einen zivilisatorischen Beitrag zu leisten und Verantwortung zu übernehmen;
6. die Bejahung des eigenen und des fremden biologischen sowie geistigen Lebens.

Eine Haltung des »Sich-Öffnens« diesen Dimensionen gegenüber ist eine humanistische Haltung, die der Selbstverwirklichung des Menschen und seiner Souveränität als Individuum dient. Dieses Individuum ist allerdings auch Teil der Menschheit, für die es ebenfalls Verantwortung trägt, weswegen der Haltung des »Sich-Öffnens« nicht nur eine individuelle, sondern zudem eine gesellschaftliche Bedeutung zukommt. Die Dimensionen, die ich aus den Eigenschaften Gottes ableite, bieten sich als Bezugsgröße außerhalb des Menschen an. Sie sind keine Ideale, die der Mensch anstrebt, aber auch nicht aus der menschlichen Erfahrung gewachsene Kategorien, sondern absolute Bezugsgrößen, für die sich der Mensch öffnen kann und soll. Als absolute Eigenschaften bleiben sie Gott allein zugeschrieben und somit geschützt. Der spezifisch islamische Weg, den ich hier gehe, begründet diese Dimensionen durch Gottes Eigenschaften, was nicht heißt, dass es nicht andere Humanismusmodelle geben kann, die diese Dimensionen auf ihre eigene Weise begründen und weitere Dimensionen vorschlagen, die die von mir vorgeschlagenen ergänzen. Problematisch finde ich allerdings, wenn der Gehalt, für den sich der Mensch öffnen soll, in ihm selbst liegen bzw. von seiner eigenen Erfahrung abhängig sein soll, wenn also der Mensch seine eigene Bezugsgröße ist. Denn hier besteht in meinen Augen die Gefahr der Verabsolutierung des Menschen: Der Mensch stellt sich an die Stelle Gottes, was gerade auf gesellschaftlicher Ebene totalitäre Diskurse begründen oder unterstützen kann. Wenn der Gehalt, für den sich der Mensch öffnen soll, kein absoluter ist, dann besteht wiederum die Gefahr der Beliebigkeit. Daher soll dieser Gehalt sich einerseits außerhalb des Menschen befinden und andererseits absolut gesetzt sein. Der Mensch kann sich diesen Gehalt nicht zu eigen machen, er kann sich ihm jedoch annähern.

Der Islam fragt nach dem Rebellen im Menschen

Der Psychologe Stanley Milgram entwickelte im Jahre 1961 ein psychologisches Experiment, das sich mit der Frage beschäftigte, inwieweit durchschnittliche Menschen bereit sind, autoritären Anweisungen auch dann zu folgen, wenn sie im Gegensatz zu ihrem eigenen Gewissen stehen. Hintergrund des Experiments war, die Verbrechen aus der Zeit des Nationalsozialismus sozialpsychologisch zu erklären. Dafür suchte Milgram über die Zeitung eine Reihe von Probanden, die er unter dem Vorwand einer Gedächtnisstudie mit einer Gage von vier US-Dollar und 50 Cent Fahrkosten schon für das bloße Erscheinen anlockte. Für sein Experiment hatte er sich ein ausgefeiltes Szenario ausgedacht, in das ein offizieller Versuchsleiter und eine weitere vermeintliche Versuchsperson, in Wahrheit ein Schauspieler, involviert waren. Beide waren in das Experiment eingeweiht. Der offizielle Versuchsleiter erklärte den beiden Versuchspersonen, also Proband und Schauspieler, es gehe bei dem Experiment darum, zu klären, inwieweit sich Strafe auf das Gedächtnis auswirke. Im Anschluss daran bestimmte er mithilfe eines fingierten Loses, wer in dem Experiment der »Schüler« und wer der »Lehrer« sei. Dabei war der Proband stets derjenige, der für die Rolle des Lehrers bestimmt war. Die Rolle des Schülers übernahm der Schauspieler. Dieser musste auf einer Art elektrischem Stuhl Platz nehmen, auf dem er festgeschnallt wurde. Der Proband musste sich an ein Pult gegenüber dem Stuhl, auf dem der Schüler saß, setzen, und ihm wurde erklärt, dass er dem Schüler dreißig auf einer Karte stehende Wörter mit dazugehörigem Adjektiv vorlesen solle. Anschließend solle er ihm immer nur ein Adjektiv nennen, und der Schüler müsse dann das korrespondierende Wort dazu sagen, z. B. das Wort »Himmel« zum Adjektiv »blau«. Bei einer falschen Antwort drohe dem

Schüler eine Strafe in Form eines Stromschlages. Dabei beginne die Voltzahl mit 15 Volt und werde dann schrittweise jeweils um 15 Volt bis zur Höchststufe mit 450 Volt bei jeder falschen Antwort erhöht. Der Schauspieler erlebte natürlich in Wirklichkeit keinen Stromschlag, spielte aber vor, dass er bei einer falschen Antwort einen erhielt. Dabei veränderte sich sein Verhalten, je höher die Voltzahl war: Zunächst grunzte er ab 75 Volt, dann schrie er ab 120 Volt, bat ab 150 Volt darum, das Experiment zu unterbrechen, schrie ab 200 Volt noch lauter, und ab über 330 Volt zeigte er überhaupt keine Reaktion mehr. Wenn einem Probanden zwischendurch Zweifel kamen, hatte der Versuchsleiter vier verschiedene Sätze, die er nach jedem geäußerten Zweifel ruhig von sich gab, z. B.: »Bitte fahren Sie fort!« Sollte der Proband noch ein fünftes Mal seine Zweifel äußern, wurde das Experiment abgebrochen. Fragte der Proband im Rahmen des Experiments danach, wer die Verantwortung für mögliche Folgen trage, antwortete ihm der Versuchsleiter, dass er als Leiter dies tue. Das Ergebnis des Experiments sorgte für große Aufregung, denn von den 40 Probanden gingen 26 Personen bis zur maximalen Spannung von 450 Volt, nur 14 Personen brachen vorher ab, davon keiner unter 300 Volt. Da die Ergebnisse so unerwartet waren, unternahm Milgram in der Folge eine Anzahl an Variationen, die alle ähnliche Ergebnisse erbrachten. Milgram kam zu folgendem Fazit bezüglich seiner Ergebnisse:

»Die rechtlichen und philosophischen Aspekte des Gehorsams sind von enormer Bedeutung, aber sie sagen sehr wenig darüber aus, wie sich die meisten Menschen in konkreten Situationen verhalten. Ich habe ein einfaches Experiment an der Yale University durchgeführt, um zu testen, wie viel Schmerz ein gewöhnlicher Bürger einer anderen Person zufügen würde, nur weil er von einem Wissenschaftler dazu aufgefordert wurde. Starre Autorität stand gegen die stärksten moralischen Grundsätze der Teilnehmer, andere Menschen nicht zu verletzen, und obwohl den Testpersonen die Schmerzensschreie der Opfer in den Ohren klangen, gewann in der Mehrzahl der Fälle die Autorität. Die extreme Bereitschaft der Erwachsenen, einer Autorität fast beliebig lange zu folgen, ist das Hauptergebnis der Studie und die Tatsache, die am dringendsten zu klären ist.«[1]

Mir ist bewusst, dass es auch Kritik an diesem Experiment gab, und es mag sein, dass sich die Prozentzahlen um ein paar Punkte verschieben würden, würde man diese Kritik berücksichtigen. Fakt bleibt jedoch, dass der Mensch zu Passivität neigt, vor allem dann, wenn es darum geht, sich gegen bestehende Herrschaftsformen kritisch zu äußern oder einen Beitrag zu leisten, um sie zu verändern. Die seit Jahrzehnten bestehenden diktatorischen Regime in vielen islamischen Ländern, die kaum einen nennenswerten Widerstand erfuhren und erfahren, legen Zeugnis ab von einer äußerst passiven Haltung und einer Bereitschaft, sich diesen Regimen zu unterwerfen. Auch der sogenannte Arabische Frühling hat sich mit Ausnahme Tunesiens nicht wirklich als erfolgreicher Aufstand herausgestellt. Und selbst wenn einzelne Diktatoren »beseitigt« wurden (z. B. wurde 1981 der ägyptische Präsident Sadat ermordet), blieben die diktatorischen Strukturen. Interessant ist in diesem Zusammenhang die koranische Kritik an den Muslimen, die nicht mit dem Propheten Muhammad aus Mekka ausgewandert sind und sich der Repression der Mekkaner ausgeliefert haben, nur weil sie sich nicht getraut haben, sich ihnen zu widersetzen:

»Zu denen, die (zu Lebzeiten durch ihre Weigerung, mit dem Propheten auszuwandern) gegen sich selber gefrevelt haben, sagen die Engel, wenn sie sie abberufen: ›In was für Umständen wart ihr (dass ihr nicht mit dem Propheten ausgewandert seid)?‹ Sie sagen: ›Wir waren im Land unterdrückt (und konnten es deshalb nicht wagen, auszuwandern).‹ Sie sagen: ›War denn die Erde nicht weit genug so dass ihr darauf hättet auswandern (und in der neuen Umgebung als Gläubige leben) können?‹ Diese (Schwächlinge) wird die Hölle aufnehmen – ein schlimmes Ende.«[2]

Diese heftige koranische Kritik an Muslimen zu Lebzeiten des Propheten, die sie sogar aus der Gottesgemeinschaft ausschließt, weil sie sich mit Repressionen abgefunden haben, sagt unmissverständlich, dass die schweigende, passive Masse, die Repressionen hinnimmt, an der Etablierung repressiver Strukturen genauso beteiligt und daher zur Verantwortung zu ziehen ist, wie die Unterdrücker selbst. Der Koran spricht daher im obigen Vers von denen, die »gegen sich selbst gefrevelt haben«: In ihrer passiven Haltung üben sie letztendlich Verbrechen gegen sich selbst aus.

Der Koran ermutigt zu einer Haltung des kritischen Hinterfragens vorhandener Herrschaftsstrukturen. Damit sind nicht nur politische Strukturen gemeint, sondern auch solche, die im Kopf des Einzelnen verankert sind. Eine Haltung des »Sich-Öffnens« bezieht sich nämlich auch auf ein »Sich-Öffnen« nach innen im Sinne einer stetigen kritischen Selbstreflexion der eigenen Einstellungen, Meinungen, Handlungen, Wünsche, Ängste, Hoffnungen, Ideen, Erwartungen und Pläne. Es ist nichts absolut außer Gott. Also gehört alles hinterfragt, was nicht absolut ist, und, wenn nötig, auf den Kopf gestellt und dann erneut hinterfragt und überprüft.

Der Koran erzählt, wie es im Jenseits aussehen wird, »wenn diejenigen, denen man gefolgt ist, sich von jenen lossagen, die folgten, und wenn sie die Strafe sehen, sind die Bindungen zwischen ihnen abgeschnitten! Und diejenigen, die folgten, sagen: ›Wenn wir umkehren könnten, so würden wir uns von ihnen lossagen, wie sie sich von uns losgesagt haben!‹ So lässt sie Gott ihre Werke sehen und sie entrinnen nicht von der Strafe [...].«[3] Diejenigen, denen Menschen blind folgen, werden ihren Gefolgsleuten weder die Konsequenzen noch die Verantwortung ihrer Handlungen abnehmen. Damit will der Koran vor falschen Loyalitäten warnen, Loyalitäten, die Ergebnis einer Verblendung sind. Die Realität zeigt uns, dass durch solche Loyalitäten Menschen bereit sind zu töten, andere zu entwürdigen, zu diskreditieren, ohne wirklich zu wissen, warum sie dies tun. Man folgt dem, was von einem erwartet wird, einfach, weil man zum herrschenden System gehört. Der Mensch verschenkt so die eigene Freiheit und wird zum Sklaven seiner Verblendung.

Auch wer als religiöser Mensch Geistlichen einfach und unhinterfragt folgt, weil er der Meinung ist, sie würden ihm Gott näher bringen, verpasst die Chance, Gott selbst kennen, lieben und vertrauen zu lernen. Man kann seine Beziehung zu Gott nicht an Dritte delegieren. Niemand kann stellvertretend für mich Gott lieben und seine Liebe erfahren. Diese Erfahrung muss jeder Gläubige selbst machen. Anderenfalls stirbt das Herz ab, denn das Herz ist der Ort der Liebe, des Vertrauens und der Geborgenheit.

Stetige Aushandlungsprozesse schützen vor der Diktatur des Diskurses

Religionen und Weltanschauungen können nur Angebote machen, letztendlich obliegt es aber dem Einzelnen, sich für eine Haltung des »Sich-Öffnens« und somit für seine Freiheit zu entscheiden und dies in seiner Lebenswirklichkeit umzusetzen.

Ich teile die Ansicht von Frieder Otto Wolf, der in seinem Humanismusentwurf für einen Diskurs plädiert, an dem möglichst alle Menschen beteiligt sind. Ich widerspreche ihm jedoch hinsichtlich des Ziels dieses Diskurses. Wolf sieht darin ein Instrument der Gewinnung von Konsens und somit von Wahrheiten und läuft damit Gefahr, dass der Diskurs an sich zu einem Instrument der Repression wird. Im islamischen Kontext ist zum Beispiel immer wieder vom »Mainstream« die Rede, und zwar meist als Machtinstrument im Sinne von: »Man darf dem Mainstream nicht widersprechen.« Gerade wenn es um religiöse Belange geht, ist so ein Machtinstrument ein Hindernis für jegliche Form der Reflexion und somit ein Instrument der Selbstmanipulation. Aber genau das ist das Argument der Masse: »Das widerspricht dem Mainstream.« Dadurch verhindert dieser Mainstream einen reflektierten Diskurs, und so wird er zu einem Instrument der Stagnation.

Anders als Wolf sehe ich die Notwendigkeit, dass möglichst viele Menschen mit einer Haltung des »Sich-Öffnens« am Diskurs beteiligt sind; nicht, um absolute Wahrheiten zu produzieren, sondern um einen Aushandlungsprozess zu ermöglichen, in dem mehrere Positionen miteinander ins »Gespräch« kommen. Und zwar keineswegs, um letztlich einen Konsens zu erzielen, sondern um Argumente und Gegenargumente würdigen zu lernen und Strategien zu entwickeln, wie mit der Vielfalt der Positionen konstruktiv und sinnvoll umgegangen werden kann.

Solche Diskurse, an denen Menschen mit einer Haltung des »Sich-Öffnens« beteiligt sind, sind in der Lage, Vielfalt zu bejahen und andere, auch diejenigen, die eine Haltung des »Sich-Verschließens« vertreten, mit ins Boot zu holen. Nur solche Diskurse bieten Raum für die Freiheit, sich zu begegnen und sich zu entfalten. Wer sich dem Diskurs verschließt, verschenkt seine eigene Freiheit. Wer den offenen Diskurs zu verhindern sucht, will andere Freiheiten verhindern, und wer Freiheit verhindern will, verneint damit die eigene Freiheit.

Der Islam strebt keine homogene Weltanschauung an

Der Koran beschreibt die Menschheitsgeschichte als einen andauernden Prozess, der sich im Diesseits nie vollendet. Dieser Prozess wird durch Aushandlungsprozesse zwischen Menschen und Kulturen vorangetrieben: »[...] und wenn Gott nicht die einen Menschen durch die anderen zurückgehalten hätte, wäre die Erde dem Unheil verfallen [...].«[4]

Es ist nachvollziehbar, dass menschliche Interessen, die im Diskurs ausgehandelt werden, variieren können und es sogar zu Interessenkonflikten kommen kann. Allerdings liegt gerade in diesen Aushandlungsprozessen die Garantie dafür, dass Beliebigkeit ausgeschlossen wird und dennoch Pluralität bewahrt bleibt. Der Koran sagt dies auf eindrucksvolle Weise: »[...] Und wenn Gott nicht die einen Menschen durch die anderen abwehrt, zerstört wären Mönchsklausen, Kirchen, Gebetsstätten und Niederwerfungsstätten, in denen des Namens Gottes viel gedacht wird. Und Gott wird dem helfen, der Ihm hilft [...].«[5] Die ständige Aushandlung von Interessen zwischen den Menschen und den Gesellschaften wird im Koran als Schutz beschrieben, und zwar nicht für den Islam allein, sondern für die Vielfalt und somit als Schutz für die Interessen aller am Diskurs Beteiligten. Daher ist es Aufgabe des politischen Systems, Räume und Institutionen zu schaffen, die diese Aushandlungsprozesse garantieren, ständig schützen und möglichst viele Akteure miteinbeziehen. Eine Haltung des »Sich-Öffnens« der Menschen benötigt entsprechende Räume, um sich zu entfalten. Repressive Herrschaftsstrukturen, Zensur, Einschränkung der Meinungsfreiheit, aber auch politische, soziale und geistige Abhängigkeiten verschließen solche Räume und rauben den Menschen ihre Freiheit. Es ist daher nicht nur eine individuelle, sondern auch eine gesamtgesellschaftliche Verantwortung, jegliche Form von Repressionsmechanismen im oder außerhalb des Menschen zu beseitigen. Die humanistische Haltung von Menschen und Kollektiven muss sich letztendlich in der Praxis bezeugen lassen. Heute sind es subtile Mechanismen einer stark geprägten Leistungsgesellschaft, die Menschen manipulieren und ihnen ihre Freiheit rauben, ohne dass dies den Menschen immer bewusst ist. Die meisten von uns bilden ihre Meinung anhand dessen, was uns in den Medien, in den täglichen Nachrichten, in der Werbung usw. vermittelt wird. Meist sehen wir die Welt durch fremde Brillen und vergessen, dass wir eine eigene Brille haben, die uns womöglich die Augen auf Dinge und Perspektiven öffnet, die wir bis jetzt so nicht gesehen haben. Eine humanistische Haltung des »Sich-Öffnens« ist eine Haltung des kritischen Hinterfragens, eine Haltung, die Passivität und Bevormundung ablehnt, sie ist eine Haltung des ständigen »Ausbrechens«.

Der Prophet Muhammad verstand sich als Religionskritiker

Muhammad sah sich nicht als Stifter einer eigenen Religion, sondern als Verkünder einer alten monotheistischen Tradition. Der Inhalt seiner Botschaft ist derselbe wie der der früheren Verkünder des Monotheismus, wie der Abrahams, Moses oder Jesu[6]. Allerdings sah Muhammad sich als Reformer, als Religionskritiker. Er übte massive Kritik an herrschenden irrationalen religiösen Praktiken, wie Götzen- und Dämonenanbetung oder Aberglaube. Er lehnte jegliche Vermittlungsinstanz zwischen Mensch und Gott strikt ab. Er lehnte ebenso jegliche Form der Unterwerfung unter religiöse Autoritäten ab, seien es Menschen (Geistliche) oder religiöse Institutionen. Er rief in seiner Botschaft mehrfach zu einer rationalen Betrachtung der Welt auf.[7] Indem der Koran an sehr vielen Stellen Naturphänomene anspricht und die entsprechenden Verse mit Aussagen beendet wie »darin sind Zeichen für die Nachdenkenden«, »für die Vernünftigen«, »für die Forschenden« usw., lädt er den Menschen ein, sich und die Natur mittels rationaler Methoden zu erforschen. Er appelliert an die Menschen: »Sehen sie denn nicht die Kamele (und denken darüber nach), wie sie geschaffen worden sind, den Himmel, wie er emporgehoben worden ist, die Berge, wie sie aufgestellt worden sind, und die Erde, wie sie ausgebreitet worden ist?«[8] Mit diesem und vielen ähnlichen Aufrufen des Korans übt er zugleich Kritik an irrationalen Welterklärungen. Gott selbst ist transzendent und somit nicht Teil dieser Welt, daher kann man ihn empirisch nicht erforschen. Gläubige gehen aber davon aus, dass Gott die Welt nach Gesetzmäßigkeiten erschaffen hat. Diese sind für den Menschen zugänglich und erforschbar, daher steht ein wissenschaftlicher Zugang zur Welt und zum Menschen, nicht im Widerspruch zum Glauben an Gott. Im Gegenteil: Der Glaube selbst verpflichtet zur wissenschaftlichen Erforschung der Welt. Dieses Verständnis zeigt sich sehr schön am Beispiel der islamischen Übersetzerkultur zur Zeit des »Hauses der Weisheit«. Der Islam liefert aber keine wissenschaftlichen Erkenntnisse über Mensch und Natur. Wenn Gläubige Stellen aus dem Koran bzw. der prophetischen Tradition im Sinne wissenschaftlicher Erkenntnisse interpretieren, dann ist das zwar legitim, allerdings dürfen diese Erkenntnisse nicht zu absoluten Wahrheiten erhoben werden. Denn nach der islamischen Lehre gibt es nur eine einzige Wahrheit, und diese ist Gott. Menschliche Interpretationen, auch des Korans, bleiben menschlich und müssen um ihre Beschränktheit wissen, auch wenn sie durch die Wissenschaft bestätigt wurden, da auch die Wissenschaft keine absoluten Wahrheiten liefert und selbst um ihre Beschränktheit weiß.

Weil Gott die Wahrheit ist, sind alle weiteren Erkenntnisse relativ

Die Wahrheit ist im Koran ein Eigenname und eine Eigenschaft Gottes. Gott ist die absolute Wahrheit. Dies impliziert, dass es keine andere Wahrheit neben Gott geben darf, ansonsten verfällt man in einen bewussten oder unbewussten Polytheismus. Dass Gott die Wahrheit ist, impliziert aber auch, dass niemand über die Wahrheit verfügen kann, denn Gott als der Unbedingte bleibt für den Menschen unbegreifbar. Theologen sind sich einig, dass unser Nichtwissen über Gott immer größer bleibt als unser Wissen, denn er ist »akbar«, also größer als gedacht werden kann. Der große Mystiker al-Hallādsch (gest. 922) hat es zutreffend beschrieben: »Wer Ihn kennt, beschreibt Ihn nicht, und wer Ihn beschreibt, kennt Ihn nicht. Sprich nicht über Ihn, um Ihn zu bestätigen, und neige dich nicht Seiner Negation zu.«[9]

Und den Worten des zeitgenössischen tschechischen Soziologen und Theologen Tomáš Halík zum Humanismus kann man nur beipflichten, nämlich dass mit dem Humanismus jene Sicht der Welt benannt werden kann, »die aus der Erkenntnis hervorgeht, dass der Mensch nur ein Mensch ist, kein Gott, nur über menschliche Kräfte und eine menschliche (eingeschränkte) Perspektive verfügt«[10]. Damit bekennt der Mensch, dass er nie im »Besitz der ganzen Wahrheit«[11] sei – auch »dann nicht, wenn er sich zur ›Offenbarungsreligion‹ bekennt«[12]. »O Leute, rettet mich vor Gott.«

Indem das islamische Glaubensbekenntnis mit einer Negation beginnt: »Ich bezeuge, dass es keine andere Gottheit gibt, außer dem einen Gott«, wird unmissverständlich deutlich, dass es an erster Stelle ein Bekenntnis zur Relativität aller menschlichen Erkenntnisse ist, Gott allein ist absolut. Wenn Gläubige aus ihren heiligen Schriften Erkenntnisse ableiten, dann tun sie nichts anderes, als diese Quellen zu interpretieren. Daher darf man diese Erkenntnisse nicht als absolut setzen, genauso wie wissenschaftliche Erkenntnisse, die immer nur eine vorläufige Geltung haben. Sich zu Gott als absolut zu bekennen, schützt im Grunde vor jeder Form der Sakralisierung von Mensch, Welt oder Erkenntnis. Menschen müssen um die Beschränktheit ihrer Erkenntnisse wissen, seien es wissenschaftliche oder religiöse. Gläubige aber, die meinen, im Besitz absoluter Wahrheiten zu sein, bringen nichts anderes zum Ausdruck, als dass sie glauben, im Besitz Gottes zu sein. Kann man als Gläubiger Gott besitzen? Ganz sicher nicht, außer wenn dieser Gott kein absoluter, kein unbedingter ist, sondern relativ und daher vergänglich. Ist das aber noch Gott? Definitiv nicht! Religiöse Fundamentalisten gehen davon aus, dass sie Gott einen Gefallen tun, wenn sie ihr eigenes Verständnis vom Islam für absolut erklären, was automatisch dazu führt, dass jede Gegenmeinung als Häresie abgetan wird. Damit setzen Fundamentalisten sich selbst an die Stelle Gottes, und Gott wird zu ihrem Besitz. Das ist das Problem aller religiösen und weltanschaulichen Fundamentalisten sowie der Haltung des »Sich-Verschließens«, die keine Gegenmeinung, keine Vielfalt, keine Öffnung zulässt, sondern darin nur eine Gefahr für den Glauben sieht. Die Kritik zeitgenössischer Humanismuskonzepte, die den Religionen vorwerfen, sie würden von einem rein restriktiven Gottesbild ausgehen, richtet sich im Grunde gegen fundamentalistische Lesarten von Religionen, nicht jedoch gegen jede Lesart dieser. Gerade Gläubige mit einer Haltung des »Sich-Öffnens« werden von Fundamentalisten angegriffen, und ihnen wird vorgeworfen, sie seien keine richtigen Gläubigen. Ähnliche Vorwürfe kommen interessanterweise aber auch von Religionskritikern, die die fundamentalistische Lesart von Religionen lieber hätten, um etwas an Religionen kritisieren zu können. Der konsequente Glaube an die Absolutheit Gottes soll allerdings vor solcher Verabsolutierung eigener Positionen schützen. Gläubige müssen daher aufgeklärt werden, dass ein Bekenntnis zur Unbedingtheit Gottes ein Bekenntnis zur Bedingtheit des Menschen und der Welt beinhaltet und umgekehrt. Die Erhebung seines Selbst, der Welt, einer Interpretation seiner Religion, seiner eigenen Position zum Absoluten, zum Unbedingten impliziert, Gott seiner Unbedingtheit und Absolutheit zu berauben, denn mehrere Unbedingtheiten nebeneinander kann es nicht geben. Daher stuft der Koran den Polytheismus als die größte Sünde überhaupt ein, als eine Sünde, die Gott nicht vergibt.[13] Und zwar nicht, weil Gott eifersüchtig wäre, denn wie ich in diesem Buch ausgeführt habe,[14] geht es Gott nicht um sich selbst, sondern um den Menschen. Das Verbot der Beigesellung ist das Verbot, etwas anderes als absolut zu erheben, und somit ein Schutz für den Menschen selbst.

Der Humanist ist ein stetig Suchender

Wenn nur Gott absolut und alles andere relativ ist, bedeutet das auch, dass es keinen absoluten Weg zur Glückseligkeit des Menschen gibt, weder als Individuum noch in der Gesellschaft. Die Rede von einem islamischen, christlichen oder überhaupt religiösen Humanismus trägt die Gefahr der Verabsolutierung in sich, dies sei ein heiliger Weg. Ich behaupte aber, es gibt keinen heiligen, keinen absoluten Humanismus, jedes Konzept, das auf eine Haltung des »Sich-Öffnens« des Menschen hinauswill und somit die Freiheit des Menschen als einem nach der Wahrheit stetig Suchenden im Auge hat, ist ein humanistisches Konzept und ein Weg unter vielen. Das von mir hier vorgestellte Modell ist zwar islamisch begründet, ich will aber davor warnen, es für absolut zu halten. Auch wenn man von einem islamischen Hu-

manismus sprechen will, als einen spezifisch aus der islamischen Theologie her begründeten Humanismus, dann keineswegs als islamisch im Sinne von göttlich oder heilig. Das
Problem der meisten vor allem zeitgenössischen Humanismuskonzepte besteht darin, dass sie ihren Weg zum Humanismus als den einzig richtigen sehen. Ich plädiere aber für
einen Humanismus, der sich als Haltung des Menschen
sieht. Diese Haltung kann auf unterschiedlichen Wegen begründet und in Form unterschiedlicher Humanismuskonzepte realisiert werden. Wir müssen uns nicht auf ein Konzept einigen. Worauf wir uns aber einigen müssen, ist die
Haltung des »Sich-Öffnens«, die Haltung des stetig Suchenden, die Haltung der Freiheit des Menschen. Und genau das
verstehe ich unter einer aufgeklärten Haltung: Sie fordert
eine stetige kritische Hinterfragung des eigenen Weges der
Wahrheitssuche und öffnet sich der Hinterfragung durch
Andersdenkende. Eine humanistische Haltung ist daher
eine Haltung der stetigen Dynamik, der Veränderung, und
Gott als der absolute Humanist sagt über sich selbst im
Koran: »Jeden Tag ist er in einer anderen Angelegenheit.«[15]

Der Humanist ist ein Individualist und ein Kollektivist zugleich

Die Humanismuskonzepte der Moderne, also die des
19. und des 20. Jahrhunderts, die Florian Baab mit dem Begriff des »harten« Humanismus bezeichnet, streben bestimmte Ideale an, die die Gesellschaft erreichen soll. Zu
Recht wurden sie mehrfach dafür kritisiert, dass sie die Interessen und das Anliegen des Individuums zugunsten ihrer
Ideale vernachlässigten. Die zeitgenössischen Humanismuskonzepte rücken zwar das Individuum in den Mittelpunkt,
was grundsätzlich zu begrüßen ist; problematisch bleibt je-

doch: Wird der Mensch sein eigener Bezugspunkt, besteht die Gefahr, dass er in einen radikalen Individualismus fällt, in dem er nur sich selbst, seine eigenen Interessen und ausschließlich seinen Eigennutz auch auf Kosten seiner Mitmenschen sieht. Ich teile mit den zeitgenössischen Humanismuskonzepten, dass der Humanismus nicht das Erreichen eines bestimmten Ideals anstrebt, sondern die Menschen dazu auffordert, sich zu engagieren, um vorhandene gesellschaftliche Defizite zu beseitigen. Da aber der Humanismus eine Haltung ist und kein Programm, das angibt, was zu verändern wäre, geht es ihm nicht darum, universale Vorgaben zu machen, dies müssen die Menschen selbst aushandeln, allerdings orientiert an einer Haltung des »Sich-Öffnens«.

In seiner Betonung der Souveränität des Menschen, seiner Einzigartigkeit als Individuum und zugleich seiner sozialen Zugehörigkeit zum Kollektiv, für dessen Bewahrung der Mensch Verantwortung trägt, hebt der Islam, wie ich ihn verstehe, die Spannung zwischen Individuum und Kollektiv auf. Um sich als souveränes und freies Individuum selbst zu bestimmen, muss die Freiheit des Menschen gewahrt bleiben, was nur dann möglich ist, wenn sich der Mensch nicht in sich selbst oder in geistigen, sozialen oder politischen Strukturen gefangen hält, sondern aus ihnen ausbricht und sich dem öffnet, was außerhalb ist, indem er all diese Strukturen ständig kritisch hinterfragt. Aus diesen Strukturen auszubrechen, bedeutet nicht die permanente Opposition oder eine Existenz als »Nein-Sager«. Vielmehr geht es darum, nichts als absolut hinzunehmen und sich eine Haltung des stetigen kritischen Hinterfragens zu bewahren, eine Haltung zur Freiheit und zur Souveränität. Sich als Teil eines sozialen Kollektivs zu sehen, auch als Teil der Menschheit, bedeutet nichts anderes als ein »Sich-Öffnen«, also die eigene Freiheit zu entfalten. Dadurch verschwindet die Spannung zwischen individuellen und kollektiven Interessen. Um ein

Individualist zu sein, ist man zwangsläufig ein Kollektivist; in der Bereicherung des Anderen findet zugleich die Bereicherung des Selbst statt; in der Verhinderung der anderen Freiheit liegt hingegen die Einschränkung der eigenen, denn eine Haltung des »Selbst-Verschließens« gegenüber dem Anderen verhindert die eigene Selbstentfaltung.

Der Mensch soll zu seinen Stärken und zu seinen Schwächen stehen

Der Koran betont, dass der Mensch mit positiven, aber auch mit negativen Potenzialen ausgestattet und dazu angehalten ist, die positiven zu fördern und die negativen, statt sie zu unterdrücken, ins Positive zu lenken und sich für das Gute und Konstruktive einzusetzen (Koran 91:8–10). In diesem Sinne fordert der Gelehrte und Mystiker al-Ghazālī in seinem Buch »Elixier der Glückseligkeit« den Menschen auf: »[...] und suche zu erkennen, wozu die Triebe der Raubtiere und des Viehs in dich gelegt sind, ob sie dir dazu anerschaffen sind, dass sie dich zu ihrem Sklaven machen, sodass du ihnen dienen und Tag und Nacht frönen musst, oder dazu, dass du sie zu deinen Sklaven machst und auf der Reise, die dir auferlegt ist, dir von ihnen Frondienste leisten lässt«[16]. Al-Ghazālī beschreibt menschliche Eigenschaften wie Zorn oder Angst als überlebensnotwendig, weil ohne Zorn gegen Ungerechtigkeit und ohne Angst vor Gefahren der Mensch in solchen Situationen hilflos bliebe. Nicht auf die Eigenschaften selbst kommt es also an, sondern auf die Haltung des Menschen und darauf, was er aus diesen Potenzialen in sich macht. Auch positive Eigenschaften können zu negativen werden, wenn zum Beispiel aus Großzügigkeit Verschwendung, aus Mut Übermut, aus Bescheidenheit Passivität wird. Der Mensch ist im Islam angehalten, alle

Potenziale in sich als neutrale Ressourcen zu verstehen, zu
denen er sich bekennen soll. Und er soll sie so einsetzen,
dass er eine Haltung des »Sich-Öffnens« in allen oben beschriebenen Dimensionen annimmt.

Sogar zu seiner Sexualität soll der Mensch stehen, denn
der Islam betont, dass Sexualität einen Wert für sich darstellt
und keineswegs verwerflich ist. Sexualität dient nicht allein
dem Zeugen von Kindern, sondern zugleich der Entfaltung
sexueller Bedürfnisse. Der Koran geht sogar sehr progressiv
und offen damit um, legt den Männern zum Beispiel nahe,
den Sexualakt mit einem Vorspiel zu beginnen (Koran
2:223). Auch der Prophet Muhammad ging sehr offen mit
dem Thema um. Er verglich Männer, die über ihre Frauen
einfach herfallen, mit Tieren und befahl den Männern, erst
dann mit dem Sexualakt aufzuhören, wenn auch die Frauen
befriedigt seien. Daher verbietet der Islam keine Verhütungs-
mittel. Die Menschen sollen ihre Sexualität auf legale Weise
innerhalb des geschützten Rahmens der Institution Ehe aus-
leben können. Die spätere, eher patriarchalische Theologie,
die sich zum Teil etablierte, verdrängt solche Berichte und betont mehr die Sexualität des Mannes und versucht die Sexualität der Frau zu verdrängen. Das unislamische Vergehen an
Mädchen durch abscheuliche Praktiken wie die Beschnei-
dung ist ein zugespitztes Beispiel dafür.

Der Islam verdrängt nicht, dass der Mensch neben spirituellen und geistigen auch körperliche Bedürfnisse, aber
auch kreative Talente und Sehnsüchte hat. Diese gilt es keineswegs zu unterdrücken, sondern in einer Weise auszule-
ben, dass sich der Mensch auf gesunde Weise in seinem eigenen Sinne, aber auch im Sinne seiner Mitmenschen und
seiner Welt entfalten kann. Als drei Mystiker zum Propheten Muhammad kamen und meinten, sie würden alle ihre
körperlichen Bedürfnisse unterdrücken, um fromm zu leben, verbot ihnen der Prophet dies, denn Frömmigkeit

kann idealerweise erreicht werden, wenn Harmonie zwischen Körper, Seele und Geist herrscht. Die Unterdrückung körperlicher Bedürfnisse widerspricht der Natur des Menschen, sie dürfen jedoch nicht den Menschen beherrschen, sondern müssen von ihm so gelenkt werden, dass sie ein gesundes Maß an Entfaltung erreichen. Sich von seinen Trieben beherrschen zu lassen beraubt den Menschen seiner Freiheit. Eine Haltung des »Sich-Öffnens« würde aber bedeuten, dass der Mensch seine auch körperlichen Bedürfnisse entfaltet, ohne dafür seine Freiheit herzugeben.

Wie ich oben ausgeführt habe, deutet die Fähigkeit des Menschen, sich immer wieder zu sich und zu anderen verhalten zu können, dass er also immer Distanz zu allen und allem nehmen kann, auf eine prinzipielle grenzenlose Offenheit in ihm hin. Der Neurologe und Psychiater Victor Frankl spricht in diesem Zusammenhang von einem grundlegenden anthropologischen Tatbestand, dass das Menschsein immer über sich selbst hinaus auf etwas verweise. Der Mensch ist in seiner Natur veranlagt, sich öffnen zu wollen.[17] Diese prinzipielle Offenheit im Menschen ist somit ein Grundbedürfnis, das erfüllt werden will, und zwar nicht nur auf einer materiellen, sozialen oder geistigen Ebene, sondern auch auf einer spirituellen, im Sinne des sich Öffnens auf das Transzendente hin, das außerhalb dieser Welt ist. Das höchste, woraufhin der Mensch sich öffnen kann, ist das Absolute, das im Islam in Gott gesetzt wird. Der Islam beschreibt gerade das Gebet bzw. jeden Dialog mit Gott als Medium der Entfaltung dieses transzendenten Bedürfnisses. In diesem Erlebnis verlässt man die Welt und geht in den Weiten außerhalb des Universums auf die Suche nach der Verwirklichung des »Sich-Öffnens« in ihrer höchsten Form, um dann mit dieser Haltung wieder in die Welt zurückzukehren.

9. In jedem Menschen steckt ein Humanist

Die Menschen in Humanisten und Nichthumanisten einzuteilen, ergibt im Grunde keinen Sinn, weil der Humanismus eine Haltung ist, die sich je nach Lebenssituation einmal etwas stärker und einmal etwas weniger stark entfaltet. Das gilt auch für den Umgang religiöser Menschen mit ihren Religionen. Es ist schwierig, Menschen nach Kategorien zu »schubladisieren« wie liberal oder konservativ. Aus vielen Debatten, die ich in den letzten Jahren verfolgte, kann ich sagen, dass weder sogenannte Konservative noch sogenannte Liberale selbst wissen, was sie eigentlich zu Konservativen oder zu Liberalen macht. Meist sind dies Fremdzuschreibungen von Menschen, die in Schwarz-Weiß-Schemata denken, um die Dinge zu simplifizieren. Die Welt ist jedoch viel komplexer. Bei ein und derselben Person kann man zu bestimmten Fragen auf offene Haltungen, zu anderen auf geschlossene Haltungen stoßen. Auch kann sich dieselbe Person zu derselben Frage in einem bestimmten Kontext offen und in einem anderen verschlossen verhalten. Was Extremisten in allen Weltanschauungen, auch in säkularen Weltanschauungen, ausmacht, ist, dass bei ihnen allen eine Haltung des »Sich-Verschließens« überwiegt. Man lehnt es ab, sich auf den »Anderen« einzulassen. Man will mit dem verhaftet bleiben, woran man selbst glaubt und was man selbst für wahr hält – absolute Haltungen, die den Menschen zum Absoluten erklären wollen. Mit solchen Haltungen verharrt die Sicht von der Welt in einer Starre, während die Welt selbst stets dem Wandel unterworfen ist. Wer diesen Wandel nicht mitmacht und selbst lenkt, lebt zwar physisch in der Welt, nicht aber geistig.

Der Islam war in seiner Ideengeschichte immer vielfältig. Auch sogenannte konservative Positionen sollten in einem innerislamischen Diskurs einen Platz bekommen, um sich durch ihre Argumente einzubringen, solange sie nicht versuchen, andere an der Teilnahme am Diskurs zu hindern. Und genau entlang dieser Linie unterscheiden sich Theologien: nicht entlang von Kategorien wie liberal oder konservativ, auch nicht primär entlang ihrer konfessionellen Bindungen, sondern entlang ihrer Haltung gegenüber anderen Positionen und Theologien. Die Grenze verläuft entlang der Haltung des »Sich-Öffnens« und des »Sich-Verschließens«. Haltungen, die sich verschließen und andere aus dem Diskurs eliminieren wollen, schließen sich selbst mit dieser Haltung aus. Sie haben keinen Platz mehr im Diskurs, weil sie ihn im Grunde genommen verhindern wollen.

Diejenigen, die von diesem Buch klare Rezepte für einen Humanismus erwartet haben, der die Probleme der Welt löst, werden vielleicht darüber enttäuscht sein, dass ich keinen Humanismus vertrete, der einem klar definierten Ideal folgt und daraus klare Lebensanweisungen ableitet. Wer dies erwartet, verkennt, dass die Welt keine abgeschlossene Ordnung bietet und dass es für sie keine endgültige Bedienungsanleitung gibt. Daher habe ich mich in diesem Buch für einen Humanismus stark gemacht, der sich als Haltung des »Sich-Öffnens« versteht, der den Menschen auffordert, aus sich herauszugehen und sich auf das »Andere« außerhalb seiner selbst einzulassen. Dieses andere kann, wie gesagt, eine Idee oder Kritik sein, ein Mensch, eine Meinung, eine Weltanschauung, es kann eine Gesellschaftsordnung sein, eine neue Perspektive, eine andere Option, eine andere Freiheit, vielleicht ist es ein anderes Anliegen als das eigene, ein anderes Gefühl oder das Mitleid mit dem Leid des anderen. Das Höchste, woraufhin sich der Mensch öffnen kann, ist das Absolute, das im Islam in Gott gesetzt wird, um den

Menschen vor Selbst- oder Fremderhöhung zum Absoluten zu schützen. Extremisten sehen keine Notwendigkeit, sich zu öffnen, denn sie halten sich und ihre Positionen für absolut, wozu also noch sich öffnen? Diese Haltung des »Sich-Verschließens« lässt sich mit einem Bekenntnis zu Gott als dem einzig Absoluten nicht vereinbaren. Ein Bekenntnis zu Gott als dem einzig Absoluten ruft zur Demut mit dem Wissen seiner eigenen Beschränktheit und Endlichkeit auf.

Eine Haltung des »Sich-Verschließens« kann unterschiedliche Grade annehmen, extrem ist sie dann, wenn der Mensch das »Andere« völlig eliminiert, entweder indem er jemanden mundtot macht, einen Inhalt zensiert, einen Menschen diskreditiert oder sogar ein Leben auslöscht. Doch wie graduell unterschiedlich auch immer, qualitativ ist die Haltung des »Sich-Verschließens« dieselbe, egal, ob sie von Reformverweigerern oder gewaltbereiten Extremisten geteilt wird. Und genau diesen Punkt müssen gerade diejenigen verstehen, die sich islamischen Reformen gegenüber verschließen. Diese ihre Haltung unterscheidet sich eben nur graduell von der jener, die auch zum Töten Andersdenkender bereit sind. Gewalt beginnt zuerst mit einer simplen Idee, die das Produkt einer Haltung des »Sich-Verschließens« ist, daher betone ich hier noch einmal, dass Reformverweigerer zwar nicht zwangsläufig selbst zu Extremisten werden, sie sind jedoch Teil des größeren Problems.

Unsere Welt braucht mehr Menschen mit einer humanistischen Einstellung, die nach dem Menschen, nach seiner Freiheit, nach seiner Selbstbestimmung, nach seinem Wohl, nach seiner Glückseligkeit und nach seiner Verantwortlichkeit für sich und für das Kollektiv fragt. Aus einer islamischen Perspektive ist Gott der absolute Humanist, der einen absoluten Glauben an den Menschen und seine Souveränität hat. Für den Gläubigen selbst bedeutet dies, dass der Glaube an Gott den Glauben an sein edelstes Geschöpf, an den Menschen, beinhaltet. Dieser Glaube an den Menschen verwirklicht sich in einer Haltung des »Sich-Öffnens« seinen Mitmenschen gegenüber und den daraus resultierenden Einstellungen und Handlungen – mit dem Wissen, nie ein absoluter Humanist werden, jedoch eine humanistische Haltung einnehmen zu können und zu sollen.

Die Orientierung an Gottes absoluten Eigenschaften im Islam bietet einen absoluten Gehalt, auf den hin sich der Mensch öffnen kann, ohne jedoch Gott zu werden, da der Mensch relativ bleiben wird. Aber je mehr der Mensch diesen Eigenschaften in ihrer menschlichen Deutung näher kommt, desto näher kommt er Gott und somit seiner Bestimmung als Statthalter (Kalif), um Gottes Intention nach Liebe und Barmherzigkeit Wirklichkeit werden zu lassen. Gott vertraut dem Menschen, er hat ihm das Ruder in die Hand gegeben und ihn eingeladen, Kapitän auf der Erde zu sein. Dieses Verständnis eines spezifisch islamischen Weges zu einer humanistischen Haltung setzt ein dialogisches Gottesbild voraus und somit die Bereitschaft der Muslime, sich diesem Gott stärker zu öffnen und sich stärker mit ihm auseinanderzusetzen.

Ein dialogisches Bild von Gott zu haben bedeutet auch, für einen Dialog nicht nur zwischen den Religionen, sondern zwischen allen Weltanschauungen einzutreten; einen Dialog, in dem es um die Frage nach dem gemeinsamen Gehalt geht, auf den hin sich alle Menschen öffnen sollen und in dem es um die Frage nach der Begründung dieses Gehaltes als absolute Bezugsgröße außerhalb des Menschen geht, um diesen Gehalt vor Vereinnahmung zu schützen und so die Vielfalt humanistischer Wege, die alle authentisch nach dem Menschen fragen, zu garantieren. Religionen und Weltanschauungen sollten miteinander konkurrieren und zwar nicht um Gott oder eine bestimmte Ideologie, sondern um Gottes edelstes Geschöpf, den Menschen als Kapitän.

Anmerkungen

1. Einleitung – Der ignorierte Kapitän

[1] *Andreas Hasenclever* und *Alexander de Juan*, Kriegstreiber und Friedensengel – Die ambivalente Rolle von Religionen in politischen Konflikten, in: *Irene Dingel* und *Christiane Tietz* (Hrsg.), Das Friedenspotential von Religion, Göttingen 2009, S. 101–118.

[2] Vgl. *Klaus von Stosch u. a.* (Hrsg.), Gewalt in den heiligen Schriften von Islam und Christentum, Paderborn 2014, S. 7ff.

[3] Koran 3:85. (Alle Koranzitate wurden vom Verfasser aus dem Arabischen mit Rückgriff auf die Koranübersetzung von Rudi Paret übersetzt.)

[4] *Michael Schmidt-Salomon*, Manifest des evolutionären Humanismus. Aschaffenburg 2005, S. 156.

[5] *Max Stirner*, Der Einzige und sein Eigentum, Freiburg, München 2009, S. 15.

[6] Ebd., S. 300.

2. Gott ist der absolute Humanist

[1] *Emil Brunner*: Der Mensch im Widerspruch, 4. Aufl., Zürich-Stuttgart 1965, S. 38 f.

[2] Koran 2:30.

[3] Ebd.

[4] Ebd.

[5] Vgl. Koran 2:31.

[6] Koran 7:11.

[7] Koran 7:22.

[8] Koran 6:164.

[9] Koran 35:18.

[10] Vgl. *Hermann Krings*, Freiheit. Ein Versuch Gott zu denken, in: *Günther Bien* (Hrsg.), System und Freiheit. Gesammelte Aufsätze, Freiburg 1980, S. 171.

[11] Vgl. ebd.

[12] Ebd. S. 173.

[13] Vgl. ebd. S. 172.

[14] *Paulus Budi Kleden*, Christologie in Fragmenten: Die Rede von Jesus Christus im Spannungsfeld von Hoffnungs- und Leidensgeschichte bei J. B. Metz, Münster 2001, S. 81.

[15] *Krings* 1980, S. 174.

[16] Ebd.

[17] Ebd.

[18] *Paulus Budi Kleden* 2001, S. 81.

[19] Koran 16:82.

[20] Koran 5:99.

[21] Vgl. *Helmut Ritter*, Studien zur Geschichte der islamischen Frömmigkeit, in: Der Islam 21 (1933). S. 77.

[22] Überliefert nach *Muslim*, Hadith-Nr. 2569.

[23] Koran 95:4.

[24] Koran 45:13.

[25] Koran 5:54.

[26] Koran 55:1–3.

[27] Koran 51:56.

[28] Koran 51:57.

[29] *Karl Rahner*, Grundkurs des Glaubens. Einführung in den Begriff des Christentums, 12. Aufl. der Sonderausg., Neuausg., Freiburg i. Br. u. a. 2008, S. 27.

[30] Koran 2:31.

[31] Koran 2:32–33.

[32] Koran 2:164.

[33] Koran 45:5.

[34] Koran 23:12–14.

[35] http://www.spiegel.de/panorama/saudi-arabien-islamgelehrter-sagt-dass-sich-die-erde-nicht-dreht-a-1018916.html (10.08.2015).

[36] Koran 22:47.

[37] Koran 51:20–21.

[38] Koran 34:24.

[39] Koran 9:31–32.

[40] Überliefert nach *an-Nīsābūrī*, Al-Mustadrak 'alā as-sahīhayn (dtsch. Ergänzungen der zwei großen Hadithsammlungen), Hadith-Nr. 8639.

[41] Überliefert nach *Imām Ali*, Nahdsch al-balāgha (dtsch. Der Pfad der Eloquenz), Predigt-Nr. 127.

[42] Koran 55:29.

[43] Koran 5:3.

[44] Vgl. *at-Taftazānī*, Scharh al-aqā'id an-nasafiyya (dtsch. Erklärung der Gotteslehren von an-Nasafī). Ed. Ahmad As-Siqqā. Kairo 1988, S. 47.

[45] Heute sind es im sunnitischen Islam die sogenannten vier Rechtsschulen: die hanafitische Rechtsschule benannt nach Abu Hanīfa (gest. 767), die malikitische Rechtsschule benannt nach Mālik ibn Anas (gest. 795), die hanbalitische Rechtsschule benannt nach Ahmad ibn Hanbal (gest. 855) und die schafi'itische Rechtsschule benannt nach Abū 'Abdallāh Muḥammad asch-Schāfi'ī (gest. 820) und im schiitischen Islam: die Imamiten der Zwölferschiiten benannt nach Dscha'far as-Sādiq (gest. 765).

[46] Koran 18:103–104.

[47] Koran 2:11–12.

[48] Überliefert nach *at-Tirmidhī*, Hadith-Nr. 1614.

[49] Koran 26:88–89.

[50] Koran 91:7–10.

[51] Koran 87:14.

[52] Koran 23:96.

[53] Vgl. z. B.: *Faruk Şen, Martina Sauer, Dirk Halm*, Intergeneratives Verhalten und (Selbst-)Ethnisierung von türkischen Zuwanderern, Essen 2001, S. 81.

[54] Koran 7:158.

[55] Koran 3:19, vgl. auch 3:85.

[56] Koran 2:113.

[57] Koran 22:17.

[58] Koran 17:100.

[59] Koran 2:62.

[60] Koran 5:48.

[61] Koran 22:17.

[62] Koran 3:190–191.

[63] Koran 10:100.

[64] Koran 5:48.

[65] Vgl. *Mouhanad Khorchide*, Scharia – der missverstandene Gott. Der Weg zu einer modernen islamischen Ethik, Freiburg i. Br. 2013, S. 82ff.

[66] Koran 22:40.

[67] *Abū Ishāq asch-Schātibī*, Al-muwāfaqāt fī usūl asch-scharī'a (dtsch. Übereinstimmungen in der islamischen Normenlehre), Beirut 2005, Bd. 2, S. 6.

[68] Überliefert nach *Ahmad*, Hadith-Nr. 3600.

[69] *Al-Ghazālī*, al-Maqsid al-Asnā (dtsch. Das höchste Ziel), ed. Muhammad Uthmān Chischn, Kairo o.J., S. 46.

[70] Ebd., S. 50.

3. Der Humanist ist der freie Mensch

[1] Koran 88:21–22.

[2] Koran 42:48.

[3] Koran 7:70.

[4] Koran 11:62.

[5] Koran 11:87.

[6] Koran 10:78.

[7] Koran 14:10.

[8] Koran 5:104.

[9] Koran 43:23–24.

[10] Koran 9:31.

[11] Überliefert nach *at-Tirmidhī*, Hadith-Nr. 3039.

[12] Überliefert nach *an-Nīsābūrī*, Al-Mustadrak 'alā as-sahīhayn (dtsch. Ergänzungen der zwei großen Hadith-Sammlungen), Hadith-Nr. 8639.

[13] Koran 2:136.

[14] Vgl. *Paulus Budi Kleden* 2001, S. 81.

[15] Ebd., S. 82.

[16] *Al-Ghazālī*, o.J., S. 45 ff.

[17] Koran 2:31.

[18] *Ibn 'Arabī*, Fusūs al-hikam (dtsch. Die Edelsteine der Wahrheit), ed. Abū al-'Ulā Afīfī, Beirut 1946, Bd. 1, S. 48 ff.

[19] Es gibt zwar eine Überlieferung nach at-Tirmidhī, die die Benennung auf den Propheten zurückführt. Diese Überlieferung ist jedoch in der Fachliteratur stark umstritten und gilt eher als unauthentisch.

[20] Gelehrte wie asch-Schawkānī vertraten die Ansicht, Gott habe auch andere Namen als die verbreiteten 99 Namen. Vgl. Tuhfat adh-dhākirīn (dtsch. Der Gottgedenkenden), Beirut 1984, S. 293.

[21] Ich orientiere mich bei der Auslegung der Eigenschaften Gottes hauptsächlich an dem Werk von al-*Ghazālī*, al-Maqsid al-Asnā.

[22] *Al-Ghazālī*, o.J., S. 123.

[23] Koran 5:32.

[24] Vgl. *Florian Baab*, Was ist Humanismus. Geschichte des Begriffs, Gegenkonzepte, säkulare Humanismen heute, Regensburg 2013, S. 40.

[25] Ebd., S. 41.

[26] *Arnold Ruge*, Die Loge des Humanismus, Bremen 1852, S. 9, in: *Baab* 2013, S. 109.

[27] Vgl. *Baab* 2013, S. 40.

[28] Vgl. ebd., S. 41.

[29] Vgl. ebd., S. 109.

[30] Koran 66:8.

[31] *Max Stirner* 2009, Der Einzige und sein Eigentum, Freiburg, München 2009, S. 43, in: *Baab* 2013, S. 108.

[32] Vgl. ebd., S. 108.

[33] Vgl. ebd., 108f.

[34] Koran 41:53.

[35] *Al-Ghazālī*, Das Elixier der Glückseligkeit, Düsseldorf 1979, S. 35.

[36] Koran 3:79.

4. Der Humanismus in der Geschichte und heute

[1] *Florian Baab*, Was ist Humanismus. Geschichte des Begriffs, Gegenkonzepte, säkulare Humanismen heute, Regensburg 2013.

[2] Vgl. ebd., S. 222f.

[3] *Gerhard Wahrig*, Wahrig. Deutsches Wörterbuch, Gütersloh 1991, S. 673, in: Mohamed Turki, Humanismus und Interkulturalität, Leipzig 2010, S. 29.

[4] *Joachim Ritter*, u. a. (Hrsg.), Historisches Wörterbuch der Philosophie, Basel/Stuttgart 1974, Bd. 3, S. 1217, in: *Mohamed Turki*, Humanismus und Interkulturalität, Leipzig 2010, S. 29f.

[5] *Theaitetos Platon*, Platons Werke, Hamburg o.J., 152 a, in: *Turki* 2010, S. 30.

[6] Vgl. *Turki* 2010, S. 30ff.

[7] Vgl. *August Buck*, Humanismus – seine europäische Entwicklung in Dokumenten und Darstellungen, Karl Alber Verlag, Freiburg, München 1987, S. 13.

[8] Ebd., S. 16.

[9] Vgl. *Turki* 2010, S. 33.

[10] *Buck* 1987, S. 8.

[11] Vgl. *Turki* S. 33.

[12] Historisches Wörterbuch der Philosophie, a. a. O., S. 1231, in: *Turki* 2010, S. 34.

[13] *Hans Joachim Störig*, Kleine Weltgeschichte der Philosophie, Kohlhammer Verlag, Stuttgart, Berlin, Mainz 1968, S. 131, in: *Turki* 2010, S. 35f.

[14] *Turki 2010*, S. 34.

[15] *Martin Heidegger*, Brief über den Humanismus, in: Platons Lehre von der Wahrheit mit einem Brief über den Humanismus, Bern 1947, wiederveröffentlicht in: Wegmarken, Gesamtausgabe, Bd. 9, S. 62, in: *Turki* 2010, S. 35.

[16] *Turki* 2010, S. 36.

[17] Ebd., S.36.

[18] Vgl. ebd., S. 37.

[19] Vgl. ebd., S. 44.

[20] *Baab* 2013, S. 62, vgl. ebd., S. 26.

[21] Vgl. ebd., S. 26.

[22] Vgl. ebd., S. 62.

[23] Vgl. ebd., S. 122.

[24] Vgl. ebd., S. 28.

[25] Vgl. *Friedrich Immanuel Niethammer*, Der Streit des Philanthropinismus und Humanismus in der Theorie des Erziehungs-Unterrichts unserer Zeit, Jena 1808, S. 15, in: *Baab* 2013, S. 30f.

[26] *Baab* 2013, S. 29.

[27] Vgl. ebd., S. 31.

[28] *Niethammer* 1808, S. 144, in: *Baab* 2013, S. 31.

[29] *Baab* 2013, S. 32.

[30] Vgl. ebd., S. 34.

[31] Ebd., S. 36.

[32] Ebd.

[33] Ebd., S. 37.

[34] Ebd.

[35] *Sören Kierkegaard*, Abschließende unwissenschaftliche Nachschrift zu den philosophischen Brocken. Gesammelte Werke, Bd. 16, Düsseldorf/ Köln 1957, S. 261, in: *Turki* 2010, S. 55.

[36] *Turki* 2010, S. 55.

[37] Vgl. *Turki* 2010, S. 56.

[38] Ebd., S. 56f.

[39] Ebd., S. 57.

[40] Vgl. *Baab* 2013, S. 38.

[41] Vgl. ebd., S. 40.

[42] Vgl. ebd.

[43] Vgl. ebd., S. 41.

44 Ebd., S. 42.

45 Vgl. ebd., S. 45.

46 Vgl. ebd., S. 43f.

47 Ebd., S. 44.

48 *Karl Marx*, Thesen über Feuerbach, MEW, Bd. 3, Dietz Verlag, Berlin 1969, S. 6, in: *Turki* 2010, S. 59.

49 Vgl. *Turki* 2010, S. 60.

50 Vgl. *Baab* 2013, S. 45.

51 Ebd., S. 63.

52 Ebd.

53 *Max Stirner* 2009, S. 15.

54 Vgl. *Baab* 2013, S. 47.

55 Vgl. ebd., S. 50.

56 *Stirner* 2009, S. 300. In: *Baab* 2013, S. 50.

57 Vgl. *Baab* 2013, S. 50.

58 Ebd., S. 51.

59 Ebd.

60 Vgl. ebd., S. 52.

61 Vgl. ebd., S. 56.

62 *Arthur Schopenhauer*, Die Welt als Wille und Vorstellung (Hrsg. Ludger Lütkehaus), Zürich 1988, S. 528, in: *Baab* 2013, S. 56.

63 Vgl. *Friedrich Nietzsche*, Die fröhliche Wissenschaft (KSA 3, Hgg. Giorgio Colli, Mazzino Montinari), München, Berlin 1988, S. 343–652, 481, in: *Baab* 2013, S. 58.

64 Ebd., S. 14, in: *Baab* 2013, S. 58.

65 Ebd., S. 59.

66 Ebd., S. 61f.

67 Ebd., S. 63.

68 Vgl. ebd., S. 65.

69 *Eduard Spranger*, Der gegenwärtige Stand der Geisteswissenschaften und die Schule, Leipzig, Berlin 1922, S. 9ff., in: *Baab* 2013, S. 65.

70 *Baab* 2013, S. 65.

71 Vgl. ebd., S. 67f.

72 Ebd., S. 67.

73 Vgl. ebd., S. 70.

74 Vgl. ebd., S. 77.

[75] Ebd., S. 79.

[76] *Jacques Maritain*, Christlicher Humanismus. Politische und geistige Fragen einer neuen Christenheit, Heidelberg 1950, S. 2, in: *Baab* 2013, S. 77.

[77] *Baab* 2013, S. 78.

[78] Ebd.

[79] Ebd.

[80] Ebd., S. 80.

[81] *Jean-Paul Sartre*, Der Existentialismus ist ein Humanismus, in: Der Existentialismus ist ein Humanismus und andere philosophische Essays 1943–1948 (Gesammelte Werke Bd. 4, Hrsg. Vincent von Wroblewsky), Hamburg 2002, S. 149, in: *Baab* 2013, S. 80.

[82] Vgl. *Baab* 2013, S. 80.

[83] *Sartre* 2002, S. 151. In: *Baab* 2013, S. 80.

[84] Vgl. *Baab* 2013, S. 81.

[85] Ebd., S. 82.

[86] Vgl. *Martin Heidegger*, Brief über den »Humanismus«, in: Wegmarken (Gesamtausgabe I/9, Hrsg. Friedrich Wilhelm von Herrmann), Frankfurt am Main 1976, S. 313, in: *Baab* 2013, S. 83.

[87] Ebd., S. 325.

[88] Ebd., S. 323.

[89] Ebd., S. 330.

[90] Vgl., *Baab* 2013, S. 86ff.

[91] Ebd., S. 92.

[92] *Karl Rahner*, Christlicher Humanismus, in: Schriften zur Theologie (Bd. 8), Einsiedeln 1967, S. 248, in: *Baab* 2013, Fußnote 538, S. 93.

[93] Vgl. *Baab* 2013, S. 94f.

[94] *Erich Fromm*, Humanismus und Psychoanalyse, in: *Rainer Funk* (Hrsg.), Sozialistischer Humanismus und humanistische Ethik, Gesamtausgabe Bd. 9, Stuttgart 1981, S. 3–12, S. 6, in: *Baab* 2013, S. 100.

[95] Vgl. *Baab* 2013, S. 100.

[96] *Fromm* 1981, S. 10.

[97] Vgl. *Baab* 2013, S. 101.

[98] Ebd., S. 102.

[99] Ebd.

[100] Vgl. ebd., S. 103.

[101] Vgl. ebd., S. 128 und S. 135ff.

[102] Humanistisches Selbstverständnis. Beschlossen am 10.11.2001, [o.O.] [o.J.].

[103] Vgl. *Baab* 2013, S. 150.

[104] Ebd., S. 151.

[105] Ebd., S. 153.

[106] Vgl. ebd., S. 152ff.

[107] Vgl. ebd., S. 156ff.

[108] Ebd., S. 169.

[109] Vgl. ebd., S. 156ff.

[110] Ebd., S. 189.

[111] Ebd., S. 190.

[112] Ebd., S. 192.

[113] Vgl. ebd., S. 191ff.

[114] Vgl. ebd., S. 196.

[115] Ebd., S. 211.

[116] Vgl. ebd.

[117] Ebd. S. 223.

[118] Vgl. ebd., S. 224.

[119] Ebd., S. 274.

[120] Ebd., S. 282f.

[121] Ebd., S. 283.

[122] Ebd., S. 274.

[123] Vgl. ebd., S. 279.

[124] Vgl. ebd.

[125] *Michael Schmidt-Salomon*, Manifest des evolutionären Humanismus. Plädoyer für eine zeitgemäße Leitkultur, Aschaffenburg 2006, S. 36f., in: *Baab* 2013, S. 280.

[126] Ebd.

[127] Ebd.

[128] Ebd.

[129] *Baab* 2013, S. 280.

[130] Überliefert nach *Ahmad,* Hadith-Nr. 17647.

5. Der Beitrag des Islams zum Humanismus in der Geschichte

[1] *Marco Schöller*, Zum Begriff des islamischen Humanismus, in: Zeitschrift der Deutschen Morgenländischen Gesellschaft Bd. 151 (2001), S. 275–276.

[2] Vgl. ebd., S. 276.

[3] Ebd., S. 276f.

[4] Ebd., S. 278.

[5] Ebd., S. 283–284. Schöller zählt die Elemente in Anlehnung an Berthold Ulmann auf.

[6] Vgl. *George Makdisi*, Inquiry into the Origins of Humanism, in: *Asma Afsaruddin* (Hrsg.), Humanism, Culture, and Language in the Near East, Winona Lake 1997, S. 19, in: *Schöller* 2001, S. 284.

[7] Vgl. *Schöller* 2001, S. 285.

[8] Unter dem Begriff Scholastik versteht man eine Denkweise und Methode des Mittelalters, die auf der Grundlage der aristotelischen Logik basiert, nach der bei der Betrachtung eines Problems zunächst alle befürwortenden und ablehnenden Argumente aufgeführt und dann durch logische Schlussfolgerung ein abschließendes Urteil über den Sachverhalt abgegeben wird. Außerdem ist die Epoche der Scholastik davon gekennzeichnet, dass man die Lehrmeinungen alter Lehrmeister möglichst in Einklang mit neuen Fragestellungen brachte, indem man eine Argumentationsweise »erzwang«, die eine Harmonisierung von Lehrmeinung und Fragestellung erzeugte. Vgl. *Rolf Schönberger*, Scholastik, in: Lexikon des Mittelalters, Bd. 7, München 1995, Sp. 1521–1526.

[9] Vgl. *Schöller* 2001, S. 277.

[10] Ebd., S. 295.

[11] Ebd.

[12] Vgl. *Kayhal Mustafā*, al-Ansana wa-t-ta'wīl fī fikr Muhammad Arkūn (dtsch. Humanismus und Exegese im Denken von Muhammad Arkun), Rabat 2011, S. 62.

[13] Minou Reeves, Muhammad in Europe. A Thousand Years of Western Myth-Making, Reading 2000, S. 65ff.

[14] Vgl. *Kayhal Mustafā* 2011, S. 62.

[15] Ebd., S. 305.

[16] Vgl. ebd., S. 305.

[17] Vgl. ebd., S. 306.

[18] Vgl. *Michael Carter*, Humanism and the Language Sciences in Medieval Islam, in: *Asma Afsaruddin* (Hrsg.), Humanism, Culture, and Language in the Near East, Winona Lake 1997, Passim. In: *Schöller* 2010, S. 307.

[19] Vgl. *Schöller* 2001, S. 308f.

[20] Vgl. *Ali Schariati*, Man and Islam, in: On the Sociology on Islam, übers. H. Algar, Berkeley 1979, S. 70–81, 88–96.

[21] *Schöller* 2001, S. 316.

[22] Ebd.

[23] In der Folge beziehe ich mich im Wesentlichen auf die Ergebnisse von *Rolf Bergmeier*, Christlich-abendländische Kultur. Über die antiken Wurzeln, den verkannten arabischen Beitrag und die Verklärung der Klosterkultur, Aschaffenburg 2014.

[24] *Bergmeier* 2014, S. 44.

[25] Vgl. ebd.

[26] Ebd., S. 45.

[27] Vgl. ebd., S. 50f.

[28] Vgl. ebd., S. 51.

[29] Ebd., S. 52.

[30] Ebd.

[31] Ebd.

[32] Ebd., S. 56.

[33] Ebd.

[34] Vgl. ebd., S. 55f.

[35] Ebd., S. 57.

[36] Vgl. ebd., S. 58.

[37] Ebd., S. 65.

[38] Vgl. ebd., S. 65.

[39] Ebd., S. 59.

[40] Ebd.

[41] Ebd., S. 62.

[42] Vgl. ebd., S. 73.

[43] Ebd., S. 74.

[44] Ebd., S. 76.

[45] Vgl. ebd., S. 78.

[46] Ebd., S. 80.

[47] Ebd.

[48] Vgl. ebd., S. 100.

[49] Ebd., S. 102.

[50] Ebd., S. 83.

[51] Vgl. ebd., S. 84.

[52] Ebd., S. 86.

[53] Vgl. ebd., S. 87.

[54] Ebd., S. 91.

[55] Vgl. ebd., S. 92.

[56] Vgl. ebd., S. 90.

[57] Ebd., S. 77.

[58] Die »Dekadenz-Theorie« ist in den gegenwärtigen post-colonial-studies nicht unumstritten. Vgl. dazu: *George Saliba*, Islamic Science and the Making of the European Renaissance, Cambridge, Massachusetts, 2007.

6. Warum wir Antihumanisten sind

[1] Vgl. *Gernot Böhme (a)*, Einleitung des Herausgebers, in: *Gernot Böhme* (Hrsg.), Kritik der Leistungsgesellschaft, Bielefeld und Basel 2010, S. 7.

[2] Ebd.

[3] *Stephan Grünewald*, Die erschöpfte Gesellschaft. Warum Deutschland neu träumen muss, Frankfurt 2013, S. 24.

[4] Vgl. *Böhme (a)* 2010, S. 8.

[5] Ebd., S. 9.

[6] Vgl. ebd., S. 11.

[7] Ebd., S. 10.

[8] Vgl. ebd., S. 11.

[9] Vgl. ebd.

[10] *Gernot Böhme (b)*: Das Leistungsprinzip und das Reich der Freiheit, in: *Gernot Böhme* (Hrsg.), Kritik der Leistungsgesellschaft, Bielefeld und Basel 2010, S. 21.

[11] Vgl. Grünewald, S. 19.

[12] Ebd.

[13] *Ziad Mahyani*, Das Leben als To-Do-Liste, in: *Gernot Böhme* (Hrsg.), Kritik der Leistungsgesellschaft, Bielefeld und Basel 2010, S. 67.

[14] *Böhme (a)* 2010, S. 11.

[15] Vgl. *Sibylle Riffel*, Leistung im Gesundheitssystem, in: *Gernot Böhme* (Hrsg.), Kritik der Leistungsgesellschaft. Bielefeld und Basel 2010, S. 72 und 74.

[16] Ebd., S. 74.

[17] *Ute Gahling*, Körper-Sein als Leistung, in: *Gernot Böhme* (Hrsg.): Kritik der Leistungsgesellschaft, Bielefeld und Basel 2010, S. 118.

[18] *Riffel* 2010, S. 71f.

[19] Vgl. *Böhme (a)* 2010, S. 11.

[20] *Jürgen Todenhöfer*: Inside IS – 10 Tage im >Islamischen Staat<. München 2015, S. 23.

[21] Vgl. ebd., S. 18.

[22] *Christian Fuchs* und *John Goetz*, Geheimer Krieg. Wie von Deutschland aus der Kampf gegen den Terror gesteuert wird, Hamburg 2013, S. 187.

[23] *Breaking the Silence* (Hrsg.), Breaking the silence. Israelische Soldaten berichten von ihrem Einsatz in den besetzten Gebieten, Berlin 2012, S. 339.

7. Warum Gewalt mit dem Islam zu tun hat, der Islam aber nichts mit Gewalt zu tun haben will

[1] Einige Gelehrte sehen diesen Vers als mekkanisch an. Der Gelehrte Ibn Qayyim al-Dschawziyya führte aber sechs Gründe an, um dies zu widerlegen. Quelle: *Ibn Qayyim al-Dschawziyya*, Zād al-ma'ād (dtsch. Vorbereitung auf die Wiederauferstehung), Beirut 1994, Bd. 3, S. 70f.

[2] *Adnan Ibrahim*, Hurriyyat al-'itiqād fī-l-Islām, (dtsch. Glaubensfreiheit im Islam), Wien 2014, S. 331.

[3] Koran 22:39–41.

[4] Überliefert nach *Ahmad* und *at-Tirmidhī*. Vgl. *Ibrahim* 2014, Fußnote 1030, S. 326.

[5] Überliefert nach *al-Bayhaqī*, az-Zuhd al-kabīr, (dtsch. Die große Askese), Hadith-Nr. 373.

[6] Vgl. *Ibrahim* 2014, S. 282.

[7] Vgl. ebd.

[8] Überliefert nach *al-Bayhaqī*. Vgl. *Ibrahim* 2014, Fußnote 923, S. 282.

[9] Koran 8:61.

[10] Koran 2:191.

[11] Vgl. Koran 6:127.

[12] Koran 41:34.

[13] *Ibrahim* 2014, S. 328.

[14] Siehe zum Thema »Historische Kontextualisierung«: *Mouhanad Khorchide*, Islam ist Barmherzigkeit, Freiburg i. Br. 2015, Kapitel 8, S. 176 »Humanistische Koranhermeneutik«.

[15] *Humayd Ibn Zindschawayh*, Al-Amwāl (dtsch. Die Gelder), Ed. Schākir Fayyād, Riad 1986, S. 299.

[16] Koran 21:107.

[17] Vgl. *Wahba az-Zuhaylī*, Āthār al-harb fī l-fiqh al-islāmī (dtsch. Die Einflüsse des Krieges auf die islamische Jurisprudenz), Damaskus 1998, S. 106.

[18] Koran 9:5.

[19] Vgl. *Zuhaylī* 1998, S. 109.

[20] Koran 9:29.

[21] Vgl. ebd.

[22] *Ibn Qayyim al-Dschawziyya*, Zād al-ma'ād (Vorbereitung auf die Wiederauferstehung), Kairo 1928, Bd. 2, S. 58.

[23] *Ibn Taymiyya*, Risāla fī l-qitāl (dtsch. Brief über den Krieg), o.A. 1949, Bd. 1, S. 118.

[24] Vgl. *Zuhaylī* 1998, S. 111

[25] Koran 47:4.

[26] Koran 2:191.

[27] Koran 9:36.

[28] *As-Sarachsī*: Scharh kitāb as-siyar al-kabīr (dtsch. Der Kommentar zum Buch der großen Kriege), o.A., S. 131.

[29] Koran 9:123.

[30] Koran 9:29.

[31] *As-Sarachsī* o.A., S. 131.

[32] Koran 15:94.

[33] Koran 16: 125.

[34] Koran 9:5.

[35] Koran 2:244.

[36] *As-Sarachsī* o.A., S. 131f.

[37] Koran 3:139.

[38] *As-Sarachsī* o.A., S. 133.

[39] Ebd.

[40] Koran 9:5.

[41] *As-Sarachsī*, Al-Mabsūt (dtsch. Das Ausführliche), Beirut 1989, Band 10, S. 2.

[42] Koran 2:193.

[43] *As-Sarachsī* 1989, Bd. 26, S.32.

[44] *Kamāl ibn al-Humām*, Scharh fath al-Qadīr (dtsch. Kommentar zu Die Gabe des Allmächtigen), Beirut 2002, Bd. 5, S. 430.

[45] *Ibn 'Abd al-Barr*, Kitāb al-kāfī fī fiqh ahl al-madīna (dtsch. Das Ausreichende über das malikitische Recht der Medinenser), Riad 1978, Bd. 1, S. 466.

[46] *Abu l-Barakāt ad-Dardīr*, Asch-scharh as-saghīr (dtsch. Der kleine Kommentar), Kairo o.J., Bd. 2 S. 267.

[47] *Ibn Ruschd*, Al-Muqaddimāt (dtsch. Einführungen), ed. Muhammad Hadschdschī, Beirut 1988, S. 351.

[48] *Ibn al-'Arabī*: Ahkām al-Qur'ān (Die Normen des Korans), Beirut o.J., Bd. 1, S. 155.

[49] Ebd.

[50] Ebd.

[51] Ebd.

[52] Koran 2:193.

[53] Ebd.

[54] *Al-Qurtubī*, Al-dschāmi' li-ahkām al-qur'ān (dtsch. Die Sammlung der koranischen Normen), ed. 'Abdullāh at-Turkī, Beirut 2006, Bd. 3, S. 246.

[55] Vgl. al-*Māwardī*, Al-Ahkām as-sultāniyya (dtsch. Die sultanischen Normen), Kuwait 1989, S. 166.

[56] Vgl. ebd., S. 171.

[57] *Zuhaylī* 1998, S. 418.

[58] Ebd. S. 32.

[59] Ebd. S. 33.

[60] *Farid Hafez*, Disciplining the ›Muslim Subject‹: The role of Security Agencies in Establishing Islamic Theology within the State's Academia, in: Islamophobia Studies Journal, 2.2 (2014), S. 43–57.

[61] Ebd., S. 46.

[62] Vgl. ebd., S. 47.

[63] Vgl. ebd., S. 48.

[64] Vgl. ebd., S. 51.

[65] Koran 5:82.

[66] Siehe: https://www.youtube.com/watch?v=e_KD5u_vJj8 (zuletzt abgerufen 02.08.2015), auch https://www.youtube.com/watch?v=8rh1PbIka0Y (zuletzt abgerufen 02.08.2015).

[67] Ebd.

[68] Koran 4:123–124.

[69] Überliefert nach *Muslim*, Hadith-Nr. 6881.

[70] *Muhammed Iqbal*, Die Widerbelebung des religiösen Denkens im Islam, Berlin 2003, S. 151. Vgl. auch zu der Vorstellung, dass die Hölle keine ewige Strafe oder Ort der Ewigkeit sei: *Ibn Qayyim al-Dschawziyya*, Hādī al-arwāh (dtsch. Der Führer der Seelen), Kairo o.J., S. 240ff. Eine ausführliche Darstellung der Gesamtthematik siehe: *Khorchide* 2015, S. 53ff.

[71] *Zuhaylī* 1998, S. 130.

[72] Koran 11:118.

[73] Koran 2:251 und vgl. auch 22:40.

[74] Koran 18:103–105.

[75] Koran 22:17.

[76] Koran 32:25.

[77] Koran 2:113.

[78] Vgl. Koran 22:17.

[79] Koran 2:256.

[80] Koran 10:99.

[81] Koran 11:28.

[82] Koran 7:88.

[83] Koran 19:46.

[84] Koran 21: 68.

[85] Koran 29:24.—

[86] Koran 26:116.

[87] Koran 26:29.

[88] Koran 2:49.

[89] Koran 27:56. Vgl. auch Koran 7:82.

[90] Koran 8:30.

[91] Koran 17:76.

[92] Koran 22:40.

[93] Koran 3:195.

[94] Koran 3:20.

[95] Koran 5:92.

[96] Koran 5:99.

[97] Koran 16:35.

[98] Koran 88:21.

[99] Koran 50:45.

[100] Koran 6:52.

[101] Koran 6:104.

[102] Koran 6:107.

[103] Koran 10:99.

[104] Koran 2:272.

[105] Koran 17:15.

[106] Überliefert nach *al-Buchārī*, Hadith-Nr. 13.

[107] Überliefert nach *at-Tabarānī*, al-Dschāmi' al-kabīr (dtsch. Die große Sammlung), Hadith-Nr. 750.

[108] Koran 2:62.

[109] Koran 3:113–115.

[110] Koran 5:43.

[111] Koran 5:68.

[112] Koran 5:65–66.

[113] Koran 3:55.

[114] Koran 5:48.

[115] Koran 3:19 auch 3:85.

[116] Siehe dazu ausführlicher: *Mouhanad Khorchide*, Islam ist Barmherzigkeit, Freiburg i. Br. 2015, S. 96ff.

[117] Koran 3:84, vgl. auch 2:136.

[118] Koran 60:8–9.

[119] Koran 22:40.

[120] Koran 31:15.

[121] Vgl. *Ibrahim* 2014, S. 316f.

[122] Vgl. ebd.

[123] Koran 3:28.

[124] Koran 5:51.

[125] Koran 60:1.

[126] Überliefert nach *al-Buchārī*, Im Buch des Glaubens, Hadith-Nr. 25 und *Muslim*, Im Buch des Glaubens, Hadith-Nr. 22 und 36.

[127] Überliefert nach *Ahmad*, Hadith-Nr. 5114. Siehe auch 5115 und 5667.

[128] Koran 2:190.

[129] Koran 22:39.

[130] Vgl. *Ibrahim* 2014, S. 338.

[131] Koran 60:8.

[132] *At-Tabarī*, Tafsīr at-Tabarī (Das exegetische Werk von at-Tabari), ed. 'Abdullāh at-Turkī, Dschiza 2001, Bd. 5, S. 315.

[133] Überliefert nach *al-Buchārī*, Im Buch des Glaubens, Hadith-Nr. 25 und *Muslim*, Im Buch des Glaubens, Hadith-Nr. 22 und 36.

[134] Koran 9:29.

[135] Vgl. *Ibn Hadschar al-'Asqalānī*, Fath al-Bārī (dtsch. Die Inspiration des Lebenspendenden), Beirut 1959, Bd. 1, S. 77.

[136] Vgl. *Ibn Taymiyya*, Qā'ida muchtasara fī qitāl al-kuffār wa-muhādanatihim wa-tahrīm qatluhum li-mudscharrad kufrihim (dtsch. Eine zusammenfassende Regel über das Töten von Leugnern und Friedens-

abkommen mit ihnen und das Verbot, sie alleine wegen ihrem Unglauben zu töten), Riad 2004, S. 95–96.

[137] Überliefert nach *Ahmad*, Hadith-Nr. 5114. Siehe auch 5115 und 5667.

[138] Vgl. *Ibrahim* 2014, S. 353.

[139] Vgl. *Qaradāwī*, Fiqh al-Dschihad, Kairo 2009, Bd. 1, S. 325f.

[140] Koran 21:107.

[141] *Ibn Taymiyya* 2004, S. 134ff sowie *Ibn Qayyim al-Dschawziyya*, Ahkām ahl adh-dhimma (dtsch. Normen betreffend der Schutzbefohlenen), Beirut 1983, Bd. 1, S. 79).

[142] Vgl. *Ibrahim* 2014, S. 354f.

[143] Vgl. *Muhammad 'Abduh* und *Raschīd Ridā*, Tafsīr al-Manār, Beirut o.J., Band 2, S. 208 und 215.

8. Der Beitrag des Islams für den Humanismus heute

[1] http://www.paulgraham.com/perils.html, 07.07.2015.

[2] Koran 4:97.

[3] Koran 2:166–167.

[4] Koran 2:251.

[5] Koran 22:40.

[6] Vgl. Koran 3:84.

[7] Vgl. z. B. Koran 2:164, 6:99, 10:5–6, 13:3–4.

[8] Koran 88:17–20.

[9] *Al-Hallādsch*, O Leute, rettet mich vor Gott, A. Schimmel (Hrsg.), Freiburg i. Br. 1985, S. 50 und 71.

[10] *Tomáš Halík*, Geduld mit Gott. Die Geschichte von Zachäus heute, Freiburg 2011, S. 115. Vgl. auch *Baab* 2013, S. 279ff.

[11] Ebd.

[12] Ebd.

[13] Vgl. Koran 4:116.

[14] Vgl. auch *Khorchide* 2015.

[15] Koran 55:29.

[16] *Al-Ghazālī* 1979, S. 35.

[17] *Viktor Frankl*, Ärztliche Seelsorge, Frankfurt am Main 1987, S. 201.

Dank

Von ganzem Herzen danken möchte ich an erster Stelle meinen Eltern und meiner Familie, die mir meinen akademischen Werdegang ermöglicht und viele Opfer auf sich genommen haben, um mir diesen zu erleichtern. Danken möchte ich auch der Westfälischen Wilhelms-Universität Münster, vor allem der Rektorin, Frau Prof. Dr. Ursula Nelles, die durch ihr großes Engagement für die Etablierung des Zentrums für Islamische Theologie an der Universität Münster optimale Rahmenbedingungen für die Forschung im Bereich der islamischen Theologie geschaffen hat. Auch dem Exzellenzcluster der WWU »Religion und Politik« möchte ich für die Aufnahme in den Cluster und für die Schaffung von hervorragenden Möglichkeiten für die Forschung und für den fachlichen Austausch herzlich danken.

Für die mühevolle Arbeit des Korrekturlesens, die wertvollen auch inhaltlichen Rückmeldungen und die große Geduld danke ich von ganzem Herzen Herrn Dr. German Neundorfer vom Verlag Herder. Nur durch seine professionelle Arbeit und seine große Unterstützung, die ihn manches Mal bis in die frühen Morgenstunden wachgehalten hat, konnte dieses Buch in dieser Form erscheinen.

Frau Dr. Dina El Omari danke ich sehr für ihr kritisches Lesen des Manuskripts, ihre großartige Unterstützung beim Erstellen des Manuskripts und für ihr wertvolles Feedback, das dieses Buch bereichert hat. Ich danke Herrn Dr. Amir Dziri für seine kritischen und äußerst hilfreichen Anmerkungen sowie Frau Hildegard Mangels für ihr gewissenhaftes Korrekturlesen des Manuskripts und für ihre große Unterstützung.

Ich bin für den fachlichen Rat von Herrn Dr. Florian Baab und für seine Bereitschaft, den philosophischen Teil über den Humanismus in diesem Buch inhaltlich zu überprüfen, sehr dankbar. Sein Feedback hat mich und das Buch sehr bereichert.

Danken möchte ich auch Herrn Dr. Michael Schmidt-Salomon für den fruchtbaren Austausch im Sommer 2014 in Bern, wo sich die Idee für dieses Buch konkretisiert hat.

Dankbar bin ich für sehr viele Anregungen, die mich bei der Recherche für dieses Buch unterstützt haben, erwähnen möchte ich vor allem die Arbeiten von Herrn Prof. Dr. Marco Schöller sowie die Vorträge von Herrn Dr. Adnan Ibrahim sowie seine Doktorarbeit über die Glaubensfreiheit im Islam.

Danken möchte ich meinen Studierenden am Zentrum für Islamische Theologie der WWU Münster, die mich mit ihren Fragen, Gedanken und Diskussionsbeiträgen immer wieder bereichern. In diesem Dank eingeschlossen sind alle Mitarbeiterinnen und Mitarbeiter am Zentrum für Islamische Theologie der Universität Münster.

Ich bin dem Verlag Herder, der mir ermöglicht hat, auch dieses Buch in seinem Hause zu veröffentlichen, sehr dankbar.

Gottes Poesie

Milad Karimi, der Übersetzer des Koran, präsentiert eine außergewöhnliche Einführung in die faszinierende Welt des Koran. Er stellt die wichtigsten Verse zusammen und begleitet den Leser in die ausgewählten Passagen. Wie ist der Koran zu lesen? Welchen inneren Zusammenhang haben die Themen im Koran? Warum fasziniert der Koran die Muslime so sehr? Wie soll man den Koran aufschlagen? Das Buch lädt ein zu einer Reise in eine unbekannte Welt voller Rätsel und Schönheit.